西安外国语大学资助立项教材

金融科技系列教材　总主编　李村璞

区块链金融

QUKUAILIAN JINRONG

主编　杜　颖

西安交通大学出版社
XI'AN JIAOTONG UNIVERSITY PRESS

内容简介

本书从区块链技术的基本原理和核心技术入手,分别探讨了区块链技术在数字货币、跨境支付、数字票据、供应链金融、资产管理、证券、保险、征信等金融领域的应用,同时在分析各金融场景目前面临的困境和难点的基础上,从理论分析的角度论证了区块链技术对其带来的优势和改进,最终以案例的形式展现了区块链技术在各金融场景中的具体应用。

本书可作为普通高等院校金融类及管理类专业的教材,也可作为相关兴趣爱好者的参考用书。

图书在版编目(CIP)数据

区块链金融 / 杜颖主编. — 西安:西安交通大学出版社,2022.10(2024.8 重印)
ISBN 978-7-5693-2615-4

Ⅰ.①区… Ⅱ.①杜… Ⅲ.①区块链技术-应用-金融-教材 Ⅳ.①F830.49

中国版本图书馆 CIP 数据核字(2022)第 082357 号

书　　名	区块链金融 QUKUAILIAN JINRONG
主　　编	杜　颖
责任编辑	王建洪
责任校对	史菲菲
装帧设计	伍　胜
出版发行	西安交通大学出版社 (西安市兴庆南路1号　邮政编码 710048)
网　　址	http://www.xjtupress.com
电　　话	(029)82668357　82667874(市场营销中心) (029)82668315(总编办)
传　　真	(029)82668280
印　　刷	陕西奇彩印务有限责任公司
开　　本	787mm×1092mm　1/16　印张 15.5　字数 381 千字
版次印次	2022 年 10 月第 1 版　2024 年 8 月第 3 次印刷
书　　号	ISBN 978-7-5693-2615-4
定　　价	49.80 元

发现印装质量问题,请与本社市场营销中心联系。
订购热线:(029)82665248　(029)82667874
投稿热线:(029)82665379　QQ:793619240
读者信箱:xj_rwjg@126.com

版权所有　侵权必究

金融科技系列教材

编写委员会

总 主 编：李村璞

编委会委员：庞加兰　田　径　王新霞

　　　　　　　高　妮　康俊民　刘昌菊

　　　　　　　熊　洁　杜　颖　黄仁全

　　　　　　　张伟亮

策　　　划：王建洪

序

  金融科技系列教材终于要出版了,这是西安外国语大学经济金融学院组织编写的第一套教材。我相信很多读者一定会有一个疑问,外语类院校中一个非主流的经济金融学院怎么能编写出一套合格的金融科技系列教材呢?对于这个疑问的回答,也就形成了这篇序言。

  西安外国语大学经济金融学院是一个年轻的学院,学院设立刚刚 10 年时间。学院的老师很年轻,平均年龄 36 岁,这是我们的优势,也是我们的劣势。在强手如林的国内经济学界,我们要想有一点显示度,必须要励精图治,精心策划。我们这群年轻人经过认真的调研和考量,在众多的领域内选定了金融科技作为主攻方向。2018 年,学院就开始了全面的筹划和实施,首先要解决的是"人"的问题。金融科技是一个新兴的领域,人才的培养并没有及时地跟上,同时一个地处西部的外语类院校要想引进金融科技的专业人才是非常困难的。我们凭借着热情和冲动,凭借着涉猎了几本书籍的薄弱基础,怀揣着对金融科技的懵懂认识,先后引进了无人驾驶汽车方向的博士、地对空导弹方向的博士、卫星图像识别方向的博士、计算机算法方向的博士,以及三个数学方向的博士和十几个金融方向的博士,按照我们初步的设想,金融科技的教学研究团队基本形成。团队形成后,首先想到的就是编写教材,一是团队想率先建立金融科技的教材体系,占领这个空白的领域;二是想系统性地梳理总结相关的内容,希望编写教材成为团队学习提高的过程。团队参考了很多学者前期的成果,很有收获,同时团队也觉得要面向市场需求,要搞清楚金融科技在相关领域的发展状态。2019 年夏天,学院资助五名优秀学生前往美国华尔街,开展了为期一个月的金融科技实习活动,反馈的信息让我们清晰地触摸到了金融科技在现实商业活动中的应用状况,正是基于市场中的应用和现实需求,产生了这套金融科技系列教材体系的雏形。

  这套金融科技系列教材既考虑了市场的真实需求,也是三年来教学环节反复实践的结果。这个系列由 9 本教材组成,包括《金融科技的语言基础——Python 语言基础及金融应用初步》《大数据时代·金融营销》《大数据与金融导论》《智能金融》《金融科技概论》《区块链金融》《金融科技与现代金融市场》《量化投资技术》

《监管科技》。在编写这套教材的初期,我们就赋予了它"全媒体的概念",希望把这套教材打造成一个金融科技的全媒体学习平台,而不仅仅是一套纸质的教科书,第一版不一定能实现我们的目标,但这是我们努力的方向。

对于一个外语类院校的经济金融学院来说,编写一套金融科技教材应该是可以骄傲一回的,当我们站上讲台时,我们可以骄傲地对学生说,你们的老师一直在努力追求卓越。这套教材也许有很多不尽如人意的地方,也许还会有错误,我们真诚希望得到您的指正。

李村璞

2021 年 7 月于长安

  因比特币而兴起的区块链技术，为数字世界里的价值守恒提供了一个基于密码学、分布式系统和点对点网络通信的解决方案。区块链因其安全稳定、不可篡改、可审计且高效记录交易的特性，提供了非常精妙的数据信息交互的方式，避免了互联网贸易内生性的"基于信用模式"的弱点，从而创建了无须第三方介入即可实现点对点价值交换的新型交易模式，实现信息互联网到价值互联网的转变。在区块链模式下，价值的互认及流通将变得简单、明确、便捷，基于区块链技术的金融应用将爆发出蓬勃的生命力。2020年开春，全球范围内"错峰"爆发的新冠疫情危机，加速了人们拥抱数字化的进程。随着区块链、人工智能、云计算、大数据等新一代信息技术加速突破与应用，传统产业数字化、智能化、网络化的特征日益明显，捕捉发展数字经济已是大势所趋。

  总体来说，区块链技术在金融行业的应用仍处于逐步发展和演进过程中。区块链的分布式、匿名化和安全可靠的特征，其环环相扣的数据逻辑、难以篡改的记录方式，使各种交易变得更加透明，这为构建新技术条件下的去中心化信任体系提供了手段，也将使基于互联网的信息传递演变为基于技术背书的价值传递，从而改变诸多行业的应用场景和运行规则。区块链技术已经在银行、保险、证券等金融领域得到小范围的探索应用，未来还将衍生出更多新模式、新业态，这对于完善数字经济发展生态具有重要意义。

  本教材立足于区块链技术的起源和发展，详细分析了区块链技术在金融领域的巨大作用和影响，具体阐述了区块链技术在各行各业的应用场景和应用案例，能让读者更直观地感受到区块链这一颠覆性技术所带来的改变。

  本教材共分为三大部分，第一部分为概述篇，主要介绍区块链技术以及区块链金融的起源、相关概念和发展态势；第二部分为技术篇，主要介绍区块链技术的内在特性、基本原理以及核心技术等内容；第三部分为应用篇，以"区块链＋"为导入，讲述了"区块链＋数字货币""区块链＋跨境支付""区块链＋数字票据""区块链＋供应链金融""区块链＋资产管理""区块链＋证券""区块链＋保险""区块链＋征信"等方面的内容，详细分析了区块链技术在这些领域的具体作用和对这些领域产生的实质性改变。

　　本教材适用于普通高等院校经济金融学院、商学院的金融类专业以及管理类专业。通过本教材的学习,学生应该达到以下几方面的要求:①了解区块链技术产生的时代背景和应用的范围,掌握区块链技术的基本原理和核心技术;②掌握区块链技术在金融领域的应用模式和实施的路径;③熟悉区块链技术在金融领域应用的典型案例,了解区块链技术的金融应用创新和生态构建的未来发展趋势。

　　由于作者水平所限,书中难免存在不足之处,恳请各位专家和读者批评指正。

编者
2022 年 2 月

目 录

第一部分 概述篇

第1章 区块链概述 (3)
1.1 区块链的起源 (3)
1.2 区块链的定义与分类 (4)
1.3 区块链的架构与特点 (7)
1.4 区块链发展阶段 (10)
1.5 区块链的国内外发展现状 (13)
1.6 区块链技术应用的局限性 (16)

第2章 区块链金融概述 (20)
2.1 区块链对传统金融业的颠覆 (20)
2.2 区块链在金融领域的应用现状分析 (27)
2.3 区块链赋能金融面临的挑战 (33)

第二部分 技术篇

第3章 分布式和点对点通信 (39)
3.1 分布式系统架构 (39)
3.2 对等网络及SOA (40)
3.3 ACID、CAP、BASE (43)
3.4 一致性协议和算法 (44)

第4章 区块链中的密码学技术 (48)
4.1 密码学概述 (48)
4.2 哈希算法 (50)
4.3 公钥密码算法 (55)

第5章 共识算法 (60)
5.1 拜占庭容错技术 (60)
5.2 PoW机制 (65)

5.3　PoS 机制 ………………………………………………………………………（70）
5.4　DPoS 机制 ……………………………………………………………………（71）
5.5　Ripple 共识算法 ………………………………………………………………（72）

第 6 章　智能合约 …………………………………………………………………（74）
6.1　智能合约概述 …………………………………………………………………（74）
6.2　以太坊智能合约详解 …………………………………………………………（77）
6.3　以太坊虚拟机 …………………………………………………………………（80）
6.4　区块链系统状态的验证 ………………………………………………………（82）

第三部分　应用篇

第 7 章　区块链＋数字货币 ………………………………………………………（87）
7.1　传统货币的发展历程与困境 …………………………………………………（87）
7.2　数字货币概述 …………………………………………………………………（90）
7.3　数字货币优点和风险 …………………………………………………………（95）
7.4　应用案例 ………………………………………………………………………（99）

第 8 章　区块链＋跨境支付 ………………………………………………………（105）
8.1　传统跨境支付系统的现状与"痛点" …………………………………………（105）
8.2　区块链技术推动跨境支付结算生态化升级 …………………………………（111）
8.3　应用案例 ………………………………………………………………………（115）

第 9 章　区块链＋数字票据 ………………………………………………………（121）
9.1　票据市场发展历程及存在的主要问题 ………………………………………（122）
9.2　区块链技术赋能数字票据 ……………………………………………………（127）
9.3　数字票据的影响 ………………………………………………………………（131）
9.4　应用案例 ………………………………………………………………………（132）

第 10 章　区块链＋供应链金融 …………………………………………………（138）
10.1　传统供应链金融的业务模式及痛点分析 …………………………………（139）
10.2　区块链提升供应链金融活力和效能 ………………………………………（149）
10.3　应用案例 ……………………………………………………………………（154）

第 11 章　区块链＋资产管理 ……………………………………………………（159）
11.1　资产管理相关定义及分类 …………………………………………………（159）
11.2　资产管理行业发展现状及面临的挑战 ……………………………………（165）
11.3　区块链推动资产管理升级 …………………………………………………（169）
11.4　应用案例 ……………………………………………………………………（170）

第12章 区块链＋证券 (178)
12.1 证券行业发展面临的困境 (178)
12.2 区块链技术在证券行业的应用价值分析 (184)
12.3 应用案例 (191)

第13章 区块链＋保险 (195)
13.1 保险行业的发展现状及主要问题 (196)
13.2 区块链技术在保险业的应用价值分析 (198)
13.3 应用案例 (204)

第14章 区块链＋征信 (210)
14.1 征信行业的发展现状与困境 (210)
14.2 区块链在征信行业的应用优势分析 (217)
14.3 应用案例 (222)

参考文献 (229)

第一部分　概述篇

第 1 章　区块链概述

> **引例**

小区大门敞开,容易让社会车辆乱入,影响业主们自己停车。辽宁某小区的业主想出了妙招,在小区大门上串联了66把锁头,被誉为"最便宜的门禁系统"。据报道,该小区之前总有外来车辆进出,停车位被二手车行霸占,院里几乎走不了人。业主们便自发做了这个系统,谁家有车谁就加锁,目前66把锁长1米有余,每把锁都有标号,方便业主识别。小区车主只需拿钥匙打开对应锁头,就能打开大门。这就是区块链技术实体化了,具体特点有:去中心化(不需要统一管理)、可追溯性(一人一锁,谁没锁找谁)、不可篡改性(一人一锁一钥匙)。

区块链的发展历史比较短暂,最初仅仅作为支撑数字货币比特币交易的技术。目前,区块链技术已经脱离比特币,在金融、贸易、征信、物联网、共享经济等诸多领域得到初步应用。由于区块链技术可以防止数据篡改,所以不仅可以用安全而透明的方式追踪比特币的活动,还能在区块链网络中追踪其他类别的数据,因此可以帮助私人公司或政府部门建立更值得信赖的网络。用户可在这个网络中分享信息和价值,未来它还将得到更广泛的应用。本章将介绍区块链的主要概念以及发展状况,帮助大家了解区块链的整体概念,以利于把握清晰的脉络方向。

1.1　区块链的起源

提起区块链的历史,就一定离不开一个神秘的组织——密码朋克(Cypherpunk),它其实是一个邮件组,这个邮件组里的成员包含了非常多的密码天才。例如,维基解密的创始人朱利安·阿桑奇,BT下载的作者布莱姆·科恩,WWW的发明者蒂姆·伯纳斯·李,智能合约概念的提出者尼克·萨博,Facebook创始人之一肖恩·帕克,以及比特币之父中本聪等。

在密码朋克这个邮件组里,讨论的话题有数学、加密技术、计算机技术、数字货币等,尤其是关于数字货币的讨论和发明,给中本聪提供了很多灵感和技术的铺垫。例如,Adam Back发明了 Hashcash,使用了 PoW(proof of work,即工作量证明机制);Stuart Haber、Scott Stornetta提出用时间戳方法保证数字文件安全的协议(这也是比特币技术的一个核心要素);戴伟发明了 B-money,强调点对点交易和不可更改记录;哈尔·芬尼推出了"加密现金"。

2008年,美国次贷危机爆发,金融海啸席卷全球,导致经济萧条数年之久。对2008年危机进行溯源性研究,发现最终指向了多个可能的诱发性因素。而在这些因素中,除了次级贷款市场的过度放贷和杠杆率居高不下外,主权货币的滥发也成了金融危机的一个重要诱因。针对这个问题,同年11月1日,某化名为"中本聪(Satoshi Nakamoto)"的网络极客发表了一篇名为《比特币:一种点对点的电子现金系统》的技术论文,也即后来人们所称的《比特币白皮书》。《比特币白皮书》在基于主权信用背书的货币系统基础上进一步提出了一种能够规避主权货币滥发,而且完美解决了货币信用问题的电子支付系统——比特币。《比特币白皮书》完整阐述了筑基于点对点传输技术、密码学算法等区块链技术之上的比特币分布式网络的架构理念。2009 年,序号为 0 的区块——创世区块诞生。时隔不久,序号为 1 的第二个区块诞生,并与创世区块相连,世界首条区块链面世。

需要澄清的一点是,与其说区块链是一种技术工具,毋宁谓其为一种理念。无论是构成区块链技术核心的共识算法、容错算法,还是加密技术、传输技术、存储技术,其都是构筑于完备的数学和密码学基础,而非工程学技术。正是因此,区块链技术并不强依赖于物理基础设施,在最极端的情况下,在理论上我们甚至可以只借助于二战时期的无线电技术来搭建一个简易的区块链网络。就广义范畴而言,比特币只是区块链技术的一种具体实现形式,只要具备去中心化、全网共识、防篡改、可回溯这几个核心要素,都可视为区块链技术理念的横向延伸。一言以蔽之,区块链的本质是一种基于密码学算法的"电子契约"。

1.2 区块链的定义与分类

1.2.1 区块链的定义及相关概念

"区块链"这一中文词最早出现自对"chain of blocks"的直译,现在已成为一类综合多种技术的分布式账本实现的统称。根据中国信通院《区块链白皮书(2019)》中的定义:区块链(blockchain)是一种由多方共同维护,使用密码学保证传输和访问安全,能够实现数据一致存储、难以篡改、防止抵赖的记账技术。中国人民银行《金融分布式账本技术安全规范》中指出,分布式账本技术是密码算法、共识机制、点对点通讯协议、分布式存储等多种核心技术体系高度融合形成的一种分布式基础架构与计算范式。

根据以往的研究与应用,关于区块链的定义,从广义上来看,区块链是利用块链式数据结构验证与存储数据、利用分布式节点共识算法生成和更新数据、利用密码学方式保证数据传输和访问的安全、利用自动化脚本代码组成的智能合约来编程和操作数据的一种全新的分布式基础架构与计算范式。从狭义上来看,区块链是一种按照时间顺序将数据区块以顺序相连的方式组合而成的一种链式数据结构,并以密码学方式保证不可篡改和不可伪造的分布式账本。

区块链领域通常涉及以下相关的基本概念:

(1)交易(transaction):指导致区块链分布式账本状态改变的一次操作,如添加一条记录或者是一笔在两个账户之间的转账操作。它代表了一次数字现金的转移过程。

(2)区块(block):用于记录一段时间内发生的交易和状态结果。区块通常用区块头的哈希值和区块高度来进行标识。区块头一般包括前一个区块的哈希值(父哈希)、时间戳以及其他信息。区块头的哈希值是通过 SHA256[①] 算法对区块头进行二次哈希计算而得到的数字。区块哈希值可以唯一标识一个区块。区块高度是指在区块链中的位置。第一个头部区块被称为创世区块(genesis block),高度为 0,其他区块依次类推。

(3)链(chain):由一个个区块按照发生顺序串联而成,是整个状态变化的日志记录。

---

① SHA 是安全哈希算法(secure hash algortm)的缩写。

从学术角度来解释,区块链其实是分布式数据存储、点对点传输、共识机制、加密算法等计算机技术的一种新型应用模式。区块链本质上是一个去中心化的分布式账本数据库,其主要目的是解决交易信任问题。区块链具有如下特点:

(1)每一个区块就是一个账本,它不仅能记录交易信息,还有更多功能。

(2)每个区块就像一个硬盘,把相关信息全部保存下来,再通过密码学技术进行加密,这些被保存的信息就无法被篡改。

(3)这个区块会与前一个区块连接,从而形成一根链条。每个区块都必须包含前一区块的相关信息才能生效。

区块链的核心思想是建立一个基于网络的公共账本,该公共账本由多个前后相连的区块组成,每一个区块都包含了一定数量的交易信息,整个区块链账本体系由网络中所有的用户共同负责维护(见图1-1)。由于区块链上所有的数据都是公开透明的,并且可以验证信息的准确性,因此不需要中心化的服务器体系作为信任中介的支撑就可以在技术上保证区块链上信息的真实性和不可篡改。

区块链技术的最大优势与努力方向是"去中心化",通过运用密码学、共识机制、博弈论等技术与方法,在网络节点无须相互信任的分布式系统中实现基于去中心化信用的点对点交易。因此,区块链成为以比特币为代表的数字货币体系的核心底层技术。尽管区块链最初专为比特币交易而创建,但区块链技术的潜力远远超出了加密货币的范畴。

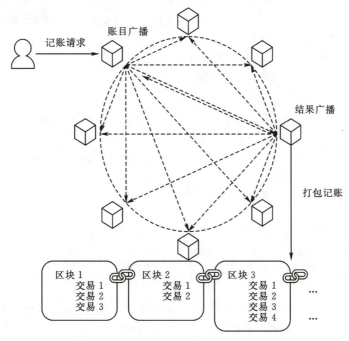

图1-1 区块链的技术原理

(资料来源:零壹财经·零壹智库,中国银行业区块链应用与探索报告(2020))

1.2.2 区块链的分类

区块链进入了大发展时代,大量的概念被提出,使其逐渐进入了细分领域。针对其分类,需要确定分类原则,具体可以有以下几种分类方式:以开放和权限划分;以链的应用领域划分;以程序独立划分;以链的层级关系划分。

1. 以开放和权限划分

根据系统是否具有准入机制,区块链系统可以分为无许可的区块链和有许可的区块链,前者被称为公有链(public blockchain),后者则被称为许可链,如表1-1所示。许可链又可进一步分为联盟链(consortium blockchain)和私有链(private blockchain)。准入机制往往会影响区块链系统所面临的环境假设并导致系统采用不同的共识机制。

不同类型的区块链适用于不同的应用场景。公有链是一种完全开放的区块链,其参与者均可以随时进入系统中进行数据读取、交易发送与确认、竞争记账以及系统维护等工作。公有链的典型应用包括比特币、以太坊等。联盟链是指由若干个机构共同参与管理的区块链,属于一类介于公有链和私有链之间的混合式区块链;其中,每个机构运行并管理着链上一个或多个节点,其数据只允许联盟内各机构进行读写,各机构间可发送交易,并共同来记录交易数据。联盟链的典型应用包括超级账本、企业以太坊等。私有链是指其写入权限由某个组织或机构控制的区块链,其读取权限可对外开放,或者附加一定程度的限制。

表1-1 区块链的类型及特性

类型		特性
公有链		世界上任何个体或团体都能发送交易,且交易能获得该区块链的有效确认; 任何人均可参与其共识过程; 最早出现、目前应用最广泛的区块链; 现阶段每秒3~20次数据写入
许可链	联盟链	某个群体内部指定多个记账节点,每个区块的生成由所有预选节点共同决定; 预选节点参与共识过程,其他接入节点可以参与交易,但不过问记账过程,可满足监管 AML(anti money laundering,反洗钱)/KYC(know your customer,客户识别)要求; 现阶段每秒1000次以上数据写入
	私有链	仅使用区块链记账技术进行记账,某一组织或个人独享写入权限; 改善可审计性,不解决信任问题

2. 以链的应用领域划分

有句话说,币讲的是共识,链拼的是生态。在区块链的划分中,按照生态的应用范围,区块链可以分为以下两种类型:基础链和行业链,具体说明如下。

(1)基础链:提供底层的且通用的各类开发协议和工具,方便用户在此基础上快速开发出各种去中心化应用(decentralized application,DApp)的一种区块链。一般来说,公有链都是基础链,主要代表有以太坊(Ethereum,ETH)和EOS[①]。

如果拿现实来类比,我们常说基础链就是操作系统。严格来说,这种说法可能不够准确,

---

① EOS:enterprise operation system,为商用分布式应用设计的一款区块链操作系统。

因为不同的基础链定位还是有所不同的,比如 ETH 和 EOS 可能更像操作系统,而本体和 NULS(纳世链)则像定制协议。

(2)行业链:在底层的通用性上不如基础链,一般是为某些行业特别定制的基础协议和工具。如果把基础链理解为通用性公链,行业链则可以解释为行业专用性公链,主要代表有比原链(Bytom,BTM)、公信宝(GXShares,GXS)。

行业链类似我们日常生活中的某些行业标准,比如 BTM 就是资产类公链,GXS 是数据公链。

3. 以程序独立划分

(1)主链:一般指的是正式上线以后的区块链,独立自主并且承担主要的业务,就像一个小王国,在自有的网络之中自成生态环境,主要代表有比特币(Bitcoin,BTC)和 ETH。

(2)侧链:本质上说,侧链并不特指某个区块链,是遵守侧链协议的所有区块链的统称。侧链旨在实现双向锚定,让某种加密货币在主链以及侧链之间互相转移,主要代表有 Mixin Network。

需要注意的是,侧链本身也可以理解为一条主链。而如果一条主链符合侧链协议,它也可以被叫作侧链。

举个现实的案例,主链和侧链有点像我们平常说的主城和卫星城的关系,彼此之间都是独立运转的城市系统,但彼此又互通有无。主链和侧链的联系如图1-2所示。

图1-2 主链和侧链的联系

4. 以链的层级关系划分

(1)母链:能够不断生出新链,是某些区块链底层中的底层,主要代表有 NULS 和本体。

(2)子链:基于母链的基础,再次构建的区块链,链上之链,即为子链,主要代表有印链和 Press one。

随着技术的发展,区块链的种类越来越多,以后也可能会出现新的概念。熟悉链的划分,有利于在未来的学习和工作中,更好地理解不同链存在的意义。

1.3 区块链的架构与特点

1.3.1 框架简介

目前大多数区块链技术的应用与比特币类似,大部分是在比特币架构基础上的扩展。目前,区块链技术在金融行业得到广泛关注,被认为可以用来从最底层重构传统金融业现有的IT基础架构。我们将区块链的基础架构分为三层来进行讲解,如图1-3所示。相对于传统的互联网技术和金融基础设施架构,区块链技术凭借其具备高容错性的分布式数据库、现代密码学技术和点对点的P2P网络,可从底层技术基础上解决金融业的信任问题,具有多项变革性的优势。

首先,在网络层之上,区块链是建立在IP通信协议和对等网络基础上的一个分布式系统,和传统带中心的分布式系统不一样,它不依靠中心化的服务器节点来转发消息,而是每一个节点都参与消息的转发。因此,P2P网络比传统网络具有更高的安全性,任何一个节点被攻击都不会影响整个网络,所有的节点都保存着整个系统的状态信息。

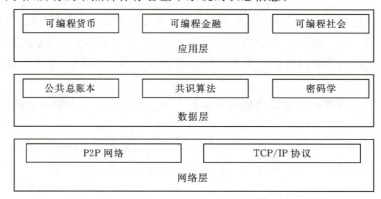

图1-3 区块链基础架构

其次,在数据层面上,区块链是一个只可追加、不可更改的分布式数据库系统,是一个分布式账本。如果是公开的区块链,也就是公有链,那么这个账本可以被任何人在任何地方进行查询,完全公开透明。在区块链网络中,节点通过使用共识算法来维持网络中账本数据库的一致性。同时采用密码学的签名和哈希算法来确保这个数据库不可篡改,不能作伪,并且可追溯。例如,在比特币系统中,只有在控制了51%的网络算力时,才有可能对区块链进行重组,以修改账本信息。由于比特币系统的设计者中本聪在系统设计中巧妙地加入了带有经济激励的挖矿工作量证明(PoW)机制,使得即使拥有网络51%以上算力的人也不会损害其自身利益而发起对网络的攻击。因此,比特币系统自上线以来一直持续不断地正常运行,没有出现过因为比特币系统本身缺陷而造成的安全故障。

再次,在应用层面,我们可以用区块链代替传统的登记、清算系统。2016年6月22日,波士顿咨询公司指出,到2030年,全球支付业务收入预计将会达到8070亿美元。基于区块链技术的汇兑和支付属于区块链的1.0应用版,其安全性、交易时间、成本都会对传统支付业务进行颠覆式改进。花旗银行也明确指出,如果各大金融机构都使用区块链技术,每年能够节省超过200亿美元的成本。国信证券分析报告指出,通过区块链的点对点分布式的时间戳服务器来生成依照时间前后排列并加以记录的电子交易证明,可以解决双重支付问题,从而带来结算成本趋零的可能性。根据德国银行的一份引用波士顿咨询公司的研究报告,欧洲银行的IT成本支出平均占据银行整体运行成本的16%,一个重要原因就是传统银行在账本的维护、支付交易的结算和清算方面的架构过于复杂,维护成本过高。在应用方面,区块链平台能够提供编程环境,让用户编写智能合约。通过智能合约,用户可以把业务规则转化成在区块链平台自动执行的合约,该合约的执行不依赖可信任的第三方,也不受人为的干预。理论上,只要一旦部署,一旦符合合约执行的条件,就会自动执行。执行结果也可以在区块链上供公开检查,保证了合约的公正性和透明性。因此,智能合约可以降低合约建立、执行和仲裁中所涉及的中间机构成本。区块链的智能合约奠定了未来建立可编程货币、可编程金融,甚至是可编程社会的基础。

1.3.2 技术特征

随着大家对区块链技术的关注度不断提高,区块链技术天然具备的技术优势正成为金融服务领域广泛关注的焦点。区块链共有五大特征:去中心化、开放性、自治性、信息不可篡改和匿名性。可以说,如果一个系统不具有以上特征,将不能被视为基于区块链技术的应用。

(1)去中心化。区块链是由众多节点共同组成的一个端到端的网络,不存在中心化的设备和管理机构。区块链数据的验证、记账、存储、维护和传输都不是基于中心机构,而是利用数学算法实现。去中心化使网络中的各节点之间能够自由连接,进行数据、资产、信息等的交换。去中心化后,每个节点都保存了完整的区块链信息,解决了敏感数据的备份问题和传统分布式系统的信息不对称问题。

(2)开放性。区块链中的所有数据信息是公开的,每一笔交易都会通过广播的方式,让所有节点可见。区块链具有源代码开源性,即网络中设定的共识机制、规则都可以通过一致的、开源的源代码进行验证。任何人都可以加入(公开链),或者通过受控方式加入(联盟链)。

(3)自治性。任何人都可以参与到区块链网络之中,每个节点都能获得一份完整的数据库拷贝。节点间基于一套共识机制,通过竞争计算来共同维护整个区块链。区块链技术采用基于协商一致的规范和协议,使得整个系统中的所有节点能够在去信任的环境中自由安全地交换数据,任何人为的干预不起作用。

(4)信息不可篡改。不可篡改性是指单个甚至多个节点对数据库的修改无法影响其他节点的数据库,除非能控制超过51%的节点同时修改。区块链使用了密码学技术中的哈希函数、非对称加密机制,保证区块链上的信息不被篡改。由于每一个区块都是与前续区块通过密码学证明的方式链接在一起的,当区块链达到一定的长度后,要修改某个历史区块中的交易内容就必须将该区块之前的所有区块的交易记录及密码学证明进行重构,有效实现了防篡改。不可篡改使得所有持久化的区块永久保存,交易记录可随时回溯,一笔交易只能通过另一笔交易进行追偿,无法单方面取消,同时规避了传统数据库的数据丢失和恶意篡改风险,更加适用于高敏感性数据(如金融数据、企业核心业务数据等)。

(5)匿名性。由于节点之间的交换遵循固定的算法,其数据交互是无须信任的,区块链中的程序规则会自行判断活动是否有效,因此,交易对手无须通过公开身份的方式让对方对自己产生信任。

区块链技术的核心优势是去中心化,其能够通过运用哈希算法、数字签名、时间戳、分布式共识和经济激励等手段,在节点无须互相信任的分布式系统中建立信用,实现点对点交易和协作,从而为中心化机构普遍存在的高成本、低效率和数据存储不安全等问题提供了解决方案。近年来,伴随着国内外研究机构对区块链技术的研究与应用,区块链的应用前景受到了各行各业的高度重视,区块链被认为是继大型机、个人电脑、互联网、移动/社交网络之后计算范式的第5次颠覆式创新,是人类信用进化史上继血亲信用、贵金属信用、央行纸币信用之后的第4

个里程碑。它被视为下一代云计算的雏形,有望彻底重塑人类社会活动形态,并实现从信息互联网到价值互联网的转变。

1.4 区块链发展阶段

根据比特币大会所发布的《布雷顿森林体系 2015 白皮书》,区块链发展经历了从 1.0 到 3.0 的三个阶段:区块链 1.0,即以可编程数字加密货币体系为主要特征的区块链模式,主要体现在比特币的应用上;区块链 2.0,即依托智能合约、以可编程金融系统为主要特征的区块链模式,区块链技术被运用在金融或经济市场,延伸到股票、债券、期货、贷款、按揭、产权、智能资产等合约上;区块链 3.0,即广泛创新应用阶段,主要是广泛应用于某些全球性的公共服务上,能够满足更加复杂的商业逻辑。有一些研究基于区块链 3.0 阶段的自治理特征,称区块链 3.0 阶段为区块链自治组织(decentralized automomous organization,DAO)、区块链自治公司(decentralized autonomous corporation,DAC)。但是,其实 DAO 或 DAC 仍可以看作是区块链的应用,即通过一系列公开公正的规则,可以在无人干预和管理的情况下自主运行的组织形式。当前,区块链发展已经进入区块链 3.0 模式。

另外,区块链模式是平行发展而非质变式演进的,区块链 1.0 模式与 2.0 模式目前同时存在于人类社会,且以数字加密货币为应用代表的 1.0 模式仍在探索之中。区块链 2.0 是区块链技术在金融业务上的延伸,其应用涵盖金融机构和金融工具等。区块链 3.0 包括行业中的新兴应用,拓展了包括银行和金融科技在内的广泛应用。此外,区块链的不同发展阶段呈现出相互影响、相互补充的互动态势。

1.4.1 区块链 1.0:数字货币

区块链是利用密码学方法关联产生的数据块,用于验证信息有效性或防伪,并生成下一个区块。在区块链 1.0 阶段,以比特币为代表的数字货币和支付行为是其最典型的应用。继 2008 年一个自称为中本聪的人提出比特币设想后,2009 年比特币正式上线运行。随着比特币在世界范围内的普及,人们开始意识到作为比特币底层技术的区块链具有去中心化的优良性质。区块链采用纯数学方法而不是中心机构建立信任关系,使得互不信任或弱信任的参与者之间能够维系不可篡改的账本记录。

区块链 1.0 技术架构如图 1-4 所示。具体而言,区块链 1.0 使用了如下的相关技术:

(1)分布式账本(distributed ledger):分布式账本是在网络成员之间共享、复制和同步的数据库,记录网络参与者之间的交易。部分国家的银行将分布式账本作为一项节约成本的措施和降低操作风险的方法。

(2)块链式数据(chained-block data structure):区块链采用带有时间戳的链式区块结构存储数据,从而为数据增加了时间维度,具有极强的可验证性和可追溯性。

(3)梅克尔树(Merkle trees):梅克尔树是区块链的重要数据结构,能够快速归纳和校验区块数据的存在性和完整性。

(4)工作量证明(proof of work,PoW):通过引入分布式节点的算力竞争保证数据一致性和共识的安全性。

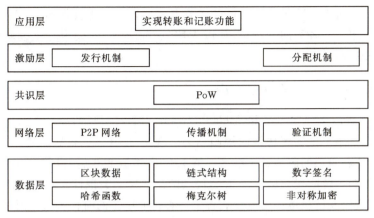

图1-4 区块链1.0技术架构

1.4.2 区块链2.0：智能合约

2014年，区块链2.0(第二代区块链)成为去中心化数据库的代名词。第二代区块链的主要特点是交易的智能协议。区块链2.0技术不需要"价值交换中担任金钱和信息仲裁的中介机构"。区块链2.0进入可编程金融阶段。在这一阶段，区块链系统渗入经济、金融与资本市场，形成股票、债券、期货、贷款、抵押、产权、智能财产等的智能合约。除了构建货币体系之外，区块链在泛金融领域也有众多应用案例。例如，智能合约的核心是利用程序算法替代人执行合同，这些合约包含三个基本要素——要约、承诺、价值交换，可以实现资产、过程、系统的自动化组合与相互协调。

区块链2.0技术架构如图1-5所示，其具体使用了如下的技术：

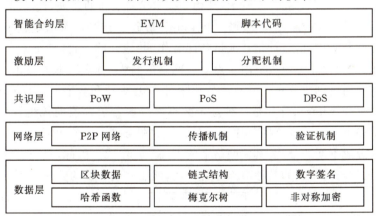

图1-5 区块链2.0技术架构

(1)智能合约(smart contract)：1994年，Nick Szabo首次提出智能合约概念，即一种旨在以信息化方式传播、验证或执行合同的计算机协议，能够在没有第三方的情况下进行可信交易。智能合约是已编码的、可自动运行的业务逻辑，通常有自己的代币和专用开发语言。

(2)虚拟机(virtual machine)：指通过软件模拟地运行在一个完全隔离环境中的完整计算机系统。在区块链技术中，虚拟机用于执行智能合约编译后的代码。

(3)去中心化应用(decentralized application，DApp)：是运行在分布式网络上、参与者的信息被安全保护(也可能是匿名的)、通过网络节点进行去中心化操作的应用。其包含用户界面的应用,包括但不限于各种加密货币,如以太坊(Ethereum)的去中心化区块链及其原生数字货币以太币(Ether)。

1.4.3 区块链 3.0:多行业应用

2016 年 1 月,美国梅兰妮·斯万(Melanie Swan)出版《区块链:新经济蓝图及导读》一书,作者把超越货币、金融范围的区块链应用归结为区块链 3.0(第三代区块链)。第三代区块链是分布式人工智能和组织的区块链。继区块链 1.0、区块链 2.0 后,目前已开启了区块链 3.0 时代,即可编程社会系统时代。区块链 3.0,代表的是解决了关键性技术难题的全领域生态级别的底层系统出现以及区块链技术应用到各个垂直行业中去的时代。这个时代的底层协议能够在保证去中心化、去信任中介的同时,保证商用级别的高性能。

区块链 3.0 的根本特征之一是区块链与大数据、人工智能技术融合,通过新的区块链技术,实现新的存储模式的创新。区块链 3.0 与区块链 1.0 和区块链 2.0 最重要的一个区别在于区块链技术的使用方式与领域。在区块链 3.0 时代,区块链技术应用已超出金融领域,扩展到人类生活的各个方面,为各种行业提供去中心化解决方案,包括在司法、医疗、物流等领域,利用区块链技术来解决信任问题,实现信息的共享,将数据进行分布式的存储和连接,实现真正的大数据化,提高整个系统的运转效率。

区块链 3.0 主要应用在社会治理领域,包括了身份认证、公证、仲裁、审计、域名、物流、医疗、邮件、签证、投票等领域,应用范围扩大到了整个社会,区块链技术有可能成为"万物互联"的一种最底层的协议。

区块链 3.0 技术架构如图 1-6 所示,其相关技术又有了新的发展,具体如下:

(1)超级账本(Hyperledger):超级账本是 Linux 基金会于 2015 年发起的推进区块链数字技术和交易验证的开源项目,目标是让成员共同合作,共建开放平台,满足来自多个不同行业各种用户的需求,并简化业务流程。由于点对点网络的特性,分布式账本技术是完全共享、透明和去中心化的。通过创建分布式账本的公开标准,实现虚拟和数字形式的价值交换。

(2)分片技术(sharding):分片是一种基于数据库分成若干片段的传统概念扩容技术,它将数据库分割成多个分片并将这些分片放置在不同的服务器上。在底层公有链的系统内,网络上的交易将被分成不同的分片,其由网络上的不同节点组成。因此,只需要处理一小部分输入的交易,并且通过与网络上的其他节点并行处理,就能完成大量的验证工作。

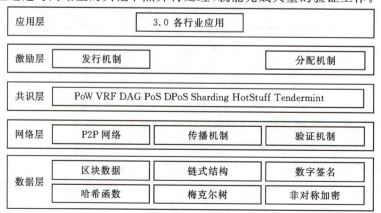

图 1-6 区块链 3.0 技术架构

1.5 区块链的国内外发展现状

凭借独有的信任建立机制,区块链正在改变诸多行业的应用场景和运行规则,是未来发展数字经济、构建新型信任体系不可或缺的技术之一。

1.5.1 区块链在国外的发展

近年来,随着区块链逐步应用于金融、供应链、工业制造、公益等领域,各国政府及监管机构对区块链技术及其研发应用的态度逐渐从观望转向鼓励,并且越来越积极地进行更多尝试。大多数国家对于以比特币为代表的数字货币政策虽仍然褒贬不一,但是少数国家已开始接纳,如德国、日本等。

2015年10月,英国《经济学人》杂志刊登了一篇题为《信任机器——比特币背后的技术如何改变世界》的文章。这篇文章是区块链发展的一个里程碑,它使区块链的风暴席卷全球。这篇文章使人们认识到,比特币底层技术区块链比比特币本身价值更大。区块链技术让人们在既没有中心权威机构的监督和管理,又没有金钱和信息仲裁的中介机构中,就能够进行可信的交易。从此,世界一些大公司和银行,包括美国高盛公司、花旗银行、美联储以及英国央行等,纷纷投资区块链。

区块链技术引起了学术界、产业界的高度重视。下面是有关媒体对区块链的部分报道:
(1)区块链——重塑经济与世界。
(2)区块链技术有望像互联网一样彻底重塑人类社会活动形态,并实现从目前的信息互联网向价值互联网的转变。
(3)互联网已经颠覆世界,区块链却要颠覆互联网。
(4)区块链技术已经被视为下一代全球信用认证和价值互联网的基本协议之一。

从这些报道中可以看出区块链技术的重要性。与此同时,世界各国都加强了区块链技术的研究,将区块链列为国家发展的重要战略。2015年下半年以来,"区块链"这个词开始成为全球各大监管机构、金融机构及商业机构,如摩根士丹利、英国央行、花旗银行等争相讨论的对象。从整体上看,参与讨论的金融机构普遍对区块链技术在改善其中后端流程效率及降低运作成本的可能性上有着较为积极的态度,部分国家政府对推动区块链技术和应用的发展也持积极态度。

2016年1月19日,英国政府发布《分布式账本技术:超越区块链》白皮书,积极探索区块链未来在减少金融诈骗、降低交易成本方面的潜力。2016年6月,新加坡金融管理局推出监管沙盒机制,在可控范围内允许金融科技公司的发展。2017年4月1日,日本正式实施《支付服务法案》,承认比特币的合法地位。美国各州政府也采取措施学习与探索区块链技术,并尝试通过区块链提高政府工作的透明度和效率。2018年6月,日本推出了沙盒制度,以加快推出新的商业模式和创新技术,如区块链、人工智能和物联网。2018年12月,欧洲议会呼吁采取措施促进贸易和商业区块链的采用。2019年1月,韩国政府将区块链技术纳入其"研究与开发税收减免中增加了16个领域"之一,以促进区块链技术创新。2019年7月,美国参议院商业、科学和运输委员会批准了《区块链促进法案》。2020年以来,新加坡出台新法案允许全球加密公司在新加坡当地扩展业务;日本金融监管机构宣布启动其全球区块链治理倡议网络,旨在促进"区块链社区的可持续发展"。

1.5.2 区块链在国内的发展

我国政府积极支持开展区块链技术的研究和应用。2016年1月20日,中国人民银行数字货币研讨会宣布对数字货币研究取得阶段性成果,会议肯定了数字货币在降低传统货币发行等方面的价值,并表示央行在探索发行数字货币。2016年12月,在《国务院关于印发"十三五"国家信息化规划的通知》中,将区块链写入"十三五"国家信息化规划,将区块链列为重点加强的战略性前沿技术。2016年2月,中国人民银行原行长周小川在谈到数字货币相关问题时曾提及,区块链技术是一项可选的技术,并提到中国人民银行部署了重要力量研究探讨区块链应用技术。2017年"两会"上,周小川再次表示,数字资产和区块链将产生不可估量的巨大影响。2017年年初,央行数字货币又有新进展,央行推动的基于区块链的数字票据交易平台已测试成功,由央行发行的法定数字货币已在该平台试运行,中国可能成为全球首个发行央行数字货币的国家。

我国从2013年开始陆续出台虚拟货币监管政策,大众也逐渐对区块链的技术逻辑和底层价值开始了解。自2016年10月工业和信息化部发布《中国区块链技术和应用发展白皮书(2016)》及2016年12月区块链首次被作为战略性前沿技术写入《国务院关于印发"十三五"国家信息化规划的通知》以来,各地政府纷纷出台有关区块链的政策指导意见及通知文件。中国互联网金融协会也成立了区块链研究工作组,深入研究区块链技术在金融领域的应用及影响。2017年5月,中国电子技术标准化研究院联合数十家单位发布《中国区块链技术和产业发展论坛标准》,为区块链的落地应用设定了标准。

近年来,从中国区块链相关的政策走向来看,我国政府对区块链发展的鼓励和促进发展态度更加明朗化。中国政府对区块链技术给予高度关注,已经于2019年将区块链技术上升为国家战略,并将其作为核心技术自主创新的重要突破口。

2018年,为了避免区块链被人利用、带来不利的社会影响,我国开展了打击借区块链之名进行违法行为的活动。随后几年,中国政府和监管部门积极支持区块链技术发展和应用落地。2019年1月,国家互联网信息办公室发布《区块链信息服务管理规定》,为区块链信息服务提供了有效的法律依据;同年10月24日,习近平总书记在中共中央政治局第十八次集体学习时指出,要把区块链作为核心技术自主创新的重要突破口(见图1-7),加快推动区块链技术和产业创新发展。从此,区块链走进中国大众的视野,成为社会关注的焦点之一。

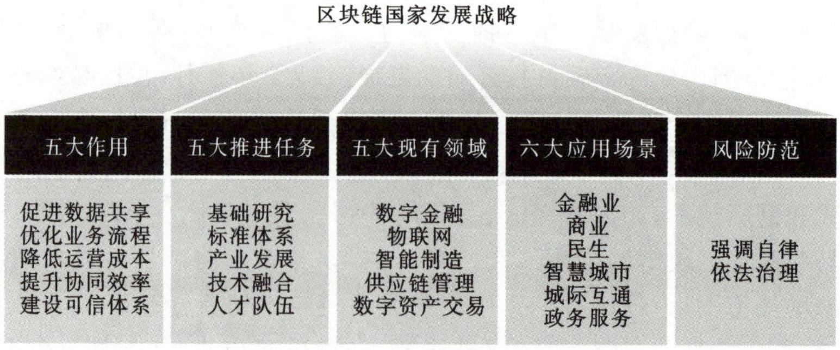

区块链国家发展战略

五大作用	五大推进任务	五大现有领域	六大应用场景	风险防范
促进数据共享 优化业务流程 降低运营成本 提升协同效率 建设可信体系	基础研究 标准体系 产业发展 技术融合 人才队伍	数字金融 物联网 智能制造 供应链管理 数字资产交易	金融业 商业 民生 智慧城市 城际互通 政务服务	强调自律 依法治理

图1-7 区块链国家发展战略

2020年1月17日,国务院办公厅发布了《关于支持国家级新区深化改革创新加快推动高质量发展的指导意见》,指出要加快推动区块链技术和产业创新发展,探索"区块链+"模式,促进区块链和实体经济深度融合。相关监管部门相继推进法定数字货币研发、农业区块链核心技术突破、基于区块链的全球航运服务网络平台研究应用,以及推进区块链在金融、在线教育等方面的应用。

总而言之,无论从媒体,还是从国家战略和技术发展的角度来看,区块链技术无疑是未来最有发展潜力的技术之一。

比特币作为区块链技术的成功应用示范,其价值变化也进一步说明了区块链技术的重要性。从2015年10月至2019年10月,比特币的价格一路攀升。在2009年1月3日中本聪建立"创世区块"、第一个比特币诞生时,1美元可以买到1300枚比特币,即一个比特币只值0.09美分。到2016年,一个比特币曾经上涨到1200美元。到2021年2月,达到56000美元/枚,刷历史新高。在比特币峰值时,全世界的比特币总市值突破1万亿美元。比特币从2009年开始市值已经涨到5.7万美元(2020年2月20日的行情),虽然其中多次反复,出现了多次暴涨暴跌,但是总的趋势是上涨的行情。这也从另一个方面反映了社会对区块链技术的信心。

1.5.3 行业发展及市场规模

随着区块链技术的发展,其在各行业的应用潜力逐渐得到释放。联合国、国际货币基金组织,以及美国、英国、日本等国家都对区块链的发展给予了高度关注。本小节将详细介绍在各国政府的支持下区块链的发展形势。

数据显示[1],2019年,全球区块链产业规模呈现稳定增长,达到24.5亿美元,产业年均增速为30.6%。从国家来看,美国仍处于全球区块链产业的领导地位,规模为7.3亿美元,占全球区块链产业29.8%;中国在全球区块链产业中占比为12.1%,位居第二。我国区块链产业受国家政策的积极影响,2019年的产业规模达20.8亿元(人民币),同比增长179.5%。其中,广东省区块链产业规模达到1.7亿元,占中国区块链产业规模的8.2%,位居国内第一;其次是浙江省,占比7.2%,产业规模达1.5亿元;北京市、江苏省、上海市分别位列第三至第五位。

国内外先后成立各种类型的区块链产业联盟,协调推进区块链技术和应用发展。R3区块链联盟于2015年9月成立,致力于为银行提供探索区块链技术的渠道和区块链概念产品。同年,Linux基金会成立超级账本(Hyperledger),推进区块链数字技术和交易验证开源项目。中国先后成立中关村区块链产业联盟、中国分布式总账基础协议联盟(China Ledger)、金融区块链合作联盟(金链盟)和区块链微金融产业联盟(微链盟),积极探索推动区块链的应用。区块链企业数量近年来增长放缓,行业发展逐渐回归理性。

有数据显示[2],截至2019年8月,全球区块链企业数量有2450家,其中美国区块链企业数量最多,占21.8%;其次是中国,占20.4%。从新增企业数量来看,2017年全球新增区块链企业数量达到高峰,超过600家;2018年全球新增区块链企业数量为400余家;2019年以来全球新增区块链企业数量锐减,截至8月,新增企业数量不足50家。

---

[1] 赛迪顾问数字经济产业研究中心,《2019—2020年中国区块链产业发展研究年度报告》。
[2] 中国区块链技术布局现状及发展趋势分析[EB/OL].(2020-3-24)[2021-11-18].https://www.iimedia.cn/c1020/70276.html。

另一项数据显示[①],中国区块链行业在 2016 年之前,经营区块链相关业务的公司不足 1000 家,且数量增长缓慢;但从 2016 年开始,区块链企业数量开始爆发式增长,连续两年增幅均超过 250%,成为创业热门领域和资本热捧的目标。之后几年,区块链企业数量增长放缓。

从区块链企业的经营主体来看,国内外互联网、IT、金融等领域企业涉足区块链行业较早,着手研发或推出了从基础设施到应用案例的一系列解决方案。同时,全球主流金融机构布局区块链,2015 年 10 月,美国纳斯达克推出基于区块链技术的证券交易平台 Linq,进行金融证券市场去中心化的尝试。高盛、摩根大通、瑞银集团等银行业巨头分别成立各自的区块链实验室、发布区块链研究报告或申请区块链专利,并参与投资区块链初创公司。

国内从 2016 年开始,一些传统金融机构和金融科技企业先后涉足区块链金融场景应用。目前,蚂蚁金服、腾讯、阿里巴巴、浪潮、京东和百度等重点企业在区块链专利、底层 BaaS[②] 平台和行业解决方案方面均取得了一定成绩,主要布局在底层平台、行业应用以及区块链硬件三个方面。

此外,区块链初创公司及各类投资机构也纷纷涉足区块链领域,为区块链技术落地提供资金支持。初创公司 Ripple Labs 致力于推动 Ripple 成为世界范围内各大银行通用的标准交易协议,使货币转账能像发电子邮件那样成本低廉、方便快捷;R3CEV 推出的 BaaS 服务,已与美国银行、花旗银行、招商银行等全球 40 余家大型银行机构签署区块链合作项目,致力于制定银行业的区块链行业标准与协议。

当前,诸多产、学、研组织或单位正将区块链技术与云计算、大数据和人工智能等前沿技术深度融合、集成创新,面向各行各业探索商业应用,不断构建各类技术多元化、领域精细化的专业型区块链。区块链"脱虚向实"趋势明显,行业生态已经初步成形,正在助力诸多领域实体经济高质量发展。

区块链作为一种通用技术,正加速渗透至人类生产、生活的各个领域,和各行各业创新融合。随着各国国家政策的不断推进引导,区块链产业将迎来更广阔的发展空间。

随着比特币等数字货币的日益普及,区块链技术的发展引起了政府部门、金融机构、初创企业和研究机构的广泛关注。区块链的研究成果与应用成果呈现几何级数增长的态势,且与大数据、物联网、智能制造等场景紧密结合,依托现有技术进行独创性组合创新。

1.6　区块链技术应用的局限性

作为近年来兴起的新技术,区块链仍面临一些制约其进一步发展和广泛应用的障碍,包括底层技术的挑战、潜在的安全隐患以及隐私保护等。

1.6.1　政府监管挑战

区块链技术应用为金融、物流、版权、电商等实体经济领域的发展带来了新机遇,但区块链属于新兴应用,与目前的政策监管体系不协调,尚未被法律监管体系完全覆盖,造成区块链的应用存在合规性、合法性争议。目前关于区块链技术的监管政策仍处于模糊状态,导致这一现

---

① 腾讯研究院,《2019 腾讯区块链白皮书》。
② 指区块链即服务,英文翻译为 blockchain as a service。

状的原因包括：

（1）区块链 1.0 时代的货币应用，改变了货币发行和管理机制，会对国家的货币体制造成冲击，其去中心化的经济运作方式，将会对现行的税收结构造成影响，政府为应对区块链货币发行可能需要改造税收方式，甚至改革税收制度。随着区块链 2.0 和区块链 3.0 应用的大面积推广，社会普及的去中心化服务可能会削弱政府管理职能和影响力，使部分政府部门显得冗余，因此监管部门对区块链应用的推广与否仍有忧虑。

（2）区块链技术仍处于初步发展阶段，行业发展远未成熟，为适应区块链行业发展，监管政策需要及时变更，若监管机构过早地落实监管政策，随后又不断变更，容易引发政策朝令夕改现象，不利于区块链企业制定发展方针，且政策变更频繁会造成不必要的立法与执法耗费，因此监管机构多处于观望和研究状态，导致监管政策尚未有效推行。

中国区块链行业监管架构如图 1-8 所示。

图 1-8 中国区块链行业监管架构

当前各国对区块链的监管模式存在较大差异，新加坡、瑞士等国家已对代币进行监管，在欧盟，个别国家可能愿意将区块链技术用于公共计划，但尚不清楚区块链项目如何达到欧盟范围内的 GDPR[①] 隐私标准。目前世界各国并未产生最优或最好的区块链监管经验，社会无法预期未来的监管方向会如何演变，监管动向的不明朗导致区块链行业发展面临诸多不确定因素。但监管政策是行业稳定发展的重要因素，因此针对区块链行业的监管政策在未来必定会陆续出台，目前在运行的区块链项目可能会面临政策变更导致的经营风险。

1.6.2 运行安全风险

目前区块链技术潜在的最大安全隐患就是 51% 攻击问题，即节点通过掌握全网超过 51% 的算力就有能力成功篡改和伪造区块链数据。据统计，中国大型矿池的算力已占全网总算力

---

① 指 General Data Protection Regulation，即《通用数据保护条例》。

的60%以上，理论上这些矿池可以通过合作实施51%的攻击，从而实现比特币的双重支付。虽然实际系统中为掌握全网51%算力所需的成本投入远超成功实施攻击后的收益，但51%攻击的安全性威胁是始终存在的。

1.6.3 系统效率及可扩展性问题

首先，目前比特币区块链每秒仅处理7笔交易，这极大地制约了区块链技术在金融系统高频交易场景中的应用（如VISA信用卡每秒最多处理10000笔交易）。其次，依据区块链技术的协议设计，当前每个比特币区块的生成时间为10分钟，这意味着每笔交易的确认时间为10分钟，这在一定程度上限制了比特币在小额交易和时间敏感交易中的使用。最后，容量膨胀问题。区块链要求系统内每个节点保存一份数据备份，这对于日益增长的海量数据存储来说是极为困难的。就比特币区块链而言，完全同步自创世区块至今的区块数据需要约60 GB存储空间，虽然轻量级节点可部分解决此问题，但适用于更大规模的工业级解决方案仍有待研究。

1.6.4 隐私泄露风险

在隐私层面上，区块链技术的去中心化使得所有参与者都能够获得完整的数据备份，数据库完全透明共享。通过密钥对，交易双方不用彼此了解，只需要彼此的交易地址和发起交易方的公钥就可以完成交易，因此密钥可以隔断交易地址和地址持有人真实身份的关联，达到匿名的效果。在这种区块链系统内，各节点虽不必公开身份，但也并非完全匿名，而是通过类似电子邮件地址的地址进行标识（如比特币公钥地址）并实现数据传输。虽然地址标识并未直接与用户身份相关联，但区块链数据是完全公开透明的，随着各类反匿名身份甄别技术的发展，仍有可能实现对部分重点目标的定位和识别。而且，如果区块链需要承载更多的业务，如实名资产，又或者通过智能合约实现具体的借款合同等，就会出现隐私保护和合同验证的矛盾。未来通过合理设计系统链上的数据，安排链外信息交换通道等机制，或许可以规避一些隐私保护的难点。此外，区块链消除了中介的角色，通过程序算法建立起信用担保，如客户征信信息被储存在区块链中进行信息共享，只能通过密钥识别，信息的这种不可逆性将增大信息泄露等安全问题的追责难度，一旦密钥丢失，往往可能会造成客户资产无法挽回的损失。在安全层面上，由于所有的交易记录全部公开透明，客观上也可能会增加恶意诈骗和信息泄露的风险，因此网络安全认证体系的建设责任更大。

区块链应用安全风险如图1-9所示。

总之，现阶段的区块链技术在系统稳定性、应用安全性、业务模式等方面远未成熟，区块链核心技术、机制和应用部署等方面均存在诸多安全隐患。随着区块链技术应用的推广，区块链安全事故发生量飙升，仅2019年1月发生的区块链安全事故数量已超过2017年全年的区块链安全事故发生量。在技术尚未成熟的情况下，正在运行的区块链项目需要有良好的安全事故解决方案以应对变故，还需要有深厚的技术研发实力，不断优化技术，预防不断升级变异的安全漏洞，这对正在运行的区块链项目的技术实力要求较高。

图 1-9 区块链应用安全风险

本章小结

本章通过对区块链的起源、定义、分类、相关核心技术和发展阶段的阐述,梳理比较了当前区块链在国内外发展的现状,并分析了区块链应用项目的落地瓶颈。通过本章介绍可以发现,区块链技术在数据共享、协同工作、业务流程优化、可信体系建设等方面具备特有的优势。随着区块链技术的普及,区块链技术将广泛应用于当前数字经济时代的各类应用中,成为一种分布式可信数据存储的基础设施,通过其去中心化的信任基础重塑新的社会形态。现有制约区块链系统发展的技术挑战主要包括分布式账本的可扩展性、链上数据扩容、数据源安全性及链上数据隐私等。虽然当前的区块链技术还存在很多性能和应用的挑战,但不可否认区块链技术正在促进各领域的技术创新。

思考与练习

1. 简述区块链与比特币的区别与联系。
2. 什么是区块链,区块链具有哪些特征?
3. 区块链的类别可分为哪几类,分别应用在哪些方向?
4. 公有链、联盟链和私有链三者的主要区别是什么?
5. 简述区块链的3个发展进程,并说明每个阶段发展的特征。
6. 去中心化是什么,去中心化在区块链中有什么地位?
7. 简述区块链技术应用的局限性。
8. 思考与总结目前区块链技术发展的两面性。

第 2 章　区块链金融概述

引例

借助百度区块链引擎,徐家汇商圈积分联盟链打通了徐家汇多个商家的顾客积分系统,将积分兑换、消费、结算上链,建立商圈通用会员体系,增强用户活跃度,激活睡眠积分,同时增加积分商城兑换的物品丰富度,如支持积分在停车场景使用,以加强积分的流动性。徐家汇商圈积分解决方案如图 2-1 所示。

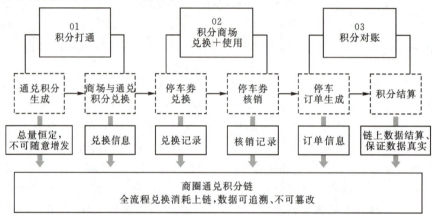

图 2-1　徐家汇商圈积分解决方案

随着区块链技术的不断完善和发展,区块链延伸到社会经济的各个领域。政府和大型金融企业也积极推广和研发区块链技术,政府从政策上进行引导支撑,推动区块链技术在经济社会的实际应用;金融市场紧跟行业发展趋势,积极应用区块链技术。

技术驱动金融服务产业转型升级的作用日趋明显,以技术创新引领的金融服务模式变革趋势仍将持续。如何将前沿技术与各类金融服务场景深度整合,使技术创新发挥最大价值,已成为全球金融科技产业的重要研究课题。业界普遍认为,区块链技术有望进一步提升金融交易透明度、强化系统操作弹性、实现流程自动化,进而对金融业务的记录保存、会计核算和支付结算方式产生影响。本章将分析区块链技术在金融领域应用的整体情况与优势特征,帮助读者客观判断区块链金融的发展现状、趋势及潜在影响。

2.1　区块链对传统金融业的颠覆

从创世区块诞生开始,区块链技术就被社会上不同的行业机构关注。由于中本聪的初衷是让区块链技术作为比特币的底层协议,所以区块链技术最早还是主要应用于金融领域,并且也对金融领域产生了巨大影响。一方面,区块链技术去掉了金融交易中间的不必要环节,大量节省交易成本；另一方面，区块链技术也对作为第三方平台的金融机构带来了严峻的挑战。区块链技术应用在金融业，是建立在"开创全新模式"的条件之下，迫使人们站在之前都没有过的角度来进行交易。因此，区块链金融比传统金融更有优势。

2.1.1 传统金融业存在的问题

2008年的国际金融危机，是比特币和区块链技术产生的直接原因。通过对历史上多次金融危机的回顾，进一步挖掘金融危机背后的深层次逻辑，发现引起金融危机的主要原因有三个，同时也是传统金融业中存在的根深蒂固的问题，具体如下：

第一，信息不对称。信息不对称是传统金融业固有且难以解决的弊病。增长和波动是经济领域两个最核心的基本问题，如果能完全消除信息不对称，经济系统的波动性就会极大降低，从而获得较为稳定的增长。自1932年Fisher首次以"债务—通货紧缩"理论来解释20世纪的大萧条以来，"过度负债"和"债务清偿"成为引发金融危机的关键。Tobin(1975)进一步拓展了"债务通缩"理论，将贷款方也综合考虑进了分析框架，逻辑链条拓展为"价格下降—工资和收入下降—债务本金和利息占比提高—所有者权益占比下降—再贷款能力减弱—企业破产和违约—借款人和金融机构流动性遭受负面冲击—进一步的借款萎缩和投资下降"。Minsky(1982,1992)则从资本市场角度对"债务通缩"理论进行了拓展，从资产价格下降的货币价值和财富效应两个渠道论证了债务清偿的"廉价销售"(fire sale)效应。Bernanke等(1989)以"债务通缩"理论为基础，结合信息不对称、金融市场不完善等理论，构建了金融加速器(financial accelerator)模型，发展出通缩自我加强效应的完整分析框架。2008年国际金融危机后，学界对金融危机从债务杠杆(Goodhart,2010)、杠杆周期(Geanakoplos,2010)及金融周期(Borio,2014)等不同角度进行了阐述，将导致金融危机的核心问题归纳为债务杠杆、抵押贷款、金融风险认知、融资约束和资产错配等，而这些问题本质上都与信息不对称相关。

第二，贫富差距的日益扩大。实际上，造成贫富差距扩大的一个重要原因，是资本和劳动收入的不平等。在《资本论》中，马克思对这一机制中有过比较详细的论述："在资本主义下的雇佣劳动制度中，劳资双方处于不平等的地位，劳动者工资既构成生产成本，又是有效需求的重要来源。资本家为了提高利润会压低工资，然后导致消费不足。所以在资本主义的框架内，金融危机无法根除。"尽管马克思的观点带有鲜明的阶级色彩，但却精辟而严谨地阐述了社会有效需求不足的机制。2008年国际金融危机之后，收入平等与金融危机的关系再次成了学者们讨论的重要问题。Rajan在2010年出版的 *How hidden fractures still threaten the world economy* 一书中，对贫富差距与金融危机关系进行了系统性分析。Rajan分析了美国的状况，认为美国居民从20世纪80年代后就开始通过减少储蓄、增加信贷的方式来应对相对长期收入的下降；贫富差距越大，这种现象就越明显，最终导致了信贷泡沫的产生。根据Piketty(2014)的研究，在过去的300年长时间序列数据中，投资回报收益率年均维持在4%~5%，而GDP的年均增长率则保持在1%~2%。资本收益率远高于经济增长率($r>g$)，是导致收入差距扩大的根本性原因。Kumhof等(2015)还给出了一个分析收入不平等与金融危机的动态随机一般均衡框架，再次论证了二者之间的因果关系。

第三，投资者的非理性情绪。投资者的非理性可能会导致金融资产的错误定价，进而引发资产泡沫，严重时还会引发金融危机。事实上，投资者的非理性与信息不对称有着很大关联：投资者无法获得作出理性判断所需要的完备信息。这主要表现在两个方面，一是单个投资者的非理性情绪,表现为容易扩大乐观情绪和悲观情绪;二是投资者群体之间的非理性情绪,主要表现为投资者情绪会互相传染,从而导致情绪偏差的扩大。投资者非理性与信息不对称具有比较强的关联性:正是信息不对称的存在导致和加剧了投资者的非理性。在信息完全对称的情况下,尽管投资者非理性这种现象并不会完全消失,但是会大幅降低。但另一方面,即使不同投资者都得到相同且完全的信息,也会因认知的差异而出现不同的判断,因而,绝对的投资者理性在现实中是不存在的。Shiller(1981)指出,股票存在的过度波动很难以传统的理性投资者的理论来解释,这可能预示着"潮流"和对基本面变化的过度反应。在 Shiller 研究的基础上,许多研究者开始使用个人行为和偏见的心理学证据,包括前景理论(Kahneman et al.,1979)、过度自信(Oskamp,1965)和心理账户(Kahneman et al.,1984;Thaler,1985),均从心理学的角度对投资者非理性行为进行了解释。Baker 等(2007)还提出了"情绪指数",并证明其与股票累计回报率高度相关。总而言之,投资者存在非理性的行为和心理已经成了学术界的一个主流观点,投资者的心理和情绪将会在很大程度上影响市场。

Merton(1995)指出,现实的金融机构并不是金融体系的一个重要的组成部分,机构的功能才是重要的组成部分,同一经济功能在不同的市场中可以由不同的机构来行使。根据 Merton 的研究,金融有六大功能:一为货物或服务的交易提供支付系统;二为从事大规模、技术上不可分的企业提供融资机制;三为跨时间、跨地域和跨产业的经济资源转移提供途径;四为管理不确定性和风险提供手段;五为提供有助于协调不同经济领域分散决策的价格信息;六为提供了处理不对称信息和激励问题的方案。其中,最核心的功能还是对于资源的配置功能,而这种配置是通过资金和信用的融通实现的。这里有两个核心概念,分别为货币和信用。货币和信用既有区别又有联系。可以说,金融就是经营与管理货币、信用和风险的行业。

风险控制是金融行业的核心,是各项金融业务展开的根本。金融行业快速发展的同时,资产现金流管理有待完善、底层资产监管透明度和效率亟待提高、资产交易结算效率低下、增信环节成本高昂等问题也逐渐暴露出来。由于信用评估代价高昂、中介机构结算效率低下、监管方式有限等原因,一直以来,传统的金融服务手段难以有效解决行业长期存在的诸如运营成本、风险成本过高,从业人才稀缺,基础设施不够完备等问题。上述问题又可以总结为三点:

(1)信用评估代价高昂。传统的金融商业格局中,信任的建立依托于中介机构。价值创造和价值交易都要经过中介机构。中介机构根据法律和协议,提供可信的交易场所,集中进行清算等服务。由于中介机构的局限性,信任被局限在一定范围,中介机构信息的处理取决于人工,且需经过多道人工之手,从而使得每一笔汇款所需的中间环节消耗了大量资源。

(2)中介机构结算效率低下。金融机构的现有基础设施存在弊端。金融领域的登记、清算和结算涉及多个参与主体,各个主体之间的标准不统一,因此拥有一个可信任的跨境交易中介非常重要。环球同业银行金融电讯协会(Society for Worldwide Interbank Financial Telecommunication,SWIFT) 2016 年的报告指出,这种中介环境下成本和效率成为跨境汇款的瓶颈所在。如今,跨境汇款需要 3 到 7 天,股票交易需 2 到 3 天,银行贷款交易平均时间高达 23 天,SWIFT 网络经常花好几天的时间去进行清算和结算。另外,在现有金融体系下,结算并不是实时的,这成为"双花"等金融投机的漏洞。

(3)互联网金融领域监管困难。随着互联网技术的快速发展,互联网金融发展中的隐患逐渐显露。首先,容易受技术攻击,大数据模式下的数据安全存在隐患。随着数据量的增长,庞大的数据库在数据安全性上面临挑战。金融业因其特殊性,对数据安全的要求更高。数据泄露和篡改等不良事件时有发生,却难以追责。其次,互联网金融领域的信用中介并非绝对可信。P2P 借贷平台中,若发生违约事件,客户的资金将面临极大风险,发生损失之后追责也并不容易。

2.1.2 区块链对金融的改进

在金融业中,信息不对称是一个重要的问题。随着互联网技术与金融行业的结合,信息可以实时传递,使得信息更加对称,提高了金融行业的支付结算效率,降低了货币融通的成本,并且基于大数据技术使得风险管理更加有效,但是总体来说,互联网技术带来的只是形式和手段的改进,并没有改变金融的本质。伴随着金融科技的发展热潮,区块链技术似乎成为开启新一次技术革命的钥匙,区块链技术实现的价值传递以及无须信用中介、高安全性、去中心化和去官方货币化等性质是对金融行业的一种根本性颠覆。在分析了金融体系固有弊端的基础上,本小节将结合区块链的特点,论述区块链如何帮助传统金融体系克服其自身的固有缺陷,完成对金融行业的一种根本性颠覆。

1. 价值互联网:从信息传递到价值传递

互联网的诞生宣告了信息时代的到来,由此信息突破时空限制以前所未有的速度进行处理和传输。这场信息革命几乎完美地解决了信息传递问题,信息可在世界范围内无限复制,信息传递的边际成本近乎为零。但是,由于资产权属的唯一性,互联网所依托的 TCP/IP 协议不能实现信息确权,因此第一代信息互联网仍有赖于通过中介机构承担记账功能实现价值传递,这严重制约了数字经济的进一步发展。

引入区块链分布式账本的记录机制能够推动互联网从信息互联到价值互联的转变。互联网交换传递信息,但区块链技术能够传递价值,价值和信息的区别在哪呢?例如,A 表示要通过互联网给 B 授权一个剧本的版权,B 可能会有所顾忌,因为 A 的电脑里面还存储有副本,B 无法确定 A 是否还会给其他人授权这个剧本,即使 B 知道别人也有这个剧本的授权后追查是否是 A 授权的成本也很高,所以为了维护 B 的权益,必须高度依赖线下的合同和第三方公正等中介机构来证明。而区块链就可以有效地解决这个问题,通过价值的传递,让全网的每一个节点都知道 A 把版权给了 B,A 手里即使有副本,全网也不会承认这是 A 的版权,这就是区块链技术带来的价值传递。传统互联网的信息通过复制进行传递,而区块链通过全新的记录机制进行资产确权,实现了价值转移。从互联网通信协议层级来看,这种价值传递的过程被打包定义为区块链"信用层"协议。

由此,信息不再只停留在虚拟世界,而是实现了与现实世界间产品的一一对应,互联网开始从信息高速公路升级为价值高速公路。事实上,通过智能合约技术,区块链可以用程序语言来代表金融交易中的业务逻辑,股权、债券、产权等都可在区块链技术的帮助下以数字形式进行价值存储或转移。数字化的优势表现在权力界限明确、交易方便,并且所有交易流程公开透明可溯源,为监管提供便利的同时,也杜绝了重复交易问题的发生。

2. 信用机制的颠覆:重构金融生态和金融基础设施

区块链的本质是一种分布式共享记账技术,通过使用全新非对称加密认证手段和点对点的网络架构,维护一个无法篡改的连续账本数据库,能够让区块链中的参与者在无须相互认知和建立信任关系的前提下直接实现价值传递,而不再依赖于线下中介机构,被誉为"超越信息传递的第二代互联网技术"。这种信用范式的重构,在全球化的互联网金融基础设施中构筑起新的信用大厦,对金融机构和金融创新来说意义重大,有望成为金融科技的重要底层技术。

1) 分布式架构下的去中介化挑战传统金融机构的信用中介角色

现代金融的核心职能是信用中介。从早期古典经济学家如亚当·斯密、约翰·穆勒等提出的"信用媒介论",到货币金融学中的"信用创造论",信用一直是金融活动的基础;与此同时,信息不对称问题又决定了金融交易过程中介存在的必要性。根据乔治·阿克罗夫的研究,不同市场参与主体之间存在较高的信息壁垒,供求双方对产品信息的了解存在或多或少的差异,从而会导致市场信息不对称,所以"道德风险"和"逆向选择"问题无法避免,掌握信息全面的一方,往往会利用信息优势攫取对方利益,信用问题随之产生。金融领域的骗贷、骗保等现象,就是资金需求方极力掩盖自身的不良信息,甚至提供虚假信息,而使资金供给方无法识别造成的,这些行为严重影响了资源配置效率,阻碍了金融体系正常运转。

互联网的出现使得信息可以实时传递,以移动互联、云计算和大数据为标志,互联网进入了新时代,越来越多的人类活动从线下向线上迁移,这一变革拉近了人与人、商家与客户的距离,大大缓解了信息不对称的不利影响。但是,互联网时代的交易主要是信息的直接交互,而非交易双方直接面对面进行,交易双方相互了解不够深入,因此存在难以逾越的信任障碍。互联网金融中信用构建的基础在于信用数据的收集和分析,信用评级以及风险控制模型的准确度主要取决于互联网金融机构对数据的积累和理解,信用数据俨然已经成为互联网金融企业竞争的核心要素。

然而,传统的信用数据获取仅限定于特定的征信企业,受自身利益关联和用途难以把控的影响,这些企业所获得的信用数据往往无法有效快捷地共享给互联网金融机构,而互联网金融机构又因为无法获取有关征信的资质,所以缺乏其客户发展所需要的真实有效数据,使得互联网金融陷入两难的局面。因此,互联网金融的大数据技术和P2P等技术在有效减少信用构建成本的同时,也造成了"数据孤岛"乃至"信用孤岛"的问题。

区块链技术的出现则有效化解了这一难题,区块链技术通过共识算法、非对称加密等技术可在完全陌生的节点间建立信用,重建了征信行业的信用机制,所有的信用数据都被维护在区块链上,各个企业只要有客户提供的私钥就可以访问相关信息,且信息难以被篡改、安全可靠、公开透明。如图2-2所示,区块链中分布式的账本经由去中心网络中的各节点共同维护并处理所有权的记录,价值转移的方式不再依赖于信用中介所维护的集中式账本。这种新的信用机制,以算法而不是线下中介机构或第三方平台为信任背书,通过智能合约自动执行交换和权属转让等操作,使得"去中介化"成为可能,互联网金融逐渐逼近与瓦尔拉斯一般均衡相对应的无金融中介或市场情形,进而在底层架构上对传统金融机构建立在简单信息中介之上的业务产生了巨大的冲击。

2) 数字货币对传统货币的挑战引发货币融通方式的变革

金融的目的就在于实现货币资金的融通。自1776年亚当·斯密的《国富论》出版,市场和政府这"两只手"的关系及定位,几乎就是不同经济学流派争论的焦点与核心。随着新自由主义经济学派的兴起,以哈耶克为代表的奥地利学派再次进入经济学理论与实践的聚光灯下。在周期性金融危机的阴影下,人们重新提出了哈耶克当年提出的问题:完全去中心化和非国家化的货币发行,能否通过自由竞争形成更加稳定的货币体系?

诞生于2008年金融危机、最初以比特币底层技术的身份问世的区块链,正是对哈耶克自

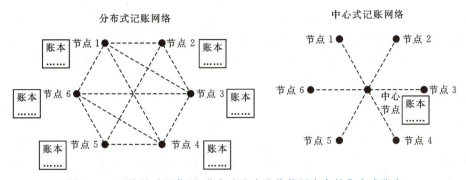

图 2-2　区块链重塑信用:分布式账本取代信用中介的集中式账本

由主义的拥抱,以比特币为代表的数千种加密数字货币的涌现,特别是首个国家法定数字货币——委内瑞拉石油币的出现,引发了对当前以政府信用为背书的信用货币体系的思考。相较传统货币,数字货币的发行与交易具有低成本、高效率的特点。随着商业化创新和监管的完善,数字加密货币势必获得进一步的发展,同时也将丰富传统的货币和支付理论。

除了货币的发行机制,区块链还可以有效改变当前的货币流通机制,提升金融运行效率。区块链系统将代替央行掌握、控制货币供应量,资金由区块链根据市场供需注入公共货币供应系统并进入交易市场,而央行则转为直接监控公共货币系统运行状况,银行等传统金融机构只需通过验证和"挖矿"等形式获取资金并注入交易市场。经由区块链,货币进入交易市场的方式更为直接,对央行等金融机构的依赖性也进一步降低,从而通过货币融通实现对传统金融运行本质上的变革。

3) 去中心化的价值转移奏响传统支付结算体系变革的前奏

金融作为经济的血液,"支付就是金融的血管",在不同主体的金融交换和货币债权转移过程中,支付成为"一切商业行为的入口,数据和流量的中心"。支付结算体系是金融系统的核心基础设施,关乎金融业的效率与稳定,事实上,支付结算体系的构建与维护伴随着银行的诞生与发展,已成为现代经济中各国中央银行的基本职责之一。而传统的支付结算体系依托清算中心进行银行间的数据交互,通过中心化机构的背书来解决信用问题,因此受制于多中心、多环节,对账、清算、结算的成本较高;同时涉及大量的重复性人工流程,一方面效率低,另一方面操作风险和道德风险高企。互联网通过技术手段提升了支付结算的效率,但并没有改变其中心化的架构,一方面,易受黑客攻击,安全性不高;另一方面,单点故障往往导致整个系统瘫痪,稳定性差。

区块链技术的核心特质是能以准实时的方式,在无须可信第三方参与的情况下实现价值转移。与传统支付体系相比,区块链支付使得交易双方直接进行数据交互,实现点对点支付,不涉及中介机构,在极大地降低中心化支付方式的系统性风险的同时,还具备成本和效率优势,同时,系统自动完成结算过程,实现了"交易即结算"。区块链技术在支付结算领域,除了可以改造现有的央行支付系统,还可以通过跨境支付、数字票据和智能支付创新支付产品;其中,在跨币种、跨国界、多种经济合约下,成本高且时间效率低的跨境支付是支付结算系统中应用区块链技术的较优场景。

4) 技术的高安全性带来金融市场风险管理的优化

金融是一种不确定和动态的经济过程,金融风险是金融活动的内在属性,普遍存在于现代金融行业之中。随着金融风险管理理论的演进,除了防范损失,现代风险管理还包括风险定价等以盈利及回报为中心的活动,金融风险管理已成为各类金融机构的主要业务。传统互联网技术对信息传输的变革带来信息的透明化,大数据为信息处理和信用分析提供了便捷的手段,这都在一定程度上有助于风险管理的完善。但是,互联网金融本身亦存在较大的安全隐患,一方面,大数据本身需要庞大数据库的支撑,随着数据的集中,固有的数据库存储和加密技术难以防范数据篡改和信息盗取等风险;另一方面,信用风险高发,P2P借贷平台违约事件不断。

区块链分布式的记账手段、共识算法以及现代加密手段,使得数据在公开透明可追溯的同时,实现了去中心化,进而不易被篡改和盗取。同时,在区块链构建的新的信用机制下,所有信息公开透明、真实有效,有助于建立白名单和黑名单以准确对客户进行信用评级,在保险和贷款等行业有效进行事前风险控制。此外,区块链技术还可以有效防范贷款行业的金融诈骗行为。利用区块链独有的分布式加密手段和数据的不可篡改技术可以保证交易信息的安全,不可逆和可追溯源头的特性使得互联网金融交易的过程和结果可以进行唯一性认定,从而减少了重复和伪造的诈骗可能性,同时,在智能合约的协助下,所有交易过程都可以智能化执行,降低操作风险。

2.1.3 区块链在金融领域的价值体现

由上小节内容可知,区块链的出现,使很多传统互联网中因信任粒度或信任成本问题而难以进行线上融合的场景有了融合创新的可能。对于已实现的金融场景来说,区块链提供了将其"信任基础"由线下高成本到线上低成本的转移方案,在降低信用成本的同时,区块链多方共享的特性也强化了参与方之间的连接与协作,提升了价值交换效率。同时,区块链为依托于信任的广泛金融领域业务场景提供了创新的基础,也使未来跨行业融合的商业模式创新成了可能。总的来说,区块链在金融领域的价值体现在如下几个方面:

1. 信任强化

区块链信息溯源能力使业务中交易信息、资金来源、资产信息等数据都一一可追溯、清晰透明,在融资服务、资产抵押等业务场景中,达到降低金融业务的风控成本、为监管提供真实数据依托的目标。

2. 跨机构合作

区块链防篡改特性为金融应用提供了天然的信任基础,保证了从区块链中获取的数据的有效性,在跨多机构的业务场景中降低了传统业务依赖中介的信用成本,在抵押、融资等涉及数字资产的业务场景中也能为其提供真实性的保障。

3. 数据共享新模式

区块链多方分布式记账的模式保证数据对所有参与方都是可见并一致的,实现了数据多方共享的特性,交易被确认的过程就是清算、交收和审计的过程,提高了支付、交易、结算效率。同时节省了金融场景中,多方信息不对称导致的如数据传输、结算对账、人工核实等额外工作开销,从而有效降低资金成本和系统性风险。在区块链架构下,监管部门可以在不影响原有交易流程的情况下通过直接共享交易账本的方式,实现对目标数据的实时或准实时获取,省去了监管材料再次报送的环节。对于某些关键领域,监管部门能够直接旁观整个业务流程的具体过程,实现事中监管。

4. 业务流程重塑

区块链智能合约在架构方面为数据提供统一的入口,同时保证了在区块链中业务执行的独立性,不受任何一方干扰,为金融业务和数据提供了可信赖的执行和处理环境。在业务方面,可将业务场景中的合同合约解析成程序可执行的约束或条件,在达到约束或满足条件的情况下自动智能执行,提高数据处理效率与准确度。当然,现阶段智能合约仍然具有局限性,在智能性方面仍然有待提高,其自动执行效力也需要通过其他途径如线下协议认可。不过,相信随着业态发展,区块链智能时代终将到来。

需要特别申明的是,区块链的难以篡改、可溯源的特性,保障的是数据存入区块链后,在区块链搭建的可信数据流转环境中,数据全生命周期的变化必有记录,所记必所录。在实际应用中,往往需要通过业务流程中多环节控制,数据采集与录入过程的有效校验,以及数据流转过程中的多维钩稽,进一步保证源数据的真实性,才能达到区块链上的数据真实可信的效果。

2.2 区块链在金融领域的应用现状分析

金融领域是区块链技术的重要应用领域。区块链本质上是一个去中心化分布式账本,相当于一种全民参与记账的方式,在当今科技驱动金融发展的时代,区块链成为最新的科技驱动力量之一。区块链技术为解决经济和金融等领域的信任问题,提供了底层支持技术,其拥有的高可靠性、简化流程、交易可追踪、节约成本、减少错误以及改善数据质量等特性,使其有可能再次重塑全球金融业的基础框架,尤其是信用传递交换机制,并加速金融创新与产品迭代速度,极大提高金融运行效率。

2.2.1 全球区块链金融领域应用概况

1. 区块链联盟生态稳步扩张

现阶段全球科技公司、金融公司和咨询公司为加快区块链布局,通常通过组建区块链联盟的方式,合作探索区块链技术及应用场景。各行业联盟纷纷成立,在推进区块链技术在不同行业应用和发展的同时,也产生了一定程度的辐射效应,吸引着更多的企业加入,促进整个区块链生态的发展。国外主要区块链联盟组织如表2-1所示。

表2-1 国外区块链联盟组织汇总[①]

名称	发起时间	发起机构	现成员数	联盟宗旨
R3	2015年9月	R3CEV公司联合巴克莱银行、高盛、J.P.摩根等9家机构	近400家	推动全球金融市场中加密技术和分布式总账智能协议的应用,帮助区块链技术落地应用和商业化

---

① 中国工商银行金融科技研究院,《区块链金融应用发展白皮书》,2020年4月。

续表

名称	发起时间	发起机构	现成员数	联盟宗旨
Blockchain in Transport Alliance（区块链货运联盟）	2017年8月	行业发起	近400家	降低成本，提高运输效率。推动新兴技术落地，发展区块链行业标准，交流与推广区块链应用、解决方案方布式账本技术
Hyperledger（超级账本）	2015年12月	Linux基金会	近300家	让成员共同合作，共建开放平台，满足来自多个不同行业各种用户的需求，并简化业务流程。实现区块链的跨行业发展与协作并着重发展性能和可靠性，使之可以支持全球商业交易
Enterprise Ethereum Alliance（企业以太坊联盟）	2017年3月	摩根大通、微软、英特尔等30多家企业	200余家	致力于合作开发标准和技术，提高以太坊区块链的隐私、安全性和扩展性，使其更加适用于企业应用
INATBA（国际可信区块链应用协会）	2019年4月	欧盟	150余家	制定规范，促进标准和监管融合，以支持创新型区块链技术的开发和应用

2. 区块链推动金融创新发展

国外金融创新集中在数字货币和支付领域，应用区块链技术提升流程流转效率，加强业务信任度。在数字货币领域，2019年2月，摩根大通推出基于区块链的数字货币摩根币（JPM Coin），与美元1∶1兑换，主要用于银行联盟机构间的统一支付清算，目前已有100余家银行响应。2019年6月Facebook发布Libra白皮书，间接推动了各国数字货币的相关政策出台并促进金融监管规则的完善，同时也加快了各国对本国法定数字货币的研发与推进脚步。目前，中国与欧盟已经明确对外公布了法定数字货币规划，日本、新加坡、加拿大、印度、土耳其等国家也都在考虑本国的数字货币方案。在支付领域，美国金融科技公司Ripple通过构建一个去中心的分布式支付网络，提供一个跨境支付平台，致力于提高跨境清算效率，降低跨境支付成本；美国支付巨头VISA宣布推出基于区块链的跨境支付网络"B2B Connect"，旨在为国际金融机构的跨境支付提供便利，让跨境支付更快更有效率。

2.2.2 我国区块链金融领域应用概况

1. 区块链专利数量增长明显

随着国家政策对区块链的倾斜与各领域应用的落地，区块链相关的专利也逐渐得到各方的重视。与2018年相比，2019年我国企业区块链相关专利申请量增长明显，入榜前100名全球企业中，我国占比63%。银行业方面，截至2020年2月，我国银行业共有204项区块链相关专利公示，其中2019年公示124项，比2018年增加2倍，微众银行、中国工商银行和中国银行排在前三。

2. 区块链应用落地态势火爆

在政策利好与行业推动的双向加持下,各地都在积极落地区块链应用场景。区块链应用场景落地正呈现爆发增长的态势,在政务民生、金融贸易、司法仲裁、税务发票、智慧医疗、食品安全等领域落地了不同的区块链应用,行业发展呈现百花争艳的局面。从地区分布看,区块链企业主要集中在沿海和一线城市地区,中部地区也逐渐有发展的趋势。

金融是区块链技术应用场景中探索最多的领域,在供应链金融、贸易融资、支付清算、资金管理等细分领域都有具体的项目落地。据国家互联网信息办公室"境内区块链信息服务备案"显示,截至2019年底,国内已备案的提供区块链信息服务的公司420家左右,共计506项服务。其中,提供基于区块链的金融服务的企业有72家,占比17%,共备案120项金融服务。银行业也积极利用其技术优势纷纷布局落地区块链项目,据可信区块链推进计划金融应用工作组不完全统计,金融企业区块链涉及的应用领域如表2-2所示。

表 2-2 金融企业区块链落地领域

银行	基础平台	资金管理	供应链金融	贸易融资	支付清算	数字资产 ABS	数字资产 票据	数字资产 其他	数字存证	溯源	延伸领域 住房租赁	延伸领域 数字发票	延伸领域 电子证照
工商银行	√	√	√	√		√	√		√	√			
农业银行			√										
中国银行		√			√	√	√						
建设银行		√	√								√		
交通银行					√								
邮储银行		√		√									
招商银行				√	√							√	
平安银行	√		√				√						√
浦发银行						√	√		√				
度小满	√					√	√	√					
蚂蚁金服	√			√		√			√	√	√		
微众银行	√		√				√						
京东数科	√		√										

2.2.3 区块链在金融领域的应用实践

金融领域区块链应用创新并非将传统业务直接迁移上链,而是利用区块链信任提升的特性简化业务流程,节约人力物力成本,对金融业务进行赋能与增效。区块链上储存的记录具有透明性、可追踪性、难以篡改的特征,也能够更好地满足金融监管审计要求。在金融领域,可综合参与方互信度、共管运作需求度、流程环节数、涉及领域数、监管需求度这五个方面分析,确定场景是否适合纳入区块链生态圈建设范围。如图2-3所示,场景特性在雷达图中的面积越大,其区块链的适用性就越高。

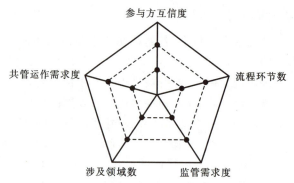

图 2-3 区块链业务适用性分析图

需要再次强调的是,区块链是作为一种"信任提升"的工具为业务提供一个可信的数据流转环境,还需要辅以业务流程约束设计,明确各关联方的责任和权利,对全流程各环节信息进行多方验证,并结合其他技术进行控制与校验,才能实现数据真实性的逻辑闭环,不宜夸大单一区块链技术的作用。此外,对于交易并发量极大、瞬时交易峰值高的场景,目前区块链技术还不能很好的支持。

区块链在金融领域的应用涵盖了数字货币、供应链金融、资产管理、支付清算、保险和证券等业务方向,本书接下来将简要介绍区块链与金融融合实践的发展状况,详细内容可参见本教材应用篇的对应内容。

1. 区块链与数字加密货币

数字加密货币是区块链技术应用最广泛、最成熟的领域,而比特币作为最主流的数字加密货币,是迄今为止最为成功的区块链技术应用场景。据 CoinMarketCap 数据显示,截至 2018 年 7 月 20 日,全球已有 797 种数字加密货币(Coin),市值前三位是比特币、以太币与瑞波币,其中比特币市值约 1275 亿美元,单价 7433 美元;全球已有 859 种代币(Token),市值前三位是 Tether、Binance Coin 与 OmiseGO,其中 Tether 市值约 27 亿美元,单价约 1 美元[①]。

与传统纸币相比,发行数字货币能有效降低货币发行、流通的成本,提升经济交易活动的便利性和透明度。因此,在互联网时代,货币从实物形态到纸币再到数字货币是一较为确定的趋势。2015 年起,英国、俄罗斯、欧洲央行均表示正着手研究区块链技术,中国央行也在大力推进数字货币,并认为区块链技术是可供选择的技术方案之一。2019 年 10 月 28 日,中国国际经济交流中心副理事长黄奇帆在首届外滩金融峰会上表示,中国央行推出的数字货币是基于区块链技术做出的全新加密电子货币体系,将采用双层运营体系,即人民银行先把 DCEP[②] 兑换给银行或者是其他金融机构,再由这些机构兑换给公众。

可以预见,央行发行数字货币是趋势。一旦央行推出基于区块链的数字货币,将对现行金融体系产生广泛而深远的影响。

2. 区块链与智能资产

智能资产一般是指所有以区块链技术为基础的可交易的资产类型,包括了物质世界中真

---

① https://coinmarketcap.com/coins/views/all/.
② DCEP(Digital Currency Electronic Payment),中国版数字货币项目,即数字货币和电子支付工具,是中国人民银行研究中的法定数字货币,是数字货币的一种。

实存在的资产,如房屋、汽车、自行车等,也包括类似于股票、债券、版权等无形资产。利用区块链技术,可以实现任何资产在区块链上的注册、存储和交易。智能资产的核心是通过区块链来控制资产的所有权,其所有权由控制私钥的人拥有。对于在区块链上注册的资产,资产所有者可以通过转移私钥给另一方来实现资产的转移。基于区块链的智能资产,让我们有机会构建一个无须信任的去中心化的资产管理系统。只要民法典等相关法律能够相应地进行修订,通过在资产本身上记录所有权,将极大地简化资产管理,大幅提高社会效率。

智能资产的典型应用是"小蚁"。"小蚁"是基于区块链技术,将实体世界的资产和权益数字化,通过点对点网络进行登记发行、转让交易、清算交割等金融业务的去中心化网络协议。"小蚁"可以被用于股权登记、股权激励、股权众筹、债券转让、证券交易等领域,是一个基于区块链技术的智能资产转让和交易系统。

3. 区块链与智能合约

"智能合约"这一术语可以追溯到1995年,是跨领域法律学者尼克·萨博(Nick Szabo)提出来的,他在发表在自己网站的几篇文章中提到了智能合约的理念:"一个智能合约是一套以数字形式定义的承诺(promises),包括合约参与方可以在上面执行这些承诺的协议。"定义中的"一套承诺"指的是合约参与方统一的权利和义务,"数字形式"意味着合约必须以计算代码的形式存在。因此,简单来说,智能合约就是一组计算机代码编写的、能够由一台计算机或计算机网络自动执行的、参与方同意的权利和义务。

在区块链技术出现以前,智能合约由于缺乏可信的执行环境,一直没有流行起来。区块链的去信任化、安全可信等技术特性为智能合约提供了可信的执行环境,所以智能合约的概念在区块链领域重新流行起来,并被应用到实践中。在区块链背景下,智能合约不再只是一组计算机代码,可对接收到的信息进行回应,可存储数据,也可以向外发送数据。这个程序就像一个可以被信任的人,可以临时保管资产,并总是按照事先的规则执行操作。通常情况下,智能合约经各方签署后,以计算机代码的形式附着在区块链数据(如一笔比特币交易)上,经 P2P 网络传播和节点验证后记入区块链的特定区块中。智能合约一旦被部署到区块链上,程序的代码和数据就是公开透明的,无法被篡改,并且一定会按照预先定义的逻辑去执行,产生预期结果。如果基于代码的智能合约能够被法律体系所认可,那么依托程序的自动化优势,通过组合串联不同的智能合约,达到不同的目的,能够使我们加速走向更为高效的商业社会。

4. 区块链与支付清算

在传统的支付清算模式中,无论是个人间的还是金融机构间的支付清算活动,都需要借助于一个或多个可信的中介机构,这些中介机构都有自己的账务系统,彼此之间需要建立代理关系,每笔交易需要在本机构中记录,还要与交易对象进行对账、清算、结算以及较多的手工操作流程,导致支付清算速度慢,成本高。在支付清算领域,区块链去中心化的特性能够大大加快结算和清算速度,减少资金闲置时间,提高资金的利用效率,这一点在跨境支付领域的作用尤为明显。通过区块链技术,跨境支付的两个开户行之间可以直接进行支付、结算和清算(见图2-4),这样就可以绕开中转银行、清算行、结算行、SWIFT,降低中转过程中产生的手续费。同时,区块链的安全、透明等特性,使交易双方能够实时监管资金的流动情况,提高跨境支付清算的安全性。

图 2-4 区块链在支付清算中的应用

例如,区块链支付公司 Ripple 基于区块链技术创建了一个开放式的、点对点的跨境支付网络,为全球金融机构和个人客户提供实时、安全的跨境支付清算服务。在 Ripple 支付网络中,所有的货币均可自由兑换,不仅包括各国的法定货币,也包括比特币等数字加密货币。Ripple 网络里的货币兑换和交易的效率更高、速度更快,且交易费用几乎为零,交易确认在几秒内即可完成,没有异地和跨行费用。它实质上是一个可共享的开源数据库,可以快速、廉价、安全地将资金转账到任何人和机构在 Ripple 网络中的账户。2016 年 6 月底,英国多家银行机构宣布,将正式在跨境支付清算业务中引入基于 Ripple 的区块链技术。目前,Ripple 支付网络已经涉及了 60 多个国家和地区。

5. 区块链与供应链金融

赛迪顾问股份有限公司指出,在供应链金融链条中,核心企业及上下游企业的信息流、物流、资金流信息的整合至关重要。但目前各企业维护自己的数据信息,信息孤岛增大了信息整合的难度。而区块链技术将每个交易方变成网络中的一个节点,企业的各项资产、产品以数字化的形式在网络中体现,任一节点间的交易都会被全网认定,物流信息也可通过产品地理位置信息的改变在网络中体现。同时,区块链保证交易信息不可篡改。

据麦肯锡咨询公司测算,在全球范围内,区块链技术在供应链金融业务中的应用,能使银行的运营成本一年缩减 135 亿~150 亿美元、风险成本缩减 11 亿~16 亿美元;买卖双方企业一年预计能降低资金成本 11 亿~13 亿美元及运营成本 16 亿~21 亿美元。

6. 区块链与证券交易

对于传统证券发行,中间人往往控制着市场,比如国内证券海外上市首先要经过国内证监会审核,然后国外交易所审核,审核后在一级市场发行,二级市场交易,繁复冗长的流程往往导致发行成本的增加。而区块链的诞生很有可能使得全球的资产模式从先审核后发行变成先发行后审核,从而使得证券发行免去诸多中间人环节。区块链技术通过证券的去中心化交易,不仅可以显著削减发行、追踪及交易加密证券的成本,而且能够避免传统证券市场经常发生的操纵行为。基于区块链技术的去中心化交易系统(如 Bit Shares),既具备传统交易所系统功能,同时又不依靠任何中心化机构或服务器来自动运行,系统内所有交易资产或产品可由任何人创建并交易。当然,这也不可避免地带来监管困难的问题。由于运行的计算机及参与交易的人可能遍布世界各地,任何人可发行任何证券资产,使得司法管辖权难以界定;同时,随着资产规模的不断扩大,其管理也将变得越来越难。

7. 区块链与票据市场

对于票据市场,区块链的应用将是未来的核心。一方面,以区块链技术为基础实现票据市场的点对点交易,能够打破票据中介的现有功能,实现票据价值传递的去中介化;另一方面,区块链的信息不可篡改性也使得票据一旦完成交易,将不会存在赖账现象,可避免"一票多卖"、打款背书不同步等行为,有效防范票据市场风险。另外,区块链交易记录前后附带相连的时间戳,也提供了透明化可信任的追溯途径,从而有效降低监管的审计成本。当然,除了票据之外,诸如场外股权、债券转让等其他非场内交易性金融资产,利用区块链账本的安全透明、不可篡改及易于跟踪等特性,对其登记、发行或管理进行数字化实现,往往也能促进市场的高效安全运行。与前述类似,区块链应用于场外证券类资产登记发行还存在法律合规、投资者匿名监管及数字证券与真实世界价值对接等问题。

8. 区块链+保险

随着区块链技术的发展,未来关于个人的健康状况、发生事故记录等信息可能会上传至区块链中,使保险公司在客户投保时可以更加及时、准确地获得风险信息,从而降低核保成本、提升效率。区块链共享透明的特点降低了信息不对称,还可降低逆向选择的风险;而其历史可追踪的特点,则有利于减少道德风险,进而降低保险的管理难度和管理成本。

例如,英国的区块链初创公司 Edgelogic 与 Aviva 保险公司进行合作,共同探索对珍贵宝石提供基于区块链技术的保险服务。国内的阳光保险于 2016 年 3 月 8 日采用区块链技术作为底层技术架构,推出了"阳光贝"积分,使阳光保险成为国内第一家开展区块链技术应用的金融企业。"阳光贝"积分应用中,用户在享受普通积分功能的基础上,还可以通过"发红包"的形式将积分向朋友转赠,或与其他公司发行的区块链积分进行互换。

9. 区块链与客户识别

全球金融机构都要受到政府严格监管,其中最重要的一条即金融机构在向客户提供服务时必须履行客户识别(KYC)责任。传统方式下,KYC 是非常耗时的流程,缺少自动验证消费者身份的技术,因此无法高效地开展工作。在传统金融体系中,不同机构间的用户身份信息和交易记录无法实现一致、高效的跟踪,使得监管机构的工作难以落到实处。对此,区块链技术可实现数字化身份信息的安全、可靠管理,在保证客户隐私的前提下提升客户识别的效率并降低成本。

2.3 区块链赋能金融面临的挑战

我国已将推动区块链技术发展上升为核心技术自主创新的重要突破口,国内区块链的研究与应用将进入重要机遇期。同时,我们也必须看到,区块链金融应用仍处发展初期,整体上金融领域应用处于局部业务流程优化和创新的"点"的层面,跨机构、跨领域、跨行业的由"线"到"面"的"杀手级"应用尚未出现,应用从试点到大规模落地还需要相当长的时间,在实际应用中还面临着诸多挑战。区块链赋能金融面临的挑战主要表现在以下几个方面：

2.3.1 法律挑战

目前，规范金融市场和金融业务的法律框架已较为成熟，大部分法律、法规和规章是根据目前的金融市场结构设计的，区块链技术的部分构成要素的法律基础仍存在空白，将对区块链技术的具体应用方式和范围产生一定影响。一是账本中同步并向参与者公布的记录，其法律效力如何认定，是否可以作为确定基本义务和履行义务的依据。二是与数字令牌和数字资产相关的权利义务关系，在现行法律框架中并未明确界定，需通过详细分析确定法律适用问题。三是智能合约的执行需具备健全的法律基础。民法典确立了合同订立、修改、终止和争议处理等领域的基本原则，其中一些经典原则与智能合约的自动执行相冲突。此外，智能合约的应用可让传统组织机构通过编码规则运营，这类机构的法律地位和责任承担问题尚未明确。

2.3.2 技术挑战

区块链技术仍存在来自技术自身的瓶颈。一是区块链技术需实现足够的处理和存储规模，以满足金融市场中的大规模交易需求。共识算法和加密验证带来的延迟和处理笔数上的限制对系统运行效率带来一定挑战。此外，账本中不断添加的交易数据也对系统存储能力提出了更高的要求。二是多个区块链技术方案、新旧系统并行，带来互联互通性和技术标准化方面的问题。建立标准有助于实现不同系统的底层互联互通，开放的行业标准有助于降低应用和整合成本，并确保区块链系统构建和访问方式的一致性。由于目前技术仍处于开发和测试阶段，因此行业缺乏足够信息建立适当的通用标准。三是区块链技术的信息管理和系统安全问题。系统参与者在账本中共享信息，且几乎不可能对信息进行更改，因此确保共享信息的正确性，对错误和欺诈信息的处理措施是系统运行的重要基础。此外，区块链系统同样存在端点（节点）安全性问题，其分布式结构使端点更易遭到攻击，在市场应用与推广之前，需进一步评估系统安全管理流程和控制措施的有效性。

简而言之，PoW共识算法会消耗大量的算力，浪费大量社会资源；智能合约的漏洞可能会给公民的财产安全带来严重的威胁，影响到金融市场的稳定性；P2P网络模式的效率低下，影响日常结算效率，会影响金融市场的流动性；非对称加密算法存在被破解的可能性，从而影响到金融市场的安全性，这些技术短板都亟须改进，否则会影响金融市场正常的运转。

2.3.3 金融市场设计挑战

区块链技术带来金融工具的设计方式，以及在某些场景中对金融中介机构必要性和作用等问题的探讨。以证券交易流程为例，一些市场机构正探索将区块链技术引入证券交易流程中，可能对传统证券的设计、持有和流通带来新的问题，比如，以编码数据（"令牌"）代表证券资产，实现账本中的证券交易。证券仍为最终发行人的负债，而"令牌"却不等同于证券，也不代表证券所承载的债权债务关系，因此"令牌"的定位成了新的问题。此外，目前有观点认为，区块链技术可能淘汰传统金融中介机构，金融交易将以"去中介化"、点对点方式开展。长远来看，金融中介机构的地位和职能将随着区块链技术的应用而发生一定变化，但金融中介在资金供需双方的匹配、提供安全金融工具等方面，仍发挥着重要作用。以跨行支付结算为例，在区块链系统中，各银行维护自己的账本，实现客户之间直接支付，无须通过银行发送支付指令。当交易涉及多个银行,客户需进行跨行支付时,仍需配套的机构间结算机制,仍需通过某种形式的专业化金融中介机构实现。因此,从目前的市场结构来看,对金融中介机构存废的判断仍存在较大不确定性。

2.3.4 风险管理挑战

银行、金融市场基础设施等中介机构是传统金融领域风险管理和控制中的核心主体,通过中心化治理结构建立有效风控措施。政策和监管框架多以确保核心中介机构风险管理的有效性为目标而建立。区块链技术的"弱中心化""弱中介化"特征,对现有风险管理框架带来了全新挑战。以结算最终性为例,区块链技术可能带来结算最终性无法确定的问题。结算最终性是一个法定或约定时点,交易双方及各自的中介机构依据最终性的定义和时间,更新各自账本以实现结算、确定资产所有权并衡量和监控相关风险。在区块链系统中,多个主体可以更新共享账本,并通过共识机制确定账本的特定状态,结算最终性取决于概率。通过概率确定最终性,法律责任可能难以分配或较为模糊,且这种不确定性对于参与者的资产负债表及其客户和债权人的权利都会产生影响。如果同时考虑资产交割和资金交付两方面,结算最终性问题就更为复杂,比如DVP(delivery versus payment,券款对付)结算方式,资产与资金同步进行结算并互为结算条件。此时,如果资产交割和资金交付不是在同一个网络、平台或账本中发生,且没有中介机构提供结算最终性担保,那么这种相互依赖性就成了新的问题。

2.3.5 商业挑战

首先,区块链技术在金融行业的大规模应用需解决网络外部性问题。网络外部性是指网络中每一个新增用户都将提升现有用户的效益,如果缺乏足够数量的参与者,早期应用者无法实现净收益的增长目标,将阻碍网络中参与者数量和普及率的提升。因此,是否有足够数量的参与者采用区块链技术,将是影响区块链技术未来应用和普及的关键因素。其次,成本与收益之间的商业考量也是制约区块链技术应用的现实因素之一。如何确定适当的应用场景和商业模式,实现投资成本和潜在收益之间的平衡,以及与现有或其他替代技术相比,区块链技术运营的长期成本是否具有比较优势,需结合案例进行对比评估。

2.3.6 金融监管挑战

虽然区块链的透明性、不可篡改、信息共享等特性在理论上有利于穿透式监管,但是区块链去中心化的特性使其成为一个分散均衡的节点体系,降低了金融监管的针对性和有效性,并且区块链技术在不同程度上给传统的管理机制、业务流程、交易模式带来了颠覆性的变化。

目前区块链领域的学术研究还处于初级阶段,理论研究和准备也并不是十分充分,各国的监管机构还处于观察和研究阶段。当创新技术发展速度快于监管出台速度时,容易造成监管短期内的缺失,可能带来金融系统性风险上升;而如果在市场起步阶段盲目监管过严,又可能会在一定程度上阻碍区块链创新技术的正常发展。不仅区块链技术,人工智能、大数据等技术亦是如此。如图2-5所示,如何通过技术进步,以分片、Plasma(子母链)和Casper(POS共识机制)等各种共识机制求出突破区块链"不可能三角"的最优解,是未来区块链能否实现大规模应用的关键问题。

为了协调金融的创新发展与有效监管,监管机构必须具有前瞻性的战略眼光与清晰的监管思路。一方面,监管分类应该更加细致,基于区块链技术的金融产品日趋多样化,监管机构可以针对监管对象、机构主体和业务范围进行更细致的分类监管;另一方面,应该注意协调,金

图 2-5　区块链的"不可能三角"

融科技的跨界性、混业经营与传染性会使得风险外溢,应该建立有效的综合监管机制。

区块链是当前金融科技共同关注和积极探索的新兴技术,但由于其在起步阶段内生性的一些技术缺陷,是否能够得到大规模应用还有待于观察。相信随着区块链技术的改进以及区块链技术与其他金融科技的结合,将会逐步适应区块链技术的大规模金融场景应用。

总而言之,金融作为国家经济发展的重要因素,只有保证金融灵活发展,才能实现国家经济的稳定发展。在金融行业中,把区块链金融技术应用其中已经成为必然需求,区块链金融技术不仅可以给传统金融行业发展提供机遇,同时也会给金融行业改革提供条件。在区块链金融技术作用下,我国金融行业应迎合时代发展实时创新,才能在金融市场中实现稳定发展。

本章小结

本章通过对传统金融业存在问题的总结,对区块链技术在金融领域应用的整体情况与优势特征做了详细阐述,发现传统金融业存在信息不对称、效率低下、监管困难等问题,而区块链技术实现的价值传递以及无须信用中介、高安全性、去中心化和去官方货币化等性质是对金融行业的一种根本性颠覆。通过梳理区块链在金融领域的应用现状,发现区块链在金融领域的应用主要涵盖了数字货币、供应链金融、资产管理、支付清算、保险和证券等业务方向。但是在金融领域增加区块链技术,还只是一个开始阶段,还存在一些问题,需要面对法律、技术、金融市场设计、风险管理以及监管等方面的挑战。区块链技术在金融业的应用模式还需要不断改进和探索创新,对金融市场来说,既是机遇也是挑战。

思考与练习

1. 传统金融业存在的问题有哪些?
2. 简要说明价值传递相对于信息传递的优势。
3. 区块链对金融行业的改进主要表现在哪几个方面?
4. 区块链技术应用在金融领域的价值体现在哪些方面?
5. 目前区块链在金融领域的落地点主要集中在哪些场景中?
6. 区块链在金融领域的应用面临的挑战有哪些?
7. 解释说明区块链中存在的"不可能三角"问题。

第二部分 技术篇

第 3 章　分布式和点对点通信

分布式计算是区块链技术的基础,而一致性是分布式系统的基本问题。如果一个分布式的集群无法保证处理结果的一致性,那么任何建立于之上的业务系统都无法正常工作。本章将介绍分布式计算与一致性的问题,作为学习区块链技术的基础。

3.1　分布式系统架构

分布式系统由若干独立的计算机构成,这些计算机协同工作,对于用户而言就像是单个系统。分布式系统的主要特性为:各种计算机之间的差别以及计算机之间的通信方式的差别对用户是隐藏的,同样,用户也看不到分布式系统的内部组织结构;用户和应用程序无论何时何地都能以一种一致和统一的方式和分布式系统进行交互。分布式系统的结构使得将不同计算机上运行的各种应用程序集成为一个系统变得更加方便,并且如果设计得合理,分布式系统底层网络规模上的扩展将变得很容易。

现有的分布式系统架构可分为:客户端/服务器架构、分布式对象架构、对等网络架构、面向服务的架构、大数据处理架构 Hadoop 等。

在采用客户端/服务器架构的分布式系统中,可将进程划分为两组:客户端和服务器。客户端是向服务器请求服务的进程,它向服务器发送一个请求,随后等待服务器的应答;服务器是实现某种特定服务的进程,如文件系统服务、数据库服务。该结构存在的一个主要问题是如何清楚地区分客户端和服务器,有时服务器和客户端之间的界限比较模糊。接下来从用户界面层、处理层和数据层三个逻辑层次对客户端和服务器进行区分。

用户界面层由允许最终用户与应用程序之间进行交互的程序组成,一般由客户端实现用户界面层;处理层由应用程序构成;数据层用于维护由应用程序操作的实际数据,它由数据库或文件系统组成,一般在服务器端实现。除了数据存储之外,数据层还负责维护不同应用程序之间数据的一致性。这三个逻辑层次的划分使得能够将客户端/服务器应用程序在物理上分布到多台机器上,可采用的具体结构为以下五种(如图 3-1 所示):

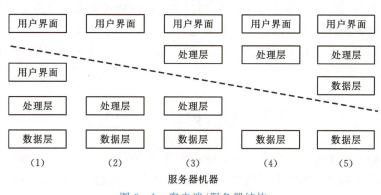

图 3-1　客户端/服务器结构

(1)客户端机器只包含用户界面中与终端有关的部分,而用户界面中其他部分、处理层和数据层则放在服务器机器。

(2)客户端机器包含用户界面层程序,而服务器机器包含处理层和数据层程序。

(3)客户端机器包含用户界面层程序和部分处理层程序,而服务器机器包含部分处理层程序和数据层程序。

(4)客户端机器包含用户界面层程序和处理层程序,而服务器机器仅包含数据层程序。

(5)客户端机器包含用户界面层程序、处理层程序和部分数据层程序,而服务器机器仅包含部分数据层程序。

这五种多层客户端/服务器结构为纵向分布,即将逻辑上不同的组件分别放置在不同的机器上实现。另一类分布方式为横向分布,该分布中,客户端或服务器都可以在物理上分割成几个部分,这几个部分在逻辑上拥有同等地位,但每个部分都处理自己拥有的完整的数据集,从而使负载得到均衡。例如,将 Web 服务器复制到局域网中若干台机器上。每台服务器上都有一组相同的 Web 页,每次对 Web 页进行更新时,都立即把更新后的拷贝送到每台服务器上。当接收到请求时,系统将根据某种负载平衡算法将请求转发到某台服务器上。

分布式对象架构中不存在客户端和服务器的界限。每个分布式对象既为其他对象提供服务,也从其他对象处接受服务,对象间通过对象请求代理的中间件进行通信,如图 3-2 所示。

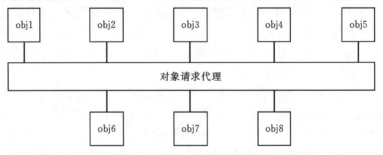

图 3-2 分布式对象体系结构

分布式对象体系结构可作为一个逻辑模型来组织和构造系统,需考虑如何提供应用功能,并把这些功能按照服务或服务组合的形式给出;同时该结构也可作为实现客户端/服务器系统的一种柔性方法,系统的结构是客户端/服务器结构,但客户端和服务器都被当作分布式对象通过公共软件总线相互通信。分布式对象架构的优点为:①允许系统设计者延迟关于服务在哪里以及如何提供方面的决策;②它是一种非常开放的体系结构,允许新的资源根据需要增加进来;③系统具有较好的柔性和可伸缩性,通过不同对象或者复制对象提供相同服务缓解服务器负担;④通过对象在网络上的迁移对系统进行动态配置,以改善系统性能。其缺点为:复杂程度高,不能反映自然的业务逻辑和过程,设计通用的服务提供模式比较困难,无大粒度业务对象设计开发的足够经验。

3.2 对等网络及 SOA

对等网络(peer-to-peer,P2P)是一种分布式网络,网络的参与者共享其所拥有的 CPU、存储等硬件资源,这些共享资源需要由网络提供服务和内容,并能被其他对等节点直接访问而无须经过中间实体。P2P 网络中,各节点的计算机地位平等,每个节点既是资源提供者——服务器,又是资源获取者——客户端,每个节点有相同的网络权力,不存在中心化的服务器。所有节点间通过特定的软件协议共享部分计算资源、软件或者信息内容。

P2P 按结构可分为全分布式 P2P、混合式 P2P 和结构化 P2P。全分布式 P2P 结构如图 3-3 所示,每个节点的功能完全对等,既为客户端又为服务器,节点间的连接是任意的,其拓扑结构没有规则的几何形状。混合式 P2P 结构如图 3-4 所示,节点分为超级节点和普通节点两种类型。图 3-4 中,节点 s1、s2、s3 和 s4 为超级节点,节点 n1、n2、n3、n4、n5 和 n6 为普通节点。普通节点和所连接的超级节点间形成客户端/服务器结构,超级节点之间构成全分布式结构。普通节点作为客户端,向其连接的超级节点发送资源查询请求,如果超级节点没有发现所需资源,则向其他超级节点转发请求,一直到找到所需资源为止。结构化 P2P 中,节点按一定的规则选择邻居节点并进行连接,所形成的拓扑结构为规则的几何形状,如立方体结构、环状结构、树状结构等,如图 3-5 所示。

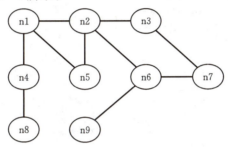

图 3-3 全分布式 P2P

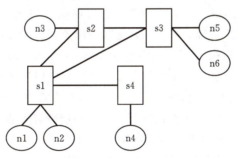

图 3-4 混合式 P2P

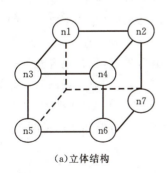 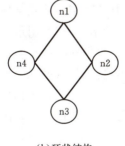 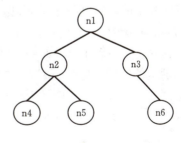

(a) 立体结构　　　　　　　(b) 环状结构　　　　　　　(c) 树状结构

图 3-5 结构化 P2P

P2P 技术是区块链系统连接各对等节点的组网技术，因而是构成区块链技术架构的核心技术之一。在比特币出现之前，P2P 计算技术已被广泛用于开发各种应用，如即时通信软件、文件共享和下载软件、网络视频播放软件、计算资源共享软件等。区块链系统根据应用场景和设计体系的不同，一般可分为公有链、联盟链和私有链。公有链的各个节点可以自由加入和退出网络，并参加链上数据的读写，运行时以扁平的拓扑结构互联互通，网络中不存在任何中心化的服务端节点。因而，公有链可采用全分布式 P2P 结构，联盟链的各个节点通常有与之对应的实体机构组织，通过授权后才能加入与退出网络，各机构组织组成利益相关的联盟，共同维护区块链的健康运转。私有链的各个节点的写入权限收归内部控制，而读取权限可视需求有选择性地对外开放。私有链仍然具备区块链多节点运行的通用结构，适用于特定机构的内部数据管理与审计。联盟链和私有链可采用混合式 P2P 结构。

面向服务的架构（service-oriented architecture，SOA）由服务提供者、服务消费者和服务注册中心三部分构成，如图 3-6 所示。

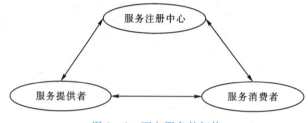

图 3-6 面向服务的架构

其中，服务提供者是一个可以通过网络寻址的实体，它接收和执行消费者的请求，把自己的服务注册到服务注册中心，以便服务消费者能够发现和访问该服务。服务提供者主要完成的功能为：定义可提供的服务功能，设计并实现这些功能，用 WSDL（Web service description language）[①]描述这些服务，并用 UDDI（universal description, discovery and integration）[②]由服务注册中心发布 WSDL 文档。服务消费者可以是一个应用程序、需要一个服务的另外一个服务或者一个软件模块。服务消费者从服务注册中心查询需要的服务，并通过传输机制绑定服务，然后通过接口契约规定的格式来执行服务。服务消费者主要完成的功能为：通过访问服务注册表来发现提供服务的 WSDL 文档，在 WSDL 的基础上通过 SOAP[③]来与要访问的服务通信。服务注册中心是包含可用服务的网络可寻址目录，它是接收并存储服务描述的实体，供服务消费者查询服务使用。服务提供者将服务的描述信息发布到服务注册中心，服务的信息包括与该服务交互的所有内容，如网络位置、传输协议和消息格式等。服务注册中心主要完成的功能为：增加、删除和修改已经发布的服务的信息，按照用户的请求从注册表中查询服务数据。

区块链是一种不可篡改的、全历史的数据库存储技术，巨大的区块数据集合包含着每一笔交易的全部历史。随着区块链的应用迅速发展，数据规模会越来越大，不同业务场景区块链的数据融合进一步扩大了数据规模和丰富性。因而，采用面向大数据的分布式架构将满足未来区块链大规模数据存储和高效分析的需求，并能极大提升区块链数据的价值和使用空间。

---

① Web 服务描述语言。
② 指通用描述、发现与集成。
③ 指 simple object access protocol，即简单对象访问协议。

3.3 ACID、CAP、BASE

3.3.1 ACID 特性

事务是程序的逻辑运行单位。在事务执行过程中，数据库可能处于不一致状态。当事务提交时，数据库必须处于一致状态。为了保证数据库的一致性，事务必须满足 ACID 特性。ACID 特性于 1970 年被 Jim Gray 定义。一个真正事务应该遵循 ACID 特性，但是仍然需要和性能进行平衡。事务越强，性能可能越低，安全可靠性和高性能是一对矛盾。

ACID 特性包括如下几方面：

(1) atomicity（原子性）：一个事务的所有系列操作步骤被看成是一个动作，所有步骤要么全部完成，要么一个也不会完成，不会发生只执行一部分的情况。如果执行过程中任何一点失败，将要被改变的数据库记录就不会真正被改变。

(2) consistency（一致性）：事务将数据库从一个一致性状态带入另一个一致性不存在的中间状态。数据库的约束级联和触发机制都必须满足事务的一致性。通过各种途径包括外键约束等任何写入数据库的数据都是有效的，不会发生表与表之间存在外键约束，但是有数据却违背这种约束性的情况。

(3) isolation（隔离性）：每个事务无须了解其他并发执行的事务，事务的中间结果对其他并发事务是不可见的，隔离能够确保并发执行的事务按顺序一个接一个执行。通过隔离，一个未完成事务不会影响另外一个未完成事务。

(4) durability（持久性）：一旦一个事务被提交，它对数据库所做的更新将持久保存，不会因为和其他操作冲突而取消这个事务，也不会因为发生系统故障而受影响。事务提交之后，数据库必须通过恢复机制来确保事务更改的数据不会丢失。

3.3.2 CAP 理论

CAP 理论为分布式系统设计和构建的重要理论。它由加州大学伯克利分校的计算机教授 Eric Brewer 在 1998 年提出，并在 2000 年的分布式计算研讨会上发表，后来 Lynot 等人对它进行了证明。其核心思想是在一个分布式系统的构建中，不可能同时满足一致性、可用性和分区容错性这三个系统特性，最多只能同时满足两个。这三个系统特性的具体含义如下：

(1) consistency（一致性）：对某数据进行操作后，该数据在分布式系统中不同节点上存放的副本，始终保持一致。

(2) availability（可用性）：在分布式系统中的一部分节点发生故障后，系统其他非失效节点还能够在有限时间内响应客户端的请求。

(3) partition tolerance（分区容错性）：网络分区是指由于某种原因网络被分成若干个孤立的不连通区域。除非网络的全部节点都出现故障，否则，所有子集合节点的故障都不能导致整个系统的不正确响应。在存在网络分区的情况下，系统仍然可以接收满足一致性或可用性的请求。

在大规模的分布式环境下，网络分区是必须容忍的现实，因此在设计分布式系统时，要在可用性和一致性之间进行平衡。CAP 理论是对分布式系统中数据无法同时达到可用性和一致性的断言，它能指引我们在设计分布式系统时，需要区分各种应用的特点，并仔细考虑在网络分区发生时，究竟为该应用的数据选择可用性还是一致性。对结果一致性不敏感的区块链应用，可以允许在新版本上线后过一段时间才更新成功，其间不保证一致性但需保证可用性；而对结果一致性很敏感的区块链应用，可不保证可用性，但需保证一致性。

3.3.3　BASE 理论

BASE 理论在 20 世纪 90 年代末提出的，其包含基本可用、软状态和最终一致性三个特性。这三个特性的具体含义如下：

(1) basically available(基本可用)：系统能够基本运行，始终提供服务。

(2) soft state(软状态)：指系统不要求一直保持强一致状态，可以有一段时间不同步。软状态可理解为无连接的，而硬状态是有连接的。

(3) eventually consistent(最终一致性)：是弱一致性的一种特例，是指系统需要在某一时刻后达到一致性要求。

3.3.4　ACID、CAP 和 BASE 的比较

ACID 和 CAP 都包含一致性，但其含义完全不同。ACID 中的一致性和数据库规则有关，如果数据表结构定义一个字段值是唯一的，那么一致性将解决所有操作中导致这个字段值非唯一性的情况，如果带有一个外键的一行记录被删除，那么其外键的相关记录也应该被删除；而 CAP 中的一致性是保证同一个数据在所有不同节点上的备份都是相同的，这是一种逻辑保证，因为受光速限制，在不同节点上进行数据的同步是需要时间的，集群通过阻止客户端查看不同节点上还未同步的数据的方式维持逻辑视图。

BASE 是 ACID 的反面。BASE 主要强调基本的可用性，如果需要高可用性，也就是纯粹的高性能，那么就要以牺牲一致性或容错性为代价；BASE 讲究软状态，这种状态是一种非即时性的状态，是一种无连接，或者说是尽量短连接的状态。而 ACID 讲究强一致性，要求即时性的事务的硬状态，这是一种完全面向连接的状态。强一致性以牺牲性能和高可用性为代价。BASE 是 CAP 理论结合实际问题的产物。大规模跨区域分布的系统，包括云在内，采用了 BASE 模型。

3.4　一致性协议和算法

3.4.1　传统分布式一致性协议

区块链采用的是分布式系统架构，而一致性是分布式系统最为基础的研究问题，也是区块链技术和应用需要考虑的基础研究问题。如果底层的分布式系统架构无法保证数据的一致性，那么任何建立于之上的业务系统都无法正常工作。分布式系统对一致性的要求是：数据和其副本达到完全相同的状态。在这些副本上所执行的操作可能仅仅是读取或者改变一个或者多个副本的状态。从本质上而言，一个一致性协议定义了在一个分布式系统中哪些操作被认为是正确的，或者是定义了以何种顺序执行操作可以保持分布式系统中数据的正确性。

对分布式系统一致性的研究通常可从客户和数据两个角度进行研究。以客户为中心的一

致性视角,从系统外部服务请求发起者的角度来考虑一致性问题。随着移动互联网的快速发展,请求也可能来自移动终端。对于这种以客户为中心的视角来说,系统是一个只对外部提供服务接口、完全屏蔽内部实现细节的黑盒。因此,在这种视角下,系统可以被抽象为服务水平协议,即客户端和服务端在某些指标(如服务器端的延迟等)上达成一致的协议。以数据为中心的一致性视角关注分布式系统的内部状态,即副本之间的进程同步问题和操作的执行顺序问题。这种视角假设并发进程可能同时修改副本,系统需要在这种情况下保持一致性。因此,以数据为中心的一致性视角是从数据存储的角度提供系统级别的一致性。

基于上述两种视角,分布式系统衍生出了两大类一致性协议:以客户为中心的一致性协议和以数据为中心的一致性协议。

1. 以客户为中心的一致性协议

以客户为中心的一致性协议具体包括单调读一致性协议、单调写一致性协议、写后读一致性协议、读后写一致性协议等,其具体含义如下:

(1) 单调读一致性协议:如果一个进程读取数据项 x 的值,那么该进程对 x 执行的任何后续操作将总是得到第一次读取的那个值或更新的值。

(2) 单调写一致性协议:一个进程对数据项 x 执行的写操作必须在对 x 执行任何后续写操作之前完成。

(3) 写后读一致性协议:一个进程对数据项 x 执行一次写操作的结果总是会被该进程对 x 执行的后续读操作看见。

(4) 读后写一致性协议:同一个进程对数据项 x 执行的读操作之后的写操作,保证发生在与 x 读取值相同或比之更新的值上。

2. 以数据为中心的一致性协议

以数据为中心的一致性协议具体包括强一致性协议、顺序一致性协议、因果一致性协议、FIFO 一致性协议、弱一致性协议等,其具体含义如下:

(1) 强一致性协议:对于数据项 x 的任何读操作将返回最近一次对 x 进行写操作的结果所对应的值。

(2) 顺序一致性协议:保证所有进程自身执行的实际结果跟指定的指令顺序一致,即所有进程对数据的读、写操作是按某种序列顺序执行的,并且每个进程的操作按照程序所指定的顺序出现在这个序列中。

(3) 因果一致性协议:所有进程必须以相同的顺序看到具有潜在因果关系的写操作,不同机器上的进程可以不同的顺序看到并发的写操作。

(4) FIFO 一致性协议:所有进程以某个单一进程提出写操作的顺序看到这些写操作,但是不同进程可以不同的顺序看到不同进程提出的写操作。

(5) 弱一致性协议:对数据存储所关联的同步变量的访问是顺序一致的,每个拷贝完成所有先前执行的写操作前,不允许对同步变量进行任何操作;所有先前对同步变量执行的操作都执行完毕前,不允许对数据项进行任何读或写操作。

区块链中的一致性是通过网络中成千上万个独立节点异步交互而达到的,它是比特币中不依赖于中心机构的交易、支付和安全模型的实现基础。该一致性来自节点上独立执行的四种过程的相互作用,即每次交易的独立验证、挖掘节点将交易独立地集成到新区块中,每个节点对新区块进行独立验证并组装成区块链,每个节点基于工作量证明,独立地选择具有最多计算量的区块链。

3.4.2 传统分布式一致性算法:Paxos、ZAB 和 Raft

Paxos 算法是一种在保证强一致性前提下把可用性优化到极限的算法。Paxos 算法由 Leslie Lamport 最早在 1990 年提出。由于 Paxos 算法在云计算领域的广泛应用,Leslie Lamport 于 2013 年获得了图灵奖。

Paxos 算法把每个数据写请求比作一次提案,每个提案都有一个独立的编号,提案会转发到提交者(proposer)来提交,提案必须经过($2f+1$)个节点中的($f+1$)个节点接受才会生效,这($2f+1$)个节点叫作这次提案的投票委员会,投票委员会中的节点叫作 acceptor。

Paxos 算法需满足两个约束条件:①acceptor 必须接受它收到的第一个提案。②如果一个提案的 v 值被大多数 acceptor 接受过,那后续所有被接受的提案中也必须包含 v 值(v 值可以理解为提案的内容,提案由一个或多个 v 和提案编号组成)。

Paxos 算法的执行流程可划分为以下两个阶段。①第一阶段:proposer 向网络内超过半数的 acceptor 发送 prepare 消息,acceptor 正常情况下回复 promise 消息。②第二阶段:在收到来自半数以上的 acceptor 回复 promise 消息时,proposer 发送 accept 消息,正常情况下 acceptor 回复 accepted 消息。

Paxos 算法指出,只要系统中($2f+1$)个节点中的($f+1$)个节点可用,那么系统整体就可用,并且能保证数据的强一致性,这对于可用性的提升是极大的。假设单节点的可用性是 P,那么($2f+1$)个节点中任意组合的($f+1$)以上个节点正常的可用性 $P(\text{total}) = \sum_{i=f+1}^{2f+1} C(i, 2f+1) \times P^i \times (1-P)^{2f+1-i}$。假设 $P=0.99, f=2, P(\text{total})=0.9999901492$,可用性将从单节点的 2 个 9 提升到 5 个 9,这意味着系统每年的宕机时间从 87.6 小时降到 0.086 小时,这已经可以满足地球上 99.99999900% 的应用需求。

Paxos 算法的优点在于它的简洁性。Paxos 执行过程中,任何消息都是可以丢失的,其一致性保证并不依赖于某个特殊消息传递的成功,这极大地简化了分布式系统的设计,和分布式环境下网络可能分区的特点极其匹配,但要把它应用到实际的分布式系统中,还有些问题需要解决,具体如下:

(1)在多个 proposer 场景下,Paxos 算法并不保证先提交的提案先被接受,而实际应用中要保证多提案被接受的先后顺序。

(2)Paxos 允许多个 proposer 提交提案,那有可能会出现活锁问题,其场景为:提案 n 在第二阶段还没有完成时,新的提案 $n+1$ 的第一阶段 prepare 请求到达 acceptor,按协议规定,acceptor 将响应新提案的 prepare 请求并保证不会接受小于 $n+1$ 的任何请求,这可能导致提案 n 不会被通过。同样,在 $n+1$ 提案未完成第二阶段时,假如提案 n 的提交者又提交了 $n+2$ 提案,这可能导致 $n+1$ 提案也无法通过。

ZooKeeper 的核心算法 ZAB 通过一个简单的约束解决了上述问题:所有提案都转归到唯一的 leader(通过 leader 选举算法从 acceptor 选出来的)来提交,由 leader 来保证多个提案之间的先后顺序,同时也避免了多 proposer 引发的活锁问题。

相比于 Paxos 算法,ZAB 算法省略了 prepare 阶段,因为 leader 本身就有提案的最新状态，不需要有提案内容学习的过程。

ZAB 算法引入 leader 后带来的问题为：leader 宕机了怎么办？其解决方案是选举出一个新的 leader，选举 leader 的过程也是一个 Paxos 提案决议过程。

Raft 算法是用来管理复制日志的外布式一致性算法，它跟 multi-Paxos 作用相同，效率也相当，但是它的结构跟 Paxos 不同，这使得 Raft 比 Paxos 更容易理解并且更容易在工程实践中实现。为了使 Raft 更易懂，Raft 将一致性的关键元素分开，如 leader 选举、日志复制和安全性，并且它实施更强的一致性以减少必须考虑的状态的数量。

Raft 算法通过首先选举一个 distinguished leader，然后让其全权负责管理复制日志来实现一致性。leader 从客户端接收日志条目，把日志条目复制到其他服务器上，并且在保证安全性的情况下，通知其他服务器将日志条目应用到其状态机中。拥有一个 leader 大大简化了对复制日志的管理。通过选举一个 leader，Raft 将一致性问题分解成了三个相对独立的子问题：leader 选举、日志复制和安全性。当前的 leader 宕机时，一个新的 leader 必须被选举出来。如果有任何的服务器节点已经应用了一个特定的日志条目到它的状态机中，那么其他服务器节点不能在同一个日志索引位置应用一条不同的指令。

本章小结

本章首先介绍了分布式计算系统体系结构的种类、特点和构造分布式系统的理论依据，然后介绍了分布式计算系统的基础特性——一致性，包括一致性协议及一致性算法。通过本章学习，可以加深对比特币网络底层运行逻辑的认识。

思考与练习

1. 什么是分布式系统，其特性是什么？
2. P2P 网络按结构可分为哪几类，它们各自的特征是什么？
3. SOA 由哪三部分组成，其各自的功能是什么？
4. ACID 特性主要包括哪几个方面？
5. CAP 理论的核心思想是什么？
6. 简述 BASE 理论的三个特性。
7. 简述分布式系统中一致性协议的主要分类及其特征。

第 4 章　区块链中的密码学技术

引例

货币都需要通过某种方式控制供给,并通过运用各种安全属性以防止欺骗行为发生。以法定货币为例,中央银行控制货币供给,并在实体货币上加上防伪标识,这些安全属性提升了攻击货币的门槛和难度,但并非不可能伪造。执法部门仍需要介入,以防止货币系统规则受到破坏。

加密数字货币也必须采取安全措施,以防御破坏系统状态的行为,同时加密数字货币还需要防止"混淆",即对不同的人说出相互矛盾的话。例如,如果 A 让 B 确信 A 已经向 B 支付了一个数字货币,那么 A 就不能再说服 C,也给 C 支付同一个数字货币。加密数字货币与法定货币的不同在于,其安全规则需要完全通过技术手段实现,而非依赖于中央机构。

为保证存储于区块链中的信息的安全与完整,区块及区块链的定义和构造中使用了包含哈希函数和椭圆曲线公钥密码技术在内的大量的现代密码学技术,同时,这些密码学技术也被用于设计基于工作量证明的共识算法并识别用户。

4.1　密码学概述

密码学(cryptology)起源于保密通信技术,是结合数学、计算机、信息论等学科的一门综合性、交叉性学科。密码学又分为密码编码学(cryptography)和密码分析学(cyplanalysis)两部分。密码编码学主要研究如何设计编码,使得信息编码后除指定接收者外的其他人都不能读懂。密码分析学主要研究如何攻击密码系统,实现对加密消息的破译或消息的伪造。这两个分支既相互对立又相互依存,正是由于这种对立统一关系,才推动了密码学自身的发展。

现代密码学的基本内容及联系如图 4-1 所示,这些密码技术为信息安全中的机密性、完整性、认证性和不可否认性提供基本的保障,也为 PKI 技术、认证技术等实际应用提供基本的工具。

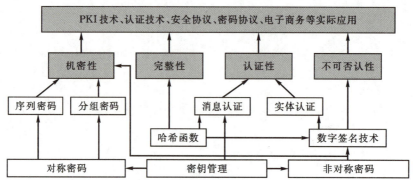

图 4-1　密码学的基本内容及其联系

4.1.1 密码体制的基本组成及分类

密码学的基本思想就是对信息进行伪装。伪装前的信息称为明文，通常用 p（plaintext）或者 m(message)表示；伪装后的消息称为密文，通常用 c (ciphertext) 表示。这种对信息的伪装可以表示成一种可逆的数学变换，从明文到密文的变换称为加密(encryption)，从密文到明文的变换称为解密(decryption)。加密和解密都是在密钥(key)的控制下进行的。

密码体制是实现加密和解密功能的密码方案。密钥空间中不同密钥的个数称为密钥量，它是衡量密码体制安全性的一个重要指标。同时，根据加密、解密密钥策略的不同，又可将密码体制分为对称密码体制和非对称密码体制。

1. 对称密码体制

如果一个密码体制中的加密密钥 ke 和解密密钥 kd 相同，或者由其中一个密钥很容易推算出另一个密钥，则称该密码体制为对称密码体制或单钥密码体制(one-key cryptosystem)。因为在使用过程中，密钥必须严格保密，所以对称密码体制也被称为秘密密钥密码体制(secret key cryptosystem)，典型的对称密码体制有 DES、AES[①] 等。

对称密码体制因为其具有安全、高效、经济等特点，发展非常迅速，并被广泛应用。依据处理数据的方式，对称密码体制通常又分为分组密码(block cipher)和序列密码(stream cipher)。分组密码是将定长的明文块（如 64 位一组）转换成等长的密文，这一过程在密钥的控制下完成。解密时，使用逆向变换和同一密钥来完成。序列密码是指加密、解密时对明文中比特逐个进行处理，也被称为流密码。

对称密码体制主要用来对信息进行保密，实现信息的机密性。它的优点是加密、解密处理效率高，密钥长度相对较短，一般情况下，加密后密文和明文长度相同。但是，对称密码体制也存在一些固有的缺陷，如需要安全通道分发密钥；保密通信的用户数量多时，密钥量大，难于管理；难以解决不可否认性等问题。

2. 非对称密码体制

1976 年，Diffie 和 Hellmen 发表了具有里程碑意义的文章《密码学的新方向》(New Direction in Cryptography)，提出了非对称密码的思想，即加密过程和解密过程使用两个不同的密钥来完成。进一步说，如果在计算上由加密密钥 ke 不能推出解密密钥 kd，那么将 ke 公开不会损害 kd 的安全，于是可以将 ke 公开，因此这种密码体制也被称为公钥密码(public key cryptosystem)，亦称双钥密码体制(two key cryptosystem)。典型的非对称密码体制有 RSA、ElGamal 等。

非对称密码体制的提出，解决了对称密码体制的固有缺陷，它不仅可以保障信息的机密性，还可以对信息进行数字签名，具有认证性和抗否认性的功能。不过，非对称密码体制与对称密码体制相比，其设计所依赖的数学计算较复杂，因而加密、解密效率较低。在达到同样安全强度时，非对称密码通常所需的密钥位数较多，并且加密产生的密文长度通常会大于明文长度。因此，在保密通信过程中，通常是用对称密码来进行大量数据的加密，而用非对称密码来传输少量数据，如对称密码所使用的密钥信息。

---

① DES 全称为 data encryption standard，即数据加密标准。AES 全称为 advanced encryption standard，即高级加密标准。

4.1.2 密码体制的常见攻击形式

密码分析学是伴随着密码编码学的产生而产生的,它是研究如何分析或破解各种密码体制的一门科学。密码分析也被称为密码攻击,是指非授权者在不知道解密密钥的条件下对密文进行分析,试图得到明文或密钥的过程。

密码分析可以发现密码体制的弱点。密码分析者攻击密码体制的方法主要有以下三种:

(1)穷举攻击:密码分析者通过试遍所有的密钥来进行破译。穷举攻击又称为蛮力攻击,是指攻击者依次尝试所有可能的密钥对所截获的密文进行解密,直至得到正确的明文。1997年6月18日,美国科罗拉多州RocketVerser工作小组宣布,通过网络利用数万台计算机历时4个多月以穷举攻击方式攻破了DES。

(2)统计分析攻击:密码分析者通过分析密文和明文的统计规律来破译密码。统计分析攻击在历史上为破译密码做出过极大的贡献。许多古典密码都可以通过分析密文字母和字母组合的频率及其统计参数而破译。例如,在英语里,字母e是英文文本中最常用的字母,字母组合th是英文文本中最常用的字母组合。在简单的替换密码中,每个字母只是简单地被替换成另一个字母,那么在密文中出现频率最高的字母就最有可能是e,出现频率最高的字母组合就最有可能是th。抵抗统计分析攻击的方式是在密文中消除明文的统计特性。

(3)数学分析攻击:密码分析者针对加密算法的数学特征和密码学特征,通过数学求解的方法来设法找到相应的解密变换。为对抗这种攻击,应该选用具有坚实的数学基础且够复杂的加密算法。

4.1.3 密码学在区块链中的应用

区块链是比特币的基础技术,而密码学是区块链技术的基础。在署名为中本聪的论文《比特币:一种点对点的电子现金系统》中,提出了一套"基于公钥加解密验证而不是基于信用,使得任何达成一致的双方能够端对端进行支付,而不需要一个中间的金融机构"的电子支付系统,同时提出了"一种基于P2P网络解决双重支付问题的方法。这个网络给支付交易打上时间戳……除非可以提供之前所有的工作量证明,否则不能被篡改。只要占多数的CPU不被同时控制以联合起来对网络进行攻击,他们就可以比攻击者生成更长的链条,从而系统是安全的"。

每一位电子货币的所有者将电子货币转移给下一位所有者的过程是:对前一个交易和下一位所有者的公钥签署一个数字签名,将这个签名附加在交易的末尾。收款人通过验证签名,就可以验证电子货币的所有者链条。

4.2 哈希算法

密码学哈希函数是一类数学函数,可以在有限合理的时间内,将任意长度的消息压缩为固定长度的二进制串,其输出值称为哈希值,也称为散列值。以哈希函数为基础构造的哈希算法,在现代密码学中扮演着重要的角色,常用于实现数据完整性和实体认证,同时也构成多种密码体制和协议的安全保障。

4.2.1 哈希函数

碰撞是与哈希函数相关的重要概念,体现着哈希函数的安全性。所谓碰撞是指两个不同的消息在同一个哈希函数作用下,具有相同的哈希值。哈希函数的安全性是指在现有的计算资源(包括时间、空间、资金等)下,找到一个碰撞是不可行的。

比特币系统中使用了两个密码学哈希函数,一个是 SHA256,另一个是 RIPEMD160。RIPEMD160 主要用于生成比特币地址,这里我们着重分析比特币中用得最多的 SHA256。

SHA256 属于著名的 SHA 家族一员。SHA(secure hash algorithm,安全哈希算法)是一类由美国国家标准与技术研究院发布的密码学哈希函数。正式名称为 SHA 的第一个成员发布于 1993 年,两年之后,著名的 SHA-1 发布,之后另外的 4 种变体相继发布,包括 SHA224、SHA256、SHA384 和 SHA512,这些算法也被称作 SHA-2。SHA256 算法是 SHA-2 算法簇中的一类。对于长度小于 2^{64} 位的消息,SHA256 会产生一个 256 位的消息摘要。SHA256 具有密码学哈希函数的一般特性。

SHA256 是构造区块链所用的主要密码学哈希函数。无论是区块的头部信息还是交易数据,都使用这个哈希函数去计算相关数据的哈希值,以保证数据的完整性。同时,在比特币系统中,基于寻找给定前缀的 SHA256 哈希值,设计了工作量证明的共识机制;SHA256 也被用于构造比特币地址,即用来识别不同的用户。

SHA256 是一个 Merkle-Damgard 结构的迭代哈希函数,其计算过程分为两个阶段:消息的预处理和主循环。在消息的预处理阶段,主要完成消息的填充和扩展填充,将所输入的原始消息转化为 n 个 512 比特的消息块,之后对每个消息块利用 SHA256 压缩函数进行处理。SHA256 的计算流程如图 4-2 所示,这个计算流程是一个迭代计算的过程,当最后 1 个消息块(第 n 块)处理完毕以后,最终的输出值就是所输入的原始消息的 SHA256 值。

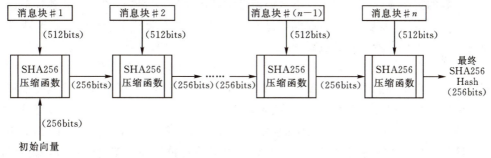

图 4-2 SHA256 计算流程

在比特币系统中,SHA256 算法的一个主要用途是完成 PoW(工作量证明)计算。按照比特币的设计初衷,PoW 要求钱包(节点)数和算力值大致匹配,因为需要通过 CPU 的计算能力来进行投票。然而,随着人们对 SHA256 的计算由 CPU 逐渐升级到 GPU,到 FPGA,直至 ASIC 矿机,这使得节点数和 PoW 算力也渐渐失配。解决这个问题的一个思路是引入另外的一些哈希函数来实现 PoW。

scrypt 算法最早用于基于口令的密钥生成,该算法进行多次带参数的 SHA256 计算,即基于 SHA256 的消息认证码计算,这类计算需要大量的内存支持。采用 scrypt 算法进行 PoW 计算,将 PoW 计算由已有的拼算力在一定程度上转化为拼内存,能够使得节点数和 PoW 的计算力的失配现象得到缓解。莱特币就是采用 scrypt 算法完成 PoW 计算的。

SHA-3 算法是 2012 年 10 月由美国国家标准与技术研究院所选定的下一代密码学哈希算法。在遴选 SHA-3 算法过程中，人们提出了一系列的候选算法，包括了 BLAKE、Grostl、JH、Keccak、Skein、ECHO、Luffa、BMW、CubeHash、SHAvite、SMID 等，最后胜出的是 Keccak 算法。达世币（DASH，原名暗黑币，DarkCoin）定义了顺序调用上述 11 个哈希算法的 X11 算法，并利用这个算法完成 PoW 计算。同样，由于采用了 X11 算法，使得节点数和 PoW 的计算力能够保持一定程度上的匹配。

4.2.2 哈希函数的性质与应用

本小节主要介绍密码学哈希函数的 3 个主要性质及其应用。

1. 抗碰撞性

如前所述，碰撞是与哈希函数相关的重要概念，所谓碰撞是指两个不同的消息在同一个哈希函数作用下，具有相同的哈希值。哈希函数 H 的抗碰撞性是指寻找两个能够产生碰撞的消息在计算上是不可行的。值得注意的是，找到两个碰撞的消息在计算上不可行，并不意味着不存在两个碰撞的消息。由于哈希函数把大空间上的消息压缩到小空间上，所以碰撞肯定存在。例如，如果哈希值的长度固定为 256 位，显然，如果顺序取 $1,2,\cdots,2^{256}+1$，这 $2^{256}+1$ 个输入值，逐一计算其哈希值，肯定能够找到两个输入值，使得它们的哈希值相同。

一般，依据生日悖论，如果随机挑选其中的 $2^{130}+1$ 个输入，则有 99.8% 的概率可以发现至少一对碰撞的输入。然而，这样的计算非常耗时以至于计算不可行。对于哈希值长度为 256 位的哈希函数，要找到碰撞对，平均需要完成 2^{128} 次哈希计算，如果计算机每秒能够进行 10000 次哈希计算，则需要约 1027 年才能完成这 2^{128} 次哈希计算。

哈希函数的抗碰撞（collition-resistance）特性常被用来进行完整性验证。完整性是信息安全的 3 个基本要素之一，是指传输、存储信息的过程中，信息不会被未授权的人篡改或篡改后能被及时发现。由于哈希函数的抗碰撞性，我们可以把哈希值作为原输入消息的指纹（因为很难找到另一个消息经哈希运算之后得到相同的哈希值）。如果原消息在传输过程中被篡改，那么运行哈希函数后得到的新哈希值就会和原来的哈希值不一样，这样很容易就能发现消息在传输过程中完整性受损。对区块链来说，哈希函数的抗碰撞性可以用来做区块和交易的完整性验证。在区块链中，某个区块的头部信息中会存储着前一个区块的信息的哈希值，如果能拿到前一个区块的信息，任何用户都可以比对计算出来的哈希值和存储的哈希值，来检测前一个区块的信息的完整性。

2. 原像不可逆

原像不可逆通俗地说，指的是知道输入值，很容易通过哈希函数计算出哈希值；但知道哈希值，没有办法计算出原来的输入值。哈希函数的原像是不可逆的，这意味着依据哈希函数的输出是不能计算出该哈希函数的输入的，即已知 $H(m)$，试图计算出原始的 m 的值在计算上是不可行的。更特别地，若对消息 m 进行哈希计算时，引入一个随机的前缀 r，依据哈希值 $H(r\|m)$，难以恢复出消息 m，这代表着该哈希函数值隐藏了消息 m。

承诺方案（commitment scheme）被认为是密码学领域中一类重要的密码学基本模型，承诺（commitment）具有隐藏性和绑定性。承诺模型可以看作一个密封信件的数字等价体。如果 Alice 想承诺某个信息 m,则她可把 m 放入一个密封的信封内,而无论什么时候她想公开这个信息,则只需要打开信封。这个过程要求数字信件能够隐藏信息,即承诺的隐藏性,同时 Alice 也不能改变 m;而通过承诺的打开,任何人都能验证他所得到的 m 其实就是 Alice 最初承诺的信息 m,即承诺的绑定性。

承诺方案包含以下两个算法:

(1) 承诺值计算 commit(m,r):输入消息 m 和随机值 r,返回承诺值 $c=$commit(m,r)。

(2) 承诺验证 verify(c,m,r):输入承诺 c、消息 m 和随机值 r,若 $c=$commit(m,r),返回真,否则返回假。

显然,如果定义 commit(m,r)$=H(r\|m)$,利用哈希函数 H 的抗碰撞性和原像不可逆,承诺的隐藏性和绑定性均能成立,可以实现承诺方案。

3. 难题友好性

通俗地说,难题友好性(puzzle friendliness)指的是没有便捷的方法去产生一满足特殊要求的哈希值。其正式的定义是:一个哈希函数 H 称为难题友好的,如果对于每个 n 位的输出 y,若 k 是从一个具有较高不可预测性(高小熵,英文为 high min-entropy)[①]分布中选取的,不可能以小于 2^n 的时间找到一个 x,使 $H(k\|x)=y$。这意味着如果有人想通过锁定哈希函数来产生一些特殊的输出 y,而部分输入值以随机方式选定,则很难找到另外一个值,使得其哈希值正好等于 y。

考虑一个由哈希函数构成的解谜问题:已知哈希函数 H、一个高小熵分布的值 value 以及目标范围 Y,寻找 x,使得 $H(\text{value}\|x)\in Y$。

这个问题等价于需要找到一个输入值,使得输出值落在目标范围 Y 内,而 Y 往往是所有的输出值的一个子集。实际上,如果一个哈希函数 H 的输出为 n 位,那么输出值可以是任何一个 $0\sim2^n$ 范围内的值。预定义的目标范围 Y 的大小决定了这个问题的求解难度。如果 Y 包含所有 n 比特的串,那么这个问题就简单平常了;但如果 Y 只包含一个元素,那么这个求解是最难的,相当于给定一个哈希值,找出其中的一个原像。事实上,由于 value 具有高小熵分布,这确保了除了随机尝试 x 值以完成搜寻那个很大的空间外,没有其他有效的途径了。

哈希函数的难题友好性构成了基于工作量证明的共识算法的基础。例如,给定字符串"blockchain",并在这个字符串后面连接一个整数值串 x,对连接后的字符串进行 SHA256 哈希运算,要求得到的哈希结果(以十六进制的形式表示)是以若干个 0 开头的。按照这个规则,由 $x=1$ 出发,递增 x 的值,我们需要经过 2688 次哈希计算才能找到前 3 位均为 0 的哈希值,而要找到前 6 位均为 0 的哈希值,则需进行 620969 次哈希计算。也就是说,没有更快捷的方法来产生一个满足要求的哈希结果。这样通过哈希运算得出的符合特定要求的哈希值,可以作为共识算法中的工作量证明。

4.2.3 哈希指针链

哈希指针是一类数据结构,除了包含通常的指针外,还包含一些数据信息以及与这些信息

[①] 小熵(min-enropy)是信息理论中衡量某个结果的可预测性的一个指标。高小熵指的是变量呈均匀分布(随机分布)。如果我们对分布的值进行随机抽样,不会经常抽到一个固定的值。例如,如果在一个 128 位的数中随机选一个固定的数 n,那么选到该数的概率为 $\frac{1}{2^{128}}$。

相关的密码哈希值,这就使得正常的指针可用于取回信息,哈希指针用于验证信息是否发生改变。图4-3表示了一个哈希指针。

图4-3 哈希指针

区块链可以看作一类使用哈希指针的链表,如图4-4所示。这个链表链接一系列的区块,每个区块包含数据以及指向表中前一个区块的指针。区块链中,前一个区块指针由哈希指针所替换,因此每个区块不仅仅告诉前一个区块的位置,也提供一个哈希值去验证这个区块所包含的数据是否发生改变。

图4-4 哈希指针链

我们可以使用区块链去构造一个防篡改的日志系统。在这个系统中,基于区块链的日志节点链表被用来存储数据,链表节点通过哈希指针链接,新节点追加在日志链表的尾部。同时,日志链表的头哈希指针所指向的头节点内容不可改变。若日志链表中的某个节点的数据被篡改,则系统能够检测出来。

不妨假定攻击者改变了节点 k 的数据,由于其后继节点 $k+1$ 存储了节点 k 的哈希值,以及密码学哈希函数的抗碰撞性,通过简单地计算节点 k 的数据的哈希值,就能发现计算出的值与节点 $k+1$ 的哈希指针值不一致,于是可以断定节点 k 或节点 $k+1$ 的信息被篡改。当然,攻击者可能会连续改变前一个节点的哈希值来掩盖不同,但这个策略在处理日志链表的头节点时将会失败。特别地,一旦我们将链表头部的哈希指针存储在不能改变的地方,攻击者将不能改变任何节点而不被发觉。

因此,若攻击者想在日志链表中的任意位置改变数据,为保持一致性,他必须向表头方向修改所有的哈希指针,最终由于不能改变链表头部而失败。因此,只需单个哈希指针,基本上就能保证整个链表的哈希值的一致性,从而达到防篡改的目的。

4.2.4 Merkle哈希树

Merkle哈希树,简称Merkle树,是一类基于哈希值的二叉树或多叉树,其叶子节点上的值通常为数据块的哈希值,而非叶子节点上的值是将该节点的所有子节点的组合结果的哈希值。图4-5为一个Merkle哈希树,节点A的值必须通过节点C、D上的值计算而得到。叶子节点C、D分别存储数据块001和002的哈希值,而非叶子节点A存储的是其子节点C、D的组合的哈希值,这类非叶子节点的哈希值被称作路径哈希值,而叶子节点的哈希值是实际数据的哈希值。

在计算机领域,Merkle树大多用来进行完整性验证处理。在处理完整性验证的应用场景中，特别是在分布式环境下进行这样的验证时，Merkle树会大大减少数据的传输量以及计算的复杂度。例如，以图4-5为例，若C、D、E和F存储了一组数据块的哈希值，当把这些数据从Alice传输到Bob后，为验证传输到Bob的数据完整性，只需要验证Alice和Bob上所构造的Merkle树的根节点值是否一致即可。如果一致，表示数据在传输过程中没有发生改变。假如在传输过程中，E对应的数据被人篡改，通过Merkle树很容易定位找到（因为此时，根节点、B、E所对应的哈希值都发生了变化），定位的时间复杂度为$O(\log(n))$。比特币的轻量级节点所采用的简单支付验证（simplified payment verification，SPV）就是利用Merkle树这一优点。

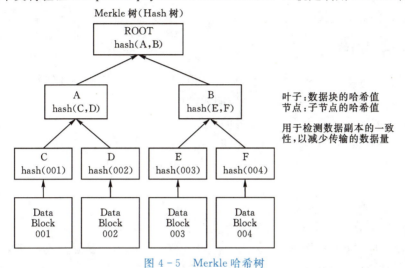

图4-5 Merkle哈希树

利用一个节点出发到达Merkle树的根所经过的路径上存储的哈希值，可以构造一个Merkle证明，验证范围可以是单个哈希值这样的少量数据，也可以是验证可能扩至无限规模的大量数据。

区块链中的Merkle树是二叉树，用于存储交易信息。每个交易两两配对，构成Merkle树的叶子节点，进而生成整个Merkle树。

Merkle树使得用户可以通过从区块头得到的Merkle树的根和别的用户所提供的中间哈希值列表去验证某个交易是否包含在区块中。提供中间哈希值的用户并不需要是可信的，因为伪造区块头的代价很高，而中间哈希值如果伪造的话，会导致验证失败。

如图4-5所示，为验证数据块003所对应的交易包含在区块中，除了Merkle树的根外，用户只需要节点A对应的哈希值hash(C,D)以及节点F所对应的哈希值hash(004)。除了数据块003外，并不需要其他数据块所对应的交易明细。通过3次哈希计算，用户就能够确认数据块003所对应的交易是否包含在区块中。实际上，若区块包含图4-5所对应的Merkle树，且区块所包含的4个交易的容量均达到最大值，下载整个区块可能需要超过400000个字节，而下载两个哈希值加上区块头部仅需要120个字节。就我们的验证例子而言，可以减少很大的传输量。

4.3 公钥密码算法

公钥密码算法是现代密码学发展过程中的一个里程碑。这类密码算法需要两个密钥：公开密钥和私有密钥。公开密钥与私有密钥是一对,如果用公开密钥对数据进行加密,只有用对应的私有密钥才能解密;如果用私有密钥对数据进行加密,那么只有用对应的公开密钥才能解密。因为加密和解密使用的是两个不同的密钥,所以这种算法也可叫作非对称密码算法。

区块链中所使用的公钥密码算法是椭圆曲线密码算法,每个用户都拥有一对密钥,一个公开,另一个私有。利用椭圆曲线密码算法,用户可以用自己的私钥对交易信息进行签名,同时别的用户可以利用签名用户的公钥对签名进行验证。在比特币系统中,用户的公钥也被用来识别不同的用户,构造用户的比特币地址。下面我们将介绍区块链中所涉及的椭圆曲线密码算法以及所采用的椭圆曲线。

4.3.1 椭圆曲线密码算法

椭圆曲线密码(elliptic curve cryptography,ECC)算法是基于椭圆曲线数学的一种公钥密码算法,其安全性依赖于椭圆曲线离散对数问题的困难性。

椭圆曲线密码算法具有下面两个明显的优点:

(1) 短的密钥长度,这意味着小的带宽和存储要求;

(2) 所有的用户可以选择同一基域上的不同的椭圆曲线,以使所有的用户使用同样的操作完成域运算。

椭圆曲线可以定义如下:

设 p 是一个大于 3 的素数,在有限域 Fp 上的椭圆曲线 $y^2=x^3+ax+b$ 由一个基于同余式 $y^2=x^3+ax+b \mod p$ 的解集 $(x,y) \in$ Fp×Fp 和一个称为无穷远点的特定点 O 组成,这里 $a,b \in$ Fp,是两个满足 $4a^3+27b^2 \neq 0 \mod p$ 的常数。

图 4-6 显示了两种实际的椭圆曲线。

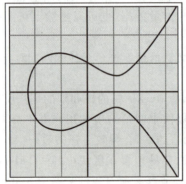 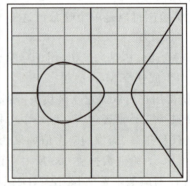

图 4-6 椭圆曲线

设 $P_1=(x_1,y_1)$ 与 $P_2=(x_2,y_2)$ 为椭圆曲线上的两个点,我们可以定义椭圆曲线上的加法和减法运算如下:

(1) $-O=O$;

(2) $-P_1=(x_1,-y_1)$;

(3) $O+P_1=P_1$;

(4) 若 $P_2=-P_1$,则 $P_1+P_2=O$;

(5) 若 $P_2 \neq -P_1$,则 $P_1+P_2=(x_3,y_3)$,其中 $x_3=m^2-x_1-x_2$,$-y_3=m(x_3-x_1)+y_1$,则

$$m = \begin{cases} \dfrac{y_2 - y_1}{x_2 - x_1}, & x_2 \neq x_1 \\ \dfrac{3x_1^2 + a}{2y_1}, & x_2 = x_1 \end{cases}$$

依据上述定义的加减法,两个椭圆曲线上的点相加所得到的点依然在原椭圆曲线上。图4-7直观地解释了椭圆曲线上的两个点 P 与 Q 相加的结果。

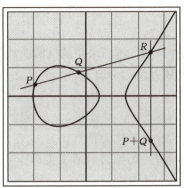

图4-7 椭圆曲线上的两个点相加

由此,在等式 $kP = P + P + \cdots + P = Q$ 中,已知 k 和点 P,求点 Q 比较容易;反之,已知点 Q 和点 P,求 k 却是相当困难的,这个问题称为椭圆曲线上点群的离散对数问题。椭圆曲线密码体制正是利用这个困难问题设计的。在实际应用中,k 作为私有密钥,而 Q 作为公开密钥。

4.3.2 secp256k1 椭圆曲线

比特币系统的区块链实现中使用的椭圆曲线为 Certicom 推荐的椭圆曲线 secp256k1。Certicom 是国际上著名的椭圆曲线密码技术公司,已授权 300 多家企业使用 ECC 技术。secp256k1 为基于 Fp 有限域上的椭圆曲线,由于其构造的特殊性,其优化后的实现比其他曲线性能上可以提高 30%。对比美国国家标准与技术研究院推荐的曲线,secp256k1 的常数以可以预测的方法选择,可以有效避免后门出现的可能性。

secp256k1 曲线形如 $y^2 = x^3 + ax + b$,由六元组 $D = (p, a, b, G, n, h)$ 定义,其中:

p = FFFFFFFF FFFFFFFF FFFFFFFF FFFFFFFF FFFFFFFF FFFFFFFF FFFFFFFE FFFFFC2F

$= 2^{256} - 2^{32} - 2^9 - 2^8 - 2^7 - 2^6 - 2^4 - 1$

a = 00000000 00000000 00000000 00000000 00000000 00000000 00000000 00000000

b = 00000000 00000000 00000000 00000000 00000000 00000000 00000000 00000007

压缩形式表示的基点 G 为

G = 02 79BE667E F9DCBBAC 55A06295 CE870B07 029BFCDB 2DCE28D9 59F2815B 16F81798

而非压缩形式表示的基点 G 为

G = 04 79BE667E F9DCBBAC 55A06295 CE870B07 029BFCDB 2DCE28D9 59F2815B 16F81798 483ADA77 26A3C465 5DA4FBFC 0E1108A8 FD17B448 A6855419 9C47D08F FB10D4B8

G 的阶为

$n =$ FFFFFFFF FFFFFFFF FFFFFFFF FFFFFFFE BAAEDCE6 AF48A03B BFD25E8C D0364141

协因子为 $h = 01$。

4.3.3 椭圆曲线签名与验证签名

我们先简单描述一下椭圆曲线的签名与验证算法。

1. 椭圆曲线数字签名生成

假定 Alice 希望对消息 m 进行签名,她所采用的椭圆曲线参数为 $D = (p, a, b, G, n, h)$(见上小节中各参数定义),对应的密钥对为 (k, Q),其中 Q 为公钥,k 为私钥。Alice 将按如下步骤进行签名:

第 1 步,产生一个随机数 d,$1 \leq d \leq n-1$;

第 2 步,计算 $dG = (x_1, y_1)$,将 x_1 转化为整数 x_1;

第 3 步,计算 $r = x_1 \bmod n$,若 $r = 0$,则转向第 1 步;

第 4 步,计算 $d^{-1} \bmod n$;

第 5 步,计算哈希值 $H(m)$,并将得到的比特串转化为整数 e;

第 6 步,计算 $s = d^{-1}(e + kr) \bmod n$,若 $s = 0$,则转向第 1 步;

第 7 步,(r, s) 即为 Alice 对消息 m 的签名。

2. 椭圆曲线签名验证

为验证 Alice 对消息 m 的签名 (r, s),矿工(Miner)可以得到 Alice 所用的椭圆曲线参数以及 Alice 的公钥 Q。矿工将按以下步骤操作:

第 1 步,验证 r 和 s 是区间 $[1, n-1]$ 上的整数;

第 2 步,计算 $H(m)$ 并将其转化为整数 e;

第 3 步,计算 $w = s^{-1} \bmod n$;

第 4 步,计算 $u_1 = ew \bmod n$ 以及 $u_2 = rw \bmod n$;

第 5 步,计算 $X = u_1 G + u_2 Q$;

第 6 步,若 $X = O$,则拒绝签名,否则将 X 的 x 坐标 x_1 转化为整数 x_1,并计算 $v = x_1 \bmod n$;

第 7 步,当且仅当 $v = r$ 时,签名通过验证。

为具体说明椭圆曲线签名和验证算法的过程,我们来看一个简化的例子:Alice 决定把 10 个比特币支付给 Bob,矿工负责把这笔账给记录下来。这个过程是怎么使用签名和验证算法进行的呢?

首先,Alice 从自己钱包中取出 10 个比特币,要将这 10 个比特币支付给 Bob,于是交易消息 m 产生了:Alice 支付 10 BTC 给 Bob。由于这个消息需要向全网广播,收到这个交易消息的用户会产生疑问:这个交易是不是真的?为打消其他用户的疑虑,Alice 需要对这段交易消息进行数字签名,以向大家确定这个交易确实是 Alice 发出的。为此,Alice 使用了 secp256k1 椭圆曲线。签名本质上是对交易消息内容使用 Alice 的私钥 k 进行加密(签名算法的第 6 步)。考虑到消息的规模和公钥密码算法的效率,对交易消息进行签名实际上是对交易消息的哈希值进行签名,由于密码学哈希函数的抗碰撞性,可以认为这样的转化是合理有效的。于是，Alice 向全网广播的内容除了交易消息本身外，还包含 Alice 对消息的签名以及 Alice 的公钥信息。

其次，Alice 发送的交易消息连同签名发出后，为矿工 Miner 所接收。为在区块链中记录这一交易，矿工首先需要验证这个交易是不是 Alice 发出的，即进行签名验证的工作。为此，Miner 也使用了同样的 secp256k1 椭圆曲线。对 Alice 签名验证的过程可以看作利用 Alice 公钥进行解密的过程，如签名验证算法中的第 5 步就使用了 Alice 的公钥 Q。当一切顺利的话，Miner 可以验证交易消息：Alice 支付 10 BTC 给 Bob 确实是 Alice 发出的，Miner 可以在之后的操作中把这个交易记入区块链中。如果签名验证失败，表明 Miner 收到的这个消息存在问题，Miner 会放弃将相关的交易记入区块链的操作。

利用椭圆曲线的签名和验证算法，一方面可以保证用户的账户不被冒名顶替，另一方面也能确保用户不能否认其所签名的交易。用户发起交易的时候，使用自己的私钥对交易信息签名，矿工收到信息后用用户的公钥对签名进行验证，一旦通过，该交易信息就可通过矿工进行记账，最终完成交易。

本章小结

本章简介了区块链中的密码技术。区块链通常并不直接保存原始数据或交易记录，而是保存其哈希函数值，更具体地，比特币区块链通常采用双 SHA256 哈希函数，即将任意长度的原始数据经过两次 SHA256 哈希运算后转换为长度为 256 位（32 字节）的二进制数字来统一存储和识别。为快速归纳和校验区块数据的存在性和完整性，Merkle 树成为区块链的重要数据结构。公钥密码系统被用来实现区块链中的数据签名，比特币区块链中采用了椭圆曲线公钥密码系统，使用了 Certicom 推荐的 secp256k1 椭圆曲线。

思考与练习

1. 简述密码体制的组成部分及其分类。
2. 分别说明对称密码体制和非对称密码体制的优点和不足。
3. 简述 Hash 函数具有的性质。
4. 简述数字签名的特点和作用。

第 5 章　共识算法

> 引 例

假设 A 是 B 开的网店或网站的一名顾客。B 提供一些比特币付费的在线服务,比如软件下载。A 在 B 的网站选中一件商品并加入购物车中,此时服务器要求付款。然后,A 在他的地址上向 B 的地址发起了一笔比特币交易,并向整个网络广播这笔交易。我们假设由某个诚实节点来制造下一个区块,并把这笔交易放进这个区块中,其中包含 A 下载软件向 B 付费的交易记录。当看到这笔交易被放入区块链后,B 认为 A 已经向他付款,便允许 B 下载软件。假设在下一个回合被随机选中的节点恰巧被 A 所控制。现在因为 A 可以提议下一个区块,A 可以选择忽略掉前面那个包含 A 支付给 B 的那笔交易的区块。不仅如此,在这个区块里,A 还可以放进一笔交易,把 A 付给 B 的币转到一个被 A 所控制地址里去。这就是一个经典的双重支付攻击。

区块链架构是一种分布式的架构,其部署模式有公共链、联盟链、私有链三种,对应的是去中心化分布式系统、部分去中心化分布式系统和弱中心化分布式系统。

分布式系统中,多个主机通过异步通信方式组成网络集群。在这样的一个异步系统中,需要主机之间进行状态复制,以保证每个主机达成一致的状态共识。然而,异步系统中,可能出现无法通信的故障主机,而主机的性能可能下降,网络可能拥塞,这些可能导致错误信息在系统内传播。因此需要在默认不可靠的异步网络中定义容错协议,以确保各主机达成安全可靠的状态共识。

利用区块链构造基于互联网的去中心化账本,需要解决的首要问题是如何实现不同账本节点上的账本数据的一致性和正确性。这就需要借鉴已有的在分布式系统中实现状态共识的算法,确定网络中选择记账节点的机制,以及如何保障账本数据在全网中形成正确、一致的共识。

20 世纪 80 年代出现的分布式系统共识算法,是区块链共识算法的基础。本章从基本的拜占庭容错技术入手,逐步介绍适合于私有链、联盟链和公共链的共识算法。

5.1　拜占庭容错技术

拜占庭容错技术(Byzantine fault tolerance,BFT)是一类分布式计算领域的容错技术。拜占庭假设是对现实世界的模型化,由于硬件错误、网络拥塞或中断以及遭到恶意攻击等原因,计算机和网络可能出现不可预料的行为。拜占庭容错技术被设计用来处理这些异常行为,并满足所要解决的问题的规范要求。

5.1.1 拜占庭将军问题

拜占庭容错技术来源于拜占庭将军问题。拜占庭将军问题是 Leslie Lamport 在 20 世纪 80 年代提出的一个假象问题。拜占庭是东罗马帝国的首都,由于当时东罗马帝国国土辽阔,每支军队的驻地分隔很远,将军们只能靠信使传递消息。发生战争时,将军们必须制订统一的行动计划。然而,这些将军中有叛徒,叛徒希望通过影响统一行动计划的制订与传播,破坏忠诚将军们一致的行动计划。因此,将军们必须有一个预定的方法协议,使所有忠诚的将军能够达成一致,而且少数几个叛徒不能使忠诚的将军做出错误的计划。也就是说,拜占庭将军问题的实质就是要寻找一个方法,使得将军们能在一个有叛徒的非信任环境中达成对战斗计划的共识。在分布式系统中,特别是在区块链网络环境中,也和拜占庭将军问题的环境类似,有运行正常的服务器(类似忠诚的拜占庭将军),也有故障的服务器,还有破坏者的服务器(类似叛变的拜占庭将军)。共识算法的核心是在正常的节点间形成对网络状态的共识。

求解拜占庭将军问题,隐含了要满足以下两个条件:①每个忠诚的将军必须收到相同的命令值 v_i(v_i 是第 i 个将军的命令);②如果第 i 个将军是忠诚的,那么他发送的命令和每个忠诚将军收到的 v_i 相同。

于是,拜占庭将军问题可以描述为:一个发送命令的将军要发送一个命令给其余 $n-1$ 个将军,使得

IC1:所有忠诚的接收命令的将军遵守相同的命令;

IC2:如果发送命令的将军是忠诚的,那么所有忠诚的接收命令的将军遵守所接收的命令。

Lamport 对拜占庭将军问题的研究表明,当 $n>3m$ 时,即叛徒的个数 m 小于将军总数 n 的 1/3 时,通过口头同步通信(假设通信是可靠的),可以构造同时满足 IC1 和 IC2 的解决方案,即将军们可以达成一致的命令。如果通信是可认证、防篡改伪造的(如采用 PKI 认证、消息签名等),则在任意多的叛徒(至少得有两个忠诚将军)的情况下都可以找到解决方案。

而在异步通信情况下,情况就没有这么乐观。Fischer-Lynch-Paterson 定理证明了,只要有一个叛徒存在,拜占庭将军问题就无解。翻译成分布式计算语言,就是在一个多进程异步系统中,只要有一个进程不可靠,那么就不存在一个协议,此协议能保证有限时间内使所有进程达成一致。

由此可见,拜占庭将军问题在一个分布式系统中,是一个非常有挑战性的问题。因为分布式系统不能依靠同步通信,否则性能和效率将非常低,因此寻找一种实用的解决拜占庭将军问题的算法一直是分布式计算领域中的一个重要问题。

在这里,我们先给出分布式计算中拜占庭缺陷和故障两个定义:

定义 1 拜占庭缺陷(Byzantine fault):任何观察者从不同角度看,表现出不同症状的缺陷。

定义 2 拜占庭故障(Byzantine failure):在需要共识的系统中,由于拜占庭缺陷导致丧失系统服务。

在分布式系统中,不是所有的缺陷或故障都能称作拜占庭缺陷或故障,像死机、丢消息等缺陷或故障不能算为拜占庭缺陷或故障。拜占庭缺陷或故障是最严重的缺陷或故障,拜占庭缺陷具有不可预测、任意性,如遭黑客破坏、中木马的服务器就是一个拜占庭服务器。

在一个有拜占庭缺陷存在的分布式系统中,所有的进程都有一个初始值。在这种情况下,

共识问题(consensus problem)就是要寻找一个算法和协议,使得该协议满足以下三个属性:

(1)一致性(agreement):所有的非缺陷进程都必须同意同一个值。

(2)正确性(validity):如果所有非缺陷的进程有相同的初始值,那么所有非缺陷的进程所同意的值必须是同一个初始值。

(3)可结束性(termination):每个非缺陷的进程必须最终确定一个值。

根据 Fischer-Lynch-Paterson 的理论,在异步通信的分布式系统中,只要有一个拜占庭缺陷的进程,就不可能找到一个共识算法,同时满足上述要求的一致性、正确性和可结束性。在实际情况下,根据不同的假设条件,有很多不同的共识算法被设计出来,这些算法各有优势和局限。算法的假设条件有以下几种情况:

(1)故障模型:非拜占庭故障/拜占庭故障。

(2)通信类型:同步/异步。

(3)通信网络连接:节点间直连数。

(4)信息发送者身份:实名/匿名。

(5)通信通道稳定性:通道可靠/不可靠。

(6)消息认证性:认证消息/非认证消息。

在区块链网络中,由于应用场景的不同,所设计的目标各异,所以不同的区块链系统采用了不同的共识算法。一般来说,在私有链和联盟链情况下,对一致性、正确性有很强的要求,一般要采用强一致性的共识算法。而在公有链情况下,对一致性和正确性通常没法做到百分之百,通常采用最终一致性(eventual consistency)的共识算法。

下面我们先来介绍适合私有链和联盟链场景的拜占庭容错系统。

5.1.2 拜占庭容错系统

上一小节的分析表明,区块链网络的记账共识和拜占庭将军问题是相似的。参与共识记账的每一个记账节点相当于将军,节点之间的消息传递相当于信使,某些节点可能由于各种原因而产生错误的信息并传达给其他节点。通常,这些发生故障的节点被称为拜占庭节点,而正常的节点即为非拜占庭节点。

拜占庭容错系统是一个拥有 n 个节点的系统,整个系统对于每一个请求,满足以下条件:①所有非拜占庭节点使用相同的输入信息,产生同样的结果;②如果输入的信息正确,那么所有非拜占庭节点必须接收这个信息,并计算相应的结果。

与此同时,在拜占庭容错系统的实际运行过程中,还需要假设整个系统中拜占庭节点不超过 m 个,并且每个请求还需要满足两个指标。①安全性:任何已经完成的请求都不会被更改,它可以在以后的请求中看到;②活性:可以接受并且执行非拜占庭客户端的请求,不会被任何因素影响而导致非拜占庭客户端的请求不能执行。

拜占庭容错系统普遍采用的假设条件包括:

(1)拜占庭节点的行为可以是任意的,拜占庭节点之间可以共谋;

(2)节点之间的错误是不相关的;

(3)节点之间通过异步网络连接,网络中的消息可能丢失、乱序并延时到达,但大部分协议假设消息在有限的时间里能传达到目的地;

(4)服务器之间传递的信息,第三方可以嗅探到,但是不能篡改、伪造信息的内容和验证信息的完整性。

5.1.3 实用拜占庭容错系统

原始的拜占庭容错系统由于需要展示其理论上的可行性而缺乏实用性。另外，还需要额外的时钟同步机制支持，算法的复杂度也是随节点增加而指数级增加。实用拜占庭容错系统（practical Byzantine fault tolerance，PBFT）降低了拜占庭协议的运行复杂度，从指数级别降低到多项式级别，使拜占庭协议在分布式系统中应用成为可能。

PBFT是一类状态机拜占庭容错系统，要求共同维护一个状态，所有节点采取的行动一致。为此，它需要运行三类基本协议，包括一致性协议、检查点协议和视图更换协议，我们主要关注支持系统日常运行的一致性协议。

一致性协议要求来自客户端的请求在每个服务节点上都按照一个确定的顺序执行。这个协议把服务器节点分为两类：主节点和从节点，其中主节点仅一个。在协议中，主节点负责将客户端的请求排序；从节点按照主节点提供的顺序执行请求。每个服务器节点在同样的配置信息下工作，该配置信息被称为视图，若主节点更换，视图也随之变化。

一致性协议至少包含若干个阶段：请求（request）、序号分配（pre-prepare）和响应（reply）。根据协议设计的不同，还可能包含相互交互（prepare）、序号确认（commit）等阶段。

PBFT的一致性协议如图5-1所示。PBFT通常假设故障节点数为m个，而整个服务节点数为$3m+1$个。每一个客户端的请求需要经过五个阶段，通过采用两次两两交互的方式在服务器达成一致之后再执行客户端的请求。由于客户端不能从服务器端获得任何服务器运行状态的信息，PBFT中主节点是否发生错误只能由服务器监测。如果服务器在一段时间内都不能完成客户端的请求，则会触发视图更换协议。

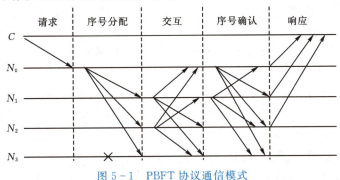

图5-1 PBFT协议通信模式

图5-1显示了一个简化的PBFT的协议通信模式，其中C为客户端，$N_0 \sim N_3$表示服务节点，特别地，N_0为主节点，N_3为故障节点。整个协议的基本过程如下：

(1) 客户端发送请求，激活主节点的服务操作。

(2) 当主节点接收请求后，启动三阶段的协议以向各从节点广播请求。

① 序号分配阶段，主节点给请求赋值一个序列号n，广播序号分配消息和客户端的请求消息m，并将构造序号分配消息给各从节点；

② 交互阶段，从节点接收序号分配消息，向其他服务节点广播交互消息；

③ 序号确认阶段，各节点对视图内的请求和次序进行验证后，广播序号确认消息，执行收到的客户端的请求并给客户端以响应。

(3)客户端等待来自不同节点的响应,若有 $m+1$ 个响应相同,则该响应即为运算的结果。

PBFT 在很多场景都有应用,在区块链场景中,一般适合于对强一致性有要求的私有链和联盟链场景。例如,在 IBM 主导的区块链超级账本项目中,PBFT 是一个可选的共识协议。

除了 PBFT 之外,超级账本项目还引入了基于 PBFT 的自用共识协议,它的目的是希望在 PBFT 基础之上能够对节点的输出也做好共识,这是因为,超级账本项目的一个重要功能是提供区块链之上的智能合约,即在区块链上执行的一段代码,因此它会导致区块链账本上最终状态的不确定,为此这个自有共识协议会在 PBFT 实现的基础之上,引入代码执行结果签名进行验证。

5.1.4 Raft 协议

在很多分布式系统场景下,并不需要解决拜占庭将军问题,也就是说,在这些分布式系统的实用场景下,其假设条件不需要考虑拜占庭故障,而只是处理一般的死机故障。在这种情况下,采用 Paxos 等协议会更加高效。Paxos 是 Lamport 设计的保持分布式系统一致性的协议。但由于 Paxos 非常复杂,比较难以理解,因此后来出现了各种不同的实现和变种。例如,谷歌的 GFS、BigTable 就采用了基于 Paxos 的 Chubby 的分布式锁协议;Yahoo 的 Hadoop 系统采用了类似 Paxos 协议的 Zookeeper 协议。Raft 也是为了避免 Paxos 的复杂性而专门设计成易于理解的分布式一致性算法。在私有链和联盟链的场景下,通常共识算法有强一致性要求,同时对共识效率要求高。另外,一般安全性要比公有链场景高,一般来说不会经常存在拜占庭故障。因此,在一些场景下,可以考虑采用非拜占庭协议的分布式共识算法。

在 Hyperledger 的 Fabric 项目中,共识模块被设计成可插拔的模块,支持像 PBFT、Raft 等共识算法。Raft 最初是一个用于管理复制日志的共识算法,它是一个为真实世界应用建立的协议,主要注重协议的落地性和可理解性。Raft 是在非拜占庭故障下达成共识的强一致协议。

在区块链系统中,使用 Raft 实现记账共识的过程可以描述如下:首先选举一个 leader,接着赋予 leader 完全的权力管理记账。leader 从客户端接收记账请求,完成记账操作,生成区块,并复制到其他记账节点。有了 leader,简化了记账操作的管理。例如,leader 能够决定是否接受新的交易记录项而无须考虑其他的记账节点,leader 可能失效或与其他节点失去联系,这时,系统就会选出新的 leader。

给定 leader 方法,Raft 将共识问题分解为三个相对独立的子问题。

(1)leader 选举:现有的 leader 失效时,必须选出新 leader。

(2)记账:leader 必须接受来自客户端的交易记录项,在参与共识记账的节点中进行复制,并使其他的记账节点认可交易所对应的区块。

(3)安全:若某个记账节点对其状态机应用了某个特定的区块项,其他的服务器不能对同一个区块索引应用不同的命令。

1. Raft 基础

一个 Raft 集群通常包含 5 个服务器,允许系统有 2 个故障服务器。每个服务器处于 3 个状态之一:leader、follower 或 candidate。正常操作状态下,仅有一个 leader,其他的服务器均为 follower。follower 是被动的,不会对自身发出请求而是对来自 leader 和 candidate 的请求做出响应。leader 处理所有的客户端请求(若客户端联系 follower,则该 follower 将转发给

leader)。candidate 状态用来选举 leader。

Raft 阶段主要分为两个,首先是 leader 选举过程,然后在选举出来的 leader 基础上进行正常操作,比如日志复制、记账等。

2. leader 选举

当 follower 在选举超时时间内未收到 leader 的心跳消息,则转换为 candidate 状态。为了避免选举冲突,这个超时时间是一个 150~300 ms 之间的随机数。

一般而言,在 Raft 系统中:

(1)任何一个服务器都可以成为一个候选者 candidate,它向其他服务器 follower 发出要求选举自己的请求。

(2)其他服务器同意了,发出 OK。注意,如果在这个过程中,有一个 follower 宕机,没有收到请求选举的要求,此时候选者可以自己选自己,只要达到 $\frac{N}{2}+1$ 的大多数票,候选人还是可以成为 leader 的。

(3)这样,这个候选者就成了 leader,它可以向选民也就是 follower 发出指令,比如进行记账。

(4)以后通过心跳进行记账的通知。

(5)一旦这个 leader 崩溃了,那么 follower 中有一个成为候选者,并发出邀票选举。

(6)follower 同意后,其成为 leader,继续承担记账等指导工作。

3. 记账过程

Raft 的记账过程按以下步骤完成:

(1)假设 leader 已经选出,这时客户端发出增加一个日志的要求。

(2)leader 要求 follower 遵从他的指令,都将这个新的日志内容追加到他们各自日志中。

(3)大多数 follower 服务器将交易记录写入账本后,确认追加成功,发出确认成功信息。

(4)在下一个心跳中,leader 会通知所有 follower 更新确认的项目。

对于每个新的交易记录,重复上述过程。

如果在这一过程中,发生了网络通信故障,使得 leader 不能访问大多数 follower 了,那么 leader 只能正常更新它能访问的那些 follower 服务器。而大多数的服务器 follower 因为没有了 leader,他们将重新选举一个候选者作为 leader,然后这个 leader 作为代表与外界打交道。如果外界要求其添加新的交易记录,这个新的 leader 就按上述步骤通知大多数 follower;如果这时网络故障修复了,那么原先的 leader 就变成 follower,在失联阶段,这个老 leader 的任何更新都不能算确认,都回滚,接收新 leader 的新的更新。

本节介绍了分布式系统中的常用共识算法。从介绍拜占庭将军问题开始,介绍了拜占庭容错系统、状态机拜占庭协议、实用拜占庭容错系统(PBFT)和 Raft。其中,拜占庭容错协议和 Raft 是联盟链和私有链上常用的共识算法,而公共链的共识机制一般采用工作量证明(PoW)和权益证明(proof of stake,PoS)算法。

5.2 PoW 机制

比特币系统的重要概念是一个基于互联网的去中心化账本,即区块链,每个区块相当于账本页，区块中记录的信息主体，即为相应的交易内容。账本内容的唯一性要求记账行为是中心化的行为，然而，中心化所引发的单点失败，可能导致整个系统面临危机甚至崩溃。去中心化记账可以克服中心化账本的弱点，但同时也会带来记账行为的一致性问题。

从去中心化账本系统的角度看，每个加入这个系统的节点都要保存一份完整的账本，但每个节点却不能同时记账，因为节点处于不同的环境，接收到不同的信息，如果同时记账的话，必然会导致账本的不一致，造成混乱。因此，需要有共识来明确哪个节点有权记账。比特币区块链通过竞争记账的方式解决去中心化的记账系统的一致性问题。

比特币系统设计了以每个节点的计算能力即"算力"来竞争记账权的机制。在比特币系统中，大约每 10 分钟进行一轮算力竞赛，竞赛的胜利者，就获得一次记账的权力，并向其他节点同步新增账本信息。

然而，在一个去中心化的系统中，谁有权判定竞争的结果呢？比特币系统是通过一个称为"工作量证明"（PoW）的机制来完成的。

简单地说，PoW 就是一份确认工作端做过一定量工作的证明。PoW 系统的主要特征是计算的不对称性。工作端需要做一定难度的工作得出一个结果，而验证方却很容易通过结果来检查工作端是不是做了相应的工作。

举个例子，给定字符串"blockchain"，我们给出的工作量要求是，可以在这个字符串后面连接一个称为 nonce 的整数值串，对连接后的字符串进行 SHA256 哈希运算，如果得到的哈希结果（以十六进制的形式表示）是以若干个 0 开头的，则验证通过。为了达到这个工作量证明的目标，我们需要不停地递增 nonce 值，对得到的新字符串进行 SHA256 哈希运算。

按照这个规则，需要经过 2688 次计算才能找到前 3 位均为 0 的哈希值，而要找到前 6 位均为 0 的哈希值，则需进行 620969 次计算。

blockchain1：
4bfb943cba9fb9926df93f33c17d64b378d56714e8a29c6ba8bdc9690cca8c
blockchain2：
01181212a283e760929f6b1628d903127c65e6fb5a9ad7fe94b790e6992692
blockchain515：
0074448bea8027bebd6333d3aa12fd11641e051911c5bab661a9b849b83958a
blockchain2688：
0009b257eb8cf9eba179ab2be74d446fa1c59f0adfa8814260f52ae0016dd50
blockchain48851：
00000b3d96b4db1a976d3a69829aabef8bafa35ab5871e084211a16d3a4f38
blockchain6200969：
000000db7fa334aef754b51792cff6c880cd286c5f490d5cf73f658d9576d4

通过上面这个计算特定 SHA256 运算结果的示例，我们对 PoW 机制有了一个初步的理解。对于特定字符串后接随机 nonce 值所构成的串，要找到这样的 nonce 值，满足前 n 位均为 0 的 SHA256 值，需要多次进行哈希值的计算。一般来说，n 值越大，需要完成的哈希计算量也越大。由于哈希值的伪随机特性，要寻找 4 个前导 0 的哈希值，预期大概要进行 2^{16} 次尝试，这个数学期望的计算次数，就是所要求的"工作量"。

比特币网络中任何一个节点，如果想生成一个新的区块并写入区块链，必须解出比特币网络中的 PoW 这道题。这道题关键的 3 个要素是工作量证明函数、区块及难度值。工作量证明函数是这道题的计算方法，区块决定了这道题的输入数据，难度值决定了这道题所需要的计算量。

5.2.1 工作量证明函数

比特币系统中使用的工作量证明函数是 SHA256。

SHA 是安全哈希算法（secure hash algorithm）的缩写，是一个密码学哈希函数家族。这一组函数是由美国国家安全局设计，由美国国家标准与技术研究院发布的，主要适用于数字签名标准。SHA256 就是这个函数家族中的一个，是输出值为 256 位的哈希算法。到目前为止，还没有出现对 SHA256 算法的有效攻击。

5.2.2 区块

比特币的区块由区块头及该区块所包含的交易列表组成。区块头的大小为 80 字节，由 4 字节的版本号、32 字节的上一个区块的哈希值、32 字节的 Merkle 树根哈希值、4 字节的时间戳（当前时间）、4 字节的当前难度值、4 字节的随机数组成。区块包含的交易列表则附加在区块头后面，其中的第一笔交易是 coinbase 交易，这是一笔为了让矿工获得奖励及手续费的特殊交易。

区块的大致结构如图 5-2 所示。

图 5-2 区块的结构

拥有 80 字节固定长度的区块头，就是用于比特币工作量证明的输入字符串。因此，为了使区块头能体现区块所包含的所有交易，在区块的构造过程中，需要将该区块要包含的交易列表，通过 Merkle 树算法生成 Merkle 根哈希值，并以此作为交易列表的哈希值存到区块头中。其中，Merkle 树的算法图解如图 5-3 所示。

图 5-3 展示了一个具有 4 个交易记录的 Merkle 树根哈希值的计算过程，首先以这 4 个交易作为叶子结点构造一棵完全二叉树，然后通过哈希值的计算，将这棵二叉树转化为 Merkle 树。

首先对 4 个交易记录 Txa～Txd，分别计算各自的哈希值 H_A～H_D，然后计算两个中间节点的哈希值 $H_{AB} = Hash(H_A + H_B)$ 和 $H_{CD} = Hash(H_C + H_D)$，最后计算出根节点的哈希值 $H_{ABCD} = Hash(H_{AB} + H_{CD})$。

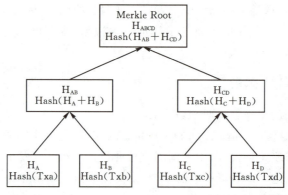

图 5-3　带 4 个交易记录的 Merkle 树根哈希值的计算

构造出来的区块链如图 5-4 所示。由图 5-4 所示的简化的区块链结构,我们可以发现,所有在给定时间范围需要记录的交易信息被构造成一个 Merkle 树,区块中包含了指向这个 Merkle 树的哈希指针,关联了与该区块相关的交易数据,同时,区块中也包含了指向前一区块的哈希指针,使得记录了不同交易的单个区块被关联起来,形成区块链。

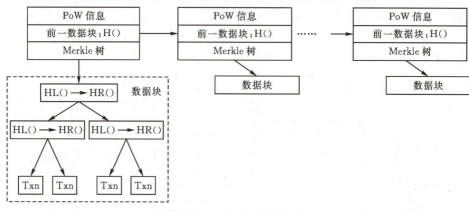

图 5-4　区块链的简化结构

5.2.3　难度值

难度值是比特币系统中的节点在生成区块时的重要参考指标,它决定了节点大约需要经过多少次哈希运算才能产生一个合法的区块。比特币的区块大约每 10 分钟生成一个,如果要在不同的全网算力条件下,新区块的产生都基本保持这个速率,难度值必须根据全网算力的变化进行调整。简单地说,难度值被设定在无论节点计算能力如何,新区块产生速率都保持在每 10 分钟一个。

难度的调整是在每个完整节点中独立自动发生的。每 2016 个区块,所有节点都会按统一的公式自动调整难度,这个公式是由最新 2016 个区块的花费时长与期望时长(期望时长为 20160 分钟,即两周,是按每 10 分钟一个区块的产生速率计算出的总时长)比较得出的,然后根据实际时长与期望时长的比值,进行相应调整(或变难或变易)。也就是说,如果区块产生的速率比 10 分钟快则增加难度,比 10 分钟慢则降低难度。

这个公式可以总结为如下形式:

新难度值＝旧难度值×(过去2016个区块花费时长/20160分钟)

工作量证明需要有一个目标值。比特币工作量证明的目标值(target)的计算公式如下：

目标值＝最大目标值/难度值

其中，最大目标值为一个恒定值，即

0x00000000FFFFFFFFFFFFFFFFFFFFFFFFFFFFFFFFFFFFFFFFFFFFFFFFFFFFFFFF

目标值的大小与难度值成反比。比特币工作量证明的达成就是矿工计算出来的区块哈希值必须小于目标值。

5.2.4　PoW 的过程

比特币 PoW 的过程，可以简单理解成，将不同的 nonce 值作为输入，尝试进行 SHA256 哈希运算，找出满足给定数量前导 0 的哈希值的过程。而要求的前导 0 的个数越多，代表难度越大。比特币节点求解工作量证明问题的步骤大致如下：

(1) 生成铸币交易，并与其他所有准备打包进区块的交易组成交易列表，通过 Merkle 树算法生成 Merkle 树根哈希值。

(2) 把 Merkle 树根哈希值及其他相关字段组装成区块头，将区块头的 80 字节数据作为工作量证明的输入。

(3) 不停地变更区块头中的随机数，即 nonce 的数值，并对每次变更后的区块头做双重 SHA256 运算［即 SHA256(SHA256(Block_Header))］，将结果值与当前网络的目标值做对比，如果小于目标值，则解题成功，工作量证明完成。

比特币的工作量证明，就是俗称"挖矿"所做的主要工作。理解工作量证明机制，将为我们进一步理解比特币区块链的共识机制奠定基础。

5.2.5　基于 PoW 的共识记账

我们以比特币网络的共识记账为例，来说明基于 PoW 的共识记账过程。

(1) 客户端产生新的交易，向全网进行广播，要求对交易进行记账。

(2) 每一个记账节点一旦收到这个请求，将收到的交易信息纳入一个区块中。

(3) 每个节点都通过 PoW 过程，尝试在自己的区块中找到一个具有足够难度的工作量证明。

(4) 当某个节点找到了一个工作量证明，它就向全网进行广播。

(5) 当且仅当包含在该区块中的所有交易都是有效的且之前未存在过的，其他节点才认同该区块的有效性。

(6) 其他节点表示它们接受该区块，而表示接受的方法则是在跟随该区块的末尾，制造新的区块以延长该链条，而将被接受区块的随机哈希值视为先于新区块的随机哈希值。

通过上述的记账过程，客户端所要求记录的交易信息被写入了各个记账节点的区块链中，形成了一个分布式的高概率的一致账本。

5.2.6　关于比特币 PoW 能否解决拜占庭将军问题

关于比特币 PoW 共识机制能否解决拜占庭将军问题，一直在业界存有争议。2015 年，Juan Garay 对比特币的 PoW 共识算法进行了正式的分析，得出的结论是比特币的 PoW 共识算法是一种概率性的拜占庭协议。Juan Garay 对比特币共识协议的两个重要属性的分析如下。

1. 一致性(agreement)

在不诚实节点总算力小于 50%，同时每轮同步区块生成的概率很小的情况下，诚实的节点具有相同的区块的概率很高。用数学的严格语言说应该是：在任意两个诚实节点的本地链条上截取 K 个节点，两条剩下链条的头区块不相同的概率随着 K 的增加呈指数型递减。

2. 正确性(validity)

大多数的区块必须由诚实节点提供。严格来说，当不诚实算力非常小的时候，才能使大多数区块由诚实节点提供。

因此，我们可以看到，当不诚实的算力小于网络总算力的 50% 时，同时挖矿难度比较高，在大约 10 分钟出一个区块情况下，比特币网络达到一致性的概率会随确认区块的数目增多而呈指数型增加。但当不诚实算力具一定规模，甚至不用接近 50% 的时候，比特币的共识算法并不能保证正确性，也就是，不能保证大多数的区块由诚实节点来提供。

因此，比特币的共识算法不适合于私有链和联盟链。其原因是，首先，它是一个最终一致性共识算法，不是一个强一致性共识算法。其次，它的共识效率低。但是，提高共识效率又会牺牲共识协议的安全性。

另外，比特币通过巧妙的矿工奖励机制来提升网络的安全性。矿工挖矿获得比特币奖励以及记账所得的交易费用使得矿工更希望维护网络的正常运行，而任何破坏网络的非诚信行为都会损害矿工自身的利益。因此，即使有些比特币矿池具备强大的算力，但它们都没有作恶的动机，反而有动力维护比特币的正常运行，因为这和它们的切实利益相关。

5.3 PoS 机制

PoW 背后的基本概念很简单：工作端提交已知难于计算但易于验证的计算结果，而其他任何人都能够通过验证这个答案就确信工作端为了求得结果已经完成了量相当大的计算工作。然而，PoW 机制存在明显的弊端。一方面，PoW 的前提是，节点和算力是均匀分布的，因为通过 CPU 的计算能力来进行投票，拥有钱包（节点）数和算力值应该是大致匹配的，然而随着人们将 CPU 挖矿逐渐升级到 GPU、FPGA，直至 ASIC 矿机挖矿，节点数和算力值也渐渐失配。另一方面，PoW 太浪费了。比特币网络每秒可完成数百万亿次 SHA256 计算，但这些计算除了使恶意攻击者不能轻易地伪装成几百万个节点和打垮比特币网络，并没有更多实际或科学的价值。当然，相对于允许世界上任何一个人在瞬间就能通过去中心化和半匿名的全球货币网络，给其他人几乎没有手续费地转账所带来的巨大好处，它的浪费也许只算是很小的代价。

有鉴于此，人们提出了一些工作量证明的替代者，权益证明（PoS）就是其中的一种方法。

权益证明要求用户证明拥有某些数量的货币（即对货币的权益）。点点币（Peercoin）是首先采用权益证明的货币，尽管它依然使用工作量证明挖矿。

1. PoS 的应用

点点币在 SHA256 哈希运算的难度方面引入了币龄的概念，使得难度与交易输入的币龄成反比。在点点币中，币龄被定义为币的数量与币所拥有的天数的乘积，这使得币龄能够反映交易时刻用户所拥有的货币数量。

实际上，点点币的权益证明机制结合了随机化与币龄的概念，至少 30 天未使用的币可以参与竞争下一区块，越久和越大的币集有更大的可能去签名下一区块。然而，一旦币的权益被用于签名一个区块，则币龄将清为零，这样必须等待至少 30 日才能签署另一区块。同时，为防止非常老或非常大的权益控制区块链，寻找下一区块的最大概率在 90 天后达到最大值，这一过程保护了网络，并随着时间逐渐生成新的币而无须消耗大量的计算能力。点点币的开发者声称这将使得恶意攻击变得困难，因为没有中心化的挖矿池需求，而且购买半数以上的币的开销似乎超过获得 51% 的工作量证明的哈希计算能力。

权益证明必须采用某种方法定义任意区块链中的下一合法区块，且依据账户结余来选择将导致中心化，如单个首富成员可能会拥有长久的优势。为此，人们还设计了其他不同的方法来选择下一合法区块。

2. 随机区块选择

NXT 币和黑币采用随机方法预测下一合法区块，使用公式查找与权益大小结合的最小哈希值。由于权益公开，因此每个节点都可以合理的准确度预计哪个账户有权建立区块。

3. 基于权益速度的选择

瑞迪币（Reddcoin）引入权益速度证明，即鼓励钱币的流动而非囤积。通过给币龄引入指数衰减函数，它使得 1 币的币龄不会超过 2 币月。

5.4 DPoS 机制

PoW 机制和 PoS 机制虽然都能有效地解决记账行为的一致性共识问题，但是现有的比特币 PoW 机制纯粹依赖算力，导致专业从事挖矿的矿工群体似乎已和比特币社区完全分隔，某些矿池的巨大算力俨然成为另一个中心，这与比特币的去中心化思想相冲突。PoS 机制虽然考虑到了 PoW 的不足，但依据权益结余来选择，会导致首富账户的权力更大，有可能支配记账权。股份授权证明机制（delegated proof of stake，DPoS）的出现正是基于弥补 PoW 机制和 PoS 机制的这类不足。

比特股（Bitshare）是一类采用 DPoS 机制的密码货币，它期望通过引入一个技术民主层来减少中心化的负面影响。

比特股引入了见证人这个概念，见证人可以生成区块，每一个持有比特股的人都可以投票选举见证人。得到总同意票数中的前 N 个（N 通常定义为 101）候选者可以当选为见证人，当选见证人的个数（N）需满足：至少一半的参与投票者相信 N 已经充分地去中心化。见证人的候选名单每个维护周期（1 天）更新一次。见证人然后随机排列，每个见证人按序有 2 秒的权限时间生成区块，若见证人在给定的时间片不能生成区块，区块生成权限交给下一个时间片对应的见证人。DPoS 的这种设计使得区块的生成更为快速，也更加节能。DPoS 充分利用了持股人的投票，以公平民主的方式达成共识，他们投票选出的 N 个见证人，可以视为 N 个矿池，而这 N 个矿池彼此的权利是完全相等的。持股人可以随时通过投票更换这些见证人（矿池），只要他们提供的算力不稳定，计算机宕机，或者试图利用手中的权力作恶。

比特股还设计了另外一类竞选——代表竞选。选出的代表拥有提出改变网络参数的特权，包括交易费用、区块大小、见证人费用和区块区间。若大多数代表同意所提出的改变，持股人有两周的审查期，这期间可以罢免代表并废止所提出的改变。这一设计确保代表技术上没有直接修改参数的权利以及所有的网络参数的改变最终需得到持股人的同意。

5.5 Ripple 共识算法

1. Ripple 的网络结构

Ripple（瑞波）是一种基于互联网的开源支付协议，可以实现去中心化的货币兑换、支付与清算功能。在 Ripple 的网络中，交易由客户端（应用）发起，经过追踪节点（tracking node）或验证节点（validating node），把交易广播到整个网络中。追踪节点的主要功能是分发交易信息以及响应客户端的账本请求。验证节点除包含追踪节点的所有功能外，还能够通过共识协议，在账本中增加新的账本实例数据。图 5-5 是 Ripple 共识过程中节点交互示意图。

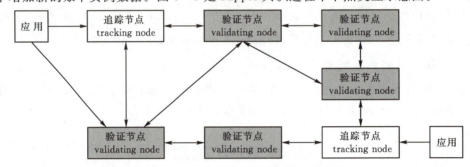

图 5-5　Ripple 共识过程节点交互示意图

2. Ripple 共识算法

Ripple 的共识达成发生在验证节点之间，每个验证节点都预先配置了一份可信任节点名单，称为唯一节点列表（unique node list，UNL）。在名单上的节点可对交易达成进行投票。每隔几秒，Ripple 网络将进行如下共识过程：

（1）每个验证节点会不断收到从网络发送过来的交易，通过与本地账本数据验证后，不合法的交易直接丢弃，合法的交易将汇总成交易候选集（candidate set）。交易候选集里面还包括之前共识过程无法确认而遗留下来的交易。

（2）每个验证节点把自己的交易候选集作为提案发送给其他验证节点。

（3）验证节点在收到其他节点发来的提案后，如果不是来自 UNL 上的节点，则忽略该提案；如果是来自 UNL 上的节点，就会对比提案中的交易和本地的交易候选集，如果有相同的交易，该交易就获得一票。在一定时间内，当交易获得超过 50% 的票数时，则该交易进入下一轮。若没有超过 50% 的交易，将留待下一次共识过程去确认。

（4）验证节点把超过 50% 票数的交易作为提案发给其他节点，同时提高所需票数的阈值到 60%，重复步骤（3）、步骤（4），直到阈值达到 80%。

（5）验证节点把经过 80%UNL 节点确认的交易正式写入本地的账本数据中，称为最后关闭账本（last closed ledger），即账本最后（最新）的状态。

在 Ripple 的共识算法中,参与投票节点的身份是事先知道的,因此,算法的效率比 PoW 等匿名共识算法要高效,交易的确认时间只需几秒钟。当然,这也决定了该共识算法只适合于权限链(permissioned chain)的场景。Ripple 共识算法的拜占庭容错(BFT)能力为 $(n-1)/5$,即可以容忍整个网络中 20% 的节点出现拜占庭错误而不影响正确的共识。

Ripple 共识算法流程如图 5-6 所示。

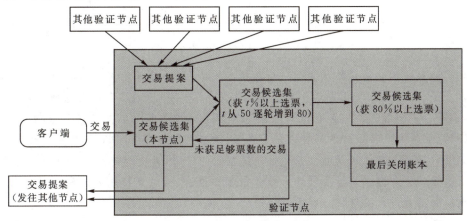

图 5-6 Ripple 共识算法流程

本章小结

本章主要讨论了共识机制。如何在分布式系统中高效地达成共识是分布式计算领域的重要研究问题,经典的拜占庭容错技术能够在拜占庭服务器不超过 1/3 以及同步通信的情况下,达成拜占庭系统中的共识。而在异步通信情况下,理论上只要有一个拜占庭故障服务器,就无法在全网中达成一致的共识。为了解决实际的分布式一致性问题,很多实用的共识算法被设计了出来。这些算法有不同的假设条件,具有不同的优点和局限。本章重点介绍了适应于私有链和联盟链环境的实用拜占庭容错(PBFT)协议,以及针对非拜占庭故障的 Raft 共识算法。

早期的比特币区块链采用高度依赖节点算力的 PoW 机制,来保证比特币网络分布式记账的一致性,之后又出现了 PoS 和 DPoS 等共识机制。除这 3 类主流共识机制外,实际区块链应用中也衍生出了多个变种机制。这些共识机制各有优劣。例如,PoW 共识机制在安全性和公平性上比较有优势,也依靠其先发优势已经形成成熟的挖矿产业链,但也因为其对能源的消耗而饱受诟病。而新兴的机制,如 PoS 和 DPoS 等则更为环保和高效,但在安全性和公平性方面比不上 PoW 机制。

一般来说,PoW 和 PoS 机制比较适合公共链环境,而 PBFT 和 Raft 则比较适合联盟链和私有链的分布式环境。比特币的 PoW 机制是一种概念性的拜占庭协议,能在一定程度上解决拜占庭问题。而 PoS 等其他机制,目前并没有严格的分析证明其在拜占庭协议方面的属性。

思考与练习

1. 简述共识算法的作用和种类,以及不同共识算法的特点。
2. 简述拜占庭容错技术。

第 6 章　智能合约

引 例

我们已经知道区块链网络就像是一个数据库账本,安全记录所有的比特币交易信息。该技术的实质是,不同的节点共同参与的分布式数据库,是一个开放式的公共账簿。从数据包形成区块,中间有一个加密的哈希值计算,把不同时间段的交易信息链接起来,就形成了区块链。同时,我们也要看到比特币脚本语言的一些瓶颈:只有很少的指令,并不符合图灵计算的标准。如果我们要针对某一应用场景开发基于区块链技术的应用,每次都建设一套新的底层系统,会带来重复低效的开发劳动。能否创造出一个加密货币系统,以支持所有未来可以想象到的任何应用呢? 智能合约就是这样一种尝试。

6.1　智能合约概述

智能合约是由尼克·萨博提出的理念,几乎与互联网同龄。但是,由于缺少可信的执行环境,智能合约并没有被应用到实际产业中。自从比特币诞生后,人们认识到比特币的底层技术——区块链——天生可以为智能合约提供可信的执行环境,以太坊首先实现了区块链和智能合约的完整契合。

以太坊是内置有图灵完备编程语言的区块链,通过建立抽象的基础层,使得任何人都能够创建合约和去中心化应用,并在其中设立他们自由定义的所有权规则、交易方式和状态转换函数。智能合约就像能在以太坊的平台上创建的包含价值而且只有满足某些条件才能打开的加密箱子,并且因为图灵完备性、价值意识、区块链意识和记录多状态所增加的功能而比比特币脚本所能提供的合约强大得多。

6.1.1　智能合约的基本概念

虽然在法律范畴上来说,智能合约是否是一个真正意义上的合约还有待研究确认,但在计算机科学领域,智能合约是指一种计算机协议,这类协议一旦制定和部署就能实现自我执行和自我验证,而且不再需要人为的干预。从技术角度来说,智能合约可以被看作一种计算机程序,这种程序可以自主地执行全部或部分和合约相关的操作,并产生相应的可以被验证的证据,来说明执行合约操作的有效性。在部署智能合约之前,与合约相关的所有条款的逻辑流程就已经被制定好了。智能合约通常具有一个用户接口,以供用户与已制定的合约进行交互,这些交互行为都严格遵守此前制定的逻辑。得益于密码学技术,这些交互行为能够被严格地验证,以确保合约能够按照此前制定的规则顺利执行,从而防止出现违约行为。

举个例子来说,对银行账户的管理就可以看成一组智能合约的应用。在传统方式中,对账户内存款的操作需要中心化的银行进行授权,离开银行的监管,用户就连最简单的存取款都无法进行。智能合约能够完全代替中心化的银行职能,所有账户操作都可以预先通过严密的逻辑运算制定好,在操作执行时,并不需要银行的参与,只要正确地调用合约即可。再比如说,用户的信息登记系统完全可以由智能合约实现,从而完全抛开需要人为维护的中心化数据管理方式,用户可以通过预先定义好的合约实现信息登记、修改、注销等功能。此外,通过设计更复杂的合约,智能合约几乎可以应用于任何需要记录信息状态的场合,如各种信息记录系统以及金融衍生服务。但这要求合约设计者能够深入了解流程的各个细节,并进行合理设计,因为通常来说,智能合约一旦部署成功,就不会再受到人为的干预,从而无法随时修正合约设计中出现的漏洞。

6.1.2 智能合约的历史

20世纪七八十年代,随着计算机的发明,人们对计算机的理论研究达到了一个高潮。研究人员致力于让计算机帮助人类从事更多的工作,从而解放人类的生产劳动。正是在此时,人们提出了让计算机代替人类进行商业市场管理的想法。与此同时,公钥密码学得到革命性的发展,但使计算机完全代替人类进行商业管理的技术并未成熟。

20世纪90年代,从事数字合约和数字货币研究的计算机科学家尼克·萨博第一次提出了"智能合约"这一说法,其致力于将已有的合约法律法规以及相关的商业实践转移到互联网上来,使得陌生人通过互联网就可以实现以前只能在线下进行的商业活动,并实现真正的完全的电子商务。1994年,尼克·萨博对智能合约做出以下描述:

"智能合约是一个由计算机处理的、可执行合约条款的交易协议。其总体目标是能够满足普通的合约条件,例如支付、抵押、保密甚至强制执行,并最小化恶意或意外事件发生的可能性,以及最小化对信任中介的需求。智能合约所要达到的相关经济目标包括降低合约欺诈所造成的损失,降低仲裁和强制执行所产生的成本以及其他交易成本等。"

尼克·萨博以及其他研究者希望借助密码学协议以及其他数字化安全机制,实现逻辑清楚、检验容易、责任明确和追责简单的合约,这将极大地改进传统的合约制定和履行方式,并降低相关的成本,将所有的合约条款以及操作置于计算机协议的掌控之下。但那时,很多技术还不成熟,并无法完全实现研究者的想法,这一局面在比特币出现之后得到很大的改观。由于比特币背后的区块链技术,智能合约得以飞速发展,有许多研究机构已将区块链上的智能合约作为未来互联网合约的重要研究方向,很多智能合约项目已经初步得以实现,并吸引大量的资金投入其中。

6.1.3 智能合约的优点和面临的风险

现今,虽然智能合约还未被广泛应用和实践,但其优点已得到研究人员和业内人士的广泛认可。总体来说,智能合约具有以下优点:

1. 高效的实时更新

由于智能合约的执行不需要人为的第三方权威或中心化代理服务的参与,故其能够在任何时候响应用户的请求,大大提升了交易进行的效率。用户不需要等待银行开门就可以办理相关的业务,只要通过网络,一切都可以方便快捷地解决。

2. 准确执行

智能合约的所有条款和执行过程是提前制定好的,并在计算机的绝对控制下进行。因此,所有执行的结果都是准确无误的,不会出现不可预料的结果。这也是传统合约制定和执行过程中所期望的。现今,智能合约的准确执行得益于密码学的发展和区块链技术的发明。

3. 较低的人为干预风险

在智能合约部署之后,合约的所有内容都将无法修改,合约中的任何一方都不能干预合约的执行,也就是说任何合约人都不能为了自己的利益恶意毁约,即使发生毁约事件,事件的责任人也会受到相应的处罚,这种处罚也是在合约制定之初就已经决定好的,在合约生效之后无法更改。

4. 去中心化权威

一般来说,智能合约不需要中心化的权威来仲裁合约是否按规定执行,合约的监督和仲裁都由计算机来完成。在区块链上的智能合约也具有这一特性,在一个区块链网络中,一般不存在一个绝对的权威来监督合约的执行,而是由该网络中绝大部分的用户来判断合约是否按规定执行,这种大多数人监督的方式是由 PoW 或 PoS 技术来实现的。如果将这种情况搬到现实世界中,或许现在的所有法官都要失业了,而与此同时,我们每个人都是法官,都参与监督和仲裁。

5. 较低的运行成本

正因为智能合约具有去人为干预的特点,其能够大大减少合约履行、裁决和强制执行所产生的人力成本,但要求合约制定人能够将合约的各个细节在合约建立之初就确定下来。这可能会使在传统行业(如银行)工作的部分员工面临失业,但从长远来说会促进行业的转型,使行业向更新更好的领域发展。

虽然智能合约具有许多显而易见的优点,但对智能合约的深入研究才刚刚开始,其广泛应用还面临着潜在的甚至是毁灭性的各类风险,其中一个已知的风险恰恰是来自于智能合约的去人为干预的特性。

2016 年 4 月,众筹项目 The DAO 正式上线。经过一个多月的众筹,总共募集到价值超过 1.5 亿美元的以太币用于建立该项目。从这令人震惊的数字上可以看出,区块链技术以及之后的智能合约广泛应用的前景是多么让人充满信心。但就在短短一个多月之后,The DAO 所在的平台以太坊的创始人之一 Vitalik Buterin 在其 Slock.it 社区里面发表声明,表示 The DAO 存在巨大的漏洞,在其上的大量的以太币已经被"偷",未来或许还会有大量的以太币被偷,而 The DAO 的设计执行者对此攻击却无能为力。这一攻击的出现,恰恰是因为 The DAO 的智能合约在设计之初就存在漏洞,由于基于区块的智能合约的去人为干预特性,这一漏洞无法被线上修复,只能眼睁睁地看着黑客把更多的以太币从项目中偷走。虽然在后续的对策研究中,以太坊的设计者们想出了让以太坊分叉的解决办法来挽回损失(从根本上将丢失以太币的交易作废),但很多分叉的反对者认为,人为分叉完全背离了去中心化思想,并会大大降低以太坊在人们心目中的信用。由于分歧的存在,人们发起了投票,以决定是否分叉。无论最终是否分叉,都将会对 The DAO 以及未来的智能合约发展产生深远的影响,迫使合约的设计者将工作重点放到讨论合约的安全性上来。此外,由于智能合约具有自我验证的特性,其上的数据隐私保护也面临着巨大的风险。

The DAO 攻击事件的发生恰恰是由于其公认的优点,这很值得业内人士反思。技术的应用要有坚实的理论基础做支撑,那么完全去中心化的智能合约是否已经成熟以及面临攻击该如何应对,都将成为未来主要探讨的课题。但不管怎样,业内人员普遍认为,区块链技术和智能合约都将成为未来互联网发展的重要方向,现在面临的挫折是新技术成熟的必然过程。

6.2 以太坊智能合约详解

这一节我们将结合最前沿的智能合约平台——以太坊,进一步介绍其上的智能合约。

6.2.1 以太坊上的账户

账户是以太坊的核心操作对象,但和比特币以及传统的区块链不同,在以太坊上,账户被分为两类:一类叫作外部所有账户(externally owned accounts,EOA),另一类叫作合约账户。其中,外部所有账户可被简单称为"账户",这是由于外部所有账户与一般的区块链电子货币的账户(如比特币账户)类似,都是人为创建的、能够存取货币、由公钥加密系统加密和分享的账户。不同的是,在以太坊上,外部所有账户有能力创建合约账户,并部署智能合约。总之,在以太坊内部,外部所有账户和合约账户都被统称为状态对象(state objects),这些对象都具有自己的状态,其中外部所有账户的状态体现在其包含多少货币余额,而合约账户既含有货币余额状态,还有合约存储状态。这些对象的状态随着每个区块的产生而发生变化(也可能不变)。简而言之,以太坊的基础就是通过区块链技术记录这些状态的变化,通过工作量证明,这些状态变化被大多数用户所认可,从而达成共识。

6.2.2 以太币和 Gas

1. 以太币

与所有基于区块链技术的去中心化系统一样,以太坊也有一套激励机制,以鼓励矿工花费计算资源进行挖矿,从而维持以太坊的运行,这一机制就是以太币(Ether)。以太坊上所有的账户管理操作和智能合约的部署都需要支付以太币才能正常运行,因此每个以太坊用户都需要获得并花费以太币,这促使矿工努力挖矿。

以太坊的最小货币单位是 1wei,其和以太币的兑换率为:$1Ether = 10^{18} wei$。每当一个区块被矿工挖出,挖出这一区块的矿工就将获得一定数量的奖励。这一奖励由两部分组成,具体如下:

(1)静态奖励:该矿工可获得 5 个以太币作为奖励。

(2)动态奖励:挖出的区块中所有交易的费用归该矿工所有;如果该区块中包括叔区块,那么矿工还可从每个叔区块中获得额外的 1/32 以太币作为奖励,但每个区块中最多只能包含 2 个叔区块。

这里,叔区块是指那些没有在最长的那条链上,而是在分叉链上所挖出的有效区块。矿工挖掘的这些区块可能是由于网络延迟的原因而没有同步到最新的区块。以太坊采用这种机制来分散中心挖矿现象(即大矿池垄断生产区块,导致单个的矿工总是落后于大矿池获得区块信息,因此即使单个矿工找到正确的区块,也无法获得任何收益)。一个叔区块一旦被包含在有效的区块链中,挖到的矿工可获得 4.375 以太币作为奖励。这也保证了以太坊能够以很短的时间产生区块(平均 15 秒),而不会因为网络同步的延迟而产生多个分叉。

2. Gas

智能合约一旦部署在以太坊上就无法再被修改。为了防止恶意用户部署无限循环运行的合约,以太坊要求用户要为所部属合约的每一步支付费用,而这些费用的基础单位就是 Gas。例如,部署智能合约,每一步需要支付 1Gas,停止合约不需要支付任何 Gas,创建合约需要支付 100Gas,而每次合约交易需要支付 500Gas。因此,Gas 就相当于部署和执行智能合约所需要的燃料,没有燃料,就无法使用智能合约。这种燃料机制维持着以太坊的经济体系的运行,用户只能通过挖矿或从矿工那里购买以太币来补充燃料。

注意:Gas 并不是以太币的单位,而是部署运行智能合约所需的相对花费,可通过燃料价格转化成以太币。

在以太坊上面,一个智能合约所需的 Gas 是固定的,这是因为,智能合约程序的每一步都可以分解成特定的操作组合,每种操作所需的 Gas 由以太坊的设计者们来决定,以确保以太坊正常运行。但将每个智能合约所需的费用完全固定是不明智的,这是因为,不同的用户有不同的需求,有些用户希望自己的交易能得到快速的确认,有些用户则希望用较少的以太币来执行合约。因此,以太坊还引入了"Gas 价格"(Gasprice)这一概念,即消耗每个 Gas 需要多少以太币。Gas 价格可由用户在一定范围内自行定义,价格定得越高,交易被确认得就越快,反之则越慢。同时,为了防止部署执行合约的真实花费随着以太币的市值发生大幅度波动,Gas 价格还会随着以太币的市值波动。如果以太币升值,那么 Gas 价格将会适当降低。

本书将与 Gas 相关的概念总结如下:

(1)Gas 花销(Gascost):Gas 花销是静态的,其在针对某一种操作时是不变的。其目的是保证每种操作所需的计算资源保持不变。

(2)Gas 价格(Gasprice):花费每个 Gas 所需的以太币的数量。Gas 价格可由用户自行调整,其基准价格随以太币的市值波动,以保证智能合约所需的真实花费不会出现大幅度变化。

(3)Gas 费用(Gasfee):Gas 价格乘以 Gas 花销,即合约所需的真实费用,其单位是以太币。

6.2.3 合约和交易

1. 合约账户

现阶段以太坊的账户分为两类:外部所有账户和合约账户。这一小节我们重点介绍如何创建合约账户,换句话说就是如何在以太坊上部署和运行智能合约。以太坊的设计者们计划在以太坊发展的下一阶段取消这两类账户的区别,将它们合并成一类账户。

以太坊的外部所有账户主要具有以下几个特点:①可以存储以太币;②可以发起交易,其中包括交易以太币和部署运行智能合约;③用户创建账户密钥,并管理账户;④不支持智能合约代码。

与外部所有账户相比较,合约账户具有以下特点:①可以存储以太币;②可支持智能合约代码;③可响应别的用户或合约执行此智能合约的请求,并返回结果;④可调用别的智能合约。

在以太坊上,所有被记录在区块链内的活动都是由外部所有账户发起的。每当一个合约账户收到一个交易申请,其接收传递而来的参数,并通过运行在每个节点上的以太坊虚拟机

(Ethereum virtual machine,EVM)执行自身的代码。每一笔有效的交易都将被记录在区块链上,通过所在区块在整个链的位置记录该交易的时间,整个区块链则反映了所有交易的执行顺序。

从形式上看,以太坊上的智能合约并不像传统合约那样需要得到合约方的履行,它看上去更像一种存在于以太坊网络中的"自治代理程序"(autonomous agents)。当这些程序接到申请,则总会按照已制定的程序代码来执行,并将其自身的状态变化永久地存储在区块链中。

在使用以太坊时,有以下两个概念需要区分。

(1)交易(transaction):交易是指一个外部所有账户将一个经过签名的数据包发送到另一个账户的过程,这个过程中产生的账户状态变化将被存储到区块链上。

(2)消息(message):以太坊上的合约账户有能力向其他合约账户发送"消息"。这里的消息是一个虚拟的对象,并不会具体地存在以太坊的区块链内,可以将其想象成一个函数调用的过程。

本质上来说,交易和消息是两个非常相似的概念。它们的区别在于,消息是由合约账户产生的,而交易是由外部所有账户产生的。因此,合约账户和外部所有账户一样,可以同其他合约账户产生联系。

2. 智能合约的编写

以太坊上的一个智能合约就是一段可被以太坊虚拟机执行的代码,这些代码以以太坊特有的二进制形式存储在区块链上,并由以太坊虚拟机解释,因此被称为以太坊虚拟机位码(bytecode)。

相较于其他可部署智能合约的区块链系统,以太坊的最大特色就是,以太坊虚拟机的建立使得智能合约的编写变得非常容易。这些智能合约通常可由高级语言编写,并通过虚拟机转化成位码存储在区块链上。目前来说,用于以太坊智能合约开发的语言主要有3种:Solidity、Serpent、LLL。

作为最流行的智能合约语言,Solidity以其简单易用和高可读性受到以太坊设计者们的推荐。目前,编译Solidity代码最简单的方式是使用在线的编译器(https://ethereum.github.io/browser-solidity/),也可以在命令行下使用solc编译器对代码进行编译。目前,很多编辑器和集成开发环境[①](如Visual Studio)已经开始支持Solidity代码的编写。此外,专门为以太坊设计的IDE也在不断开发完善中,如Ethereum Studio和Mix IDE。

3. 智能合约的部署流程

在部署智能合约时,以太坊虚拟机负责将用户编写的智能合约代码编译成位码。这些位码被存在区块链上,在需要时通过Web3.js Javascript API调用,并可用来构建与之交互的Web应用。这些API由Web3.js库提供,是和以太坊节点建立联系的媒介,其本质是通过JSON-RPC协议与本地的以太坊节点进行通信。这里,JSON是一个轻量级的、以文字为基础、易于阅读的数据存储和交换语言,其本质是Javascript的一个子集,常作为Web应用的数据存储格式。JSON-RPC则是一个由JSON格式编码的、轻量级的远程过程调用协议(remote procedure call protocol),其定义了一些数据结构、规则、过程和接口,可用于网络上绝大多数

---

① 英文翻译为integrated development environment,缩写为IDE。

的数据通信协议(如 HTTP)。

以太坊合约的部署和调用如图 6-1 所示。

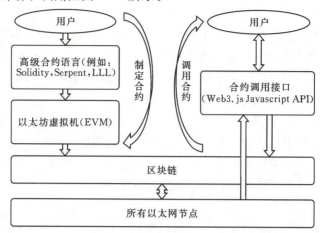

图 6-1 以太坊合约的部署和调用

总的来说,在以太坊上部署和运行智能合约需要以下几个步骤:

(1) 启动一个以太坊节点(如 geth)。

(2) 使用智能合约语言编写智能合约(如 Solidity)。

(3) 使用 solc 编译器将编写好的合约代码转换成以太坊虚拟机位码(如 Browser-Based Compiler)。

(4) 将编译好的合约代码部署到网上需要消耗用以太币购买的 Gas,并且需要合约发起用户使用自己的外部所有账户对将要部署的合约进行签名,通过矿工的确认后,将合约代码存于以太坊的区块链上。在这一步中,用户可获得合约的地址,以及调用合约所需的接口(interface),以便之后使用。

(5) 使用 Web3.js 库所提供的 Javascript API 接口来调用合约。这一步也会消耗以太币,具体消耗值取决于所调用的合约功能。

6.3 以太坊虚拟机

以太坊并不是唯一一个可以在区块链上部署智能合约的平台(例如,很多智能合约都可以部署在比特币的区块链上),使得以太坊与众不同的重要一点就是建立在区块链上的以太坊虚拟机。虚拟机的引入使得编写智能合约变得异常容易,高度脚本化的程序设计语言(如 Solidity)使得普通用户也能轻松地开发自己的智能合约,而不需要太多的专业学习。在未来,以太坊的设计者们还有更大的野心,他们试图建立一个类似于苹果电脑公司 App 商店的中心化 App(DApp)商店,这将极大地扩展以太坊的应用范围。

简单来说,以太坊虚拟机是建立在以太坊区块链上的一个代码运行环境,但虚拟机本身并没有存储在区块链内,而是和区块链一样同时存储于各个节点计算机上。每个参与以太坊网络中的校验节点都会运行虚拟机,并将其作为区块有效性校验协议的一部分。每个节点都会对合约的部署和调用进行相同的计算,并存储相同的数据,以确保将最权威(最真实)的结果记录在区块链内。

以太坊虚拟机是一个图灵完备的256位虚拟机,这说明以太坊虚拟机可以进行任何种类的计算。但为了防止恶意用户设计无限循环代码使虚拟机的运行瘫痪,以太坊虚拟机中执行的代码严格受到一个参数的制约,这个参数就是Gas。这规定了可运行的计算指令的数量上限,从而不会产生无限循环(无限循环最终会因耗尽Gas而中止)。

以太坊虚拟机的构架实际上是一个简单的堆栈式结构,每个堆栈项目为256位,即虚拟机的位宽为256位,其目的是使之能够方便地应用于256位的Keccak散列算法和椭圆曲线计算。堆栈的存储(storage)是一个基于字段地址的数组,其最大包含1024个元素。此外,虚拟机还包含一个独立的基于字段地址的内存,但不同于普通的内存模型,这个独立的内存是一个非易失性内存(non-volatile memory),即当虚拟机不运行时,其所存储的数据不会丢失。该内存中的记录作为整个以太坊系统状态记录的一部分。虚拟机的存储和内存在初始时都被设置为0。

以太坊虚拟机还可以处理异常执行,其中包括堆栈溢出和无效指令等。同时,针对Gas不足的异常,虚拟机会立即停止工作,并将问题报告给交易处理器或运行环境的代理程序,由它们单独处理。

1. Gas 的消耗

在以太坊虚拟机内部,Gas的消耗会出现在下列3种情况中(其中第一种情况最常见):

(1)当需要执行特定的内部抽象操作时,例如,运行SHA-3散列运算时。

(2)当进行一个从属的消息调用或合约创建时,例如,执行CREATE、CALL或者CALLCODE操作时。

(3)当需要增加账户内存使用量时。

在账户进行操作时,需要支付费用的账户内存使用量应该是32个字节的整数倍,以保证使用的所有内存都能包括在计费范围内。例如,如果使用了33个字节的内存,那么账户需要支付两个32字节的费用。此外,内存使用计费机制还有助于激励用户使用较少的内存。当执行账户内存清理操作时,该操作不仅不会消耗任何Gas,还会得到一定数量的内存使用费用的折扣,以鼓励用户尽量释放不用的内存。在实际操作中,这种折扣在账户执行之前就已经被支付给用户,这是由于内存初始化使用所产生的费用要高于一般的内存使用。

2. 虚拟机运行环境

假设整个以太坊网络的状态为 σ,合约运算剩余的Gas为 g,同时在整个运行环境中还有许多重要的信息,具体如下:

(1)Ia:当前代码的合约地址;

(2)Io:发起这次合约交易的发起者地址;

(3)Ip:用户为这次交易设置的Gas价格;

(4)Id:这次交易的输入数据,该输入的数据结构是一个数组;

(5)Is:执行这次合约交易的账户地址;

(6)Iv:合约账户的余额;

(7)Ib:用于执行虚拟机代码所需的数组;

(8)IH:目前区块的数据头;

(9) I_ε：目前执行的 CALL 操作和 CREATE 操作的数量。

假设以上信息都包含在一个元组 I 内，系统状态变化的函数是 Ξ，σ' 为系统运行后的状态，g' 为运行后剩余的 Gas，s 为执行终止（suicide）操作的合约列表，l 为记录序列，r 为运行后所返还的 Gas，o 为合约运行后所产生的输出，那么整个以太坊的状态转换可定义为以下公式：

$$(\sigma', g', s, l, r, o) = \Xi(\sigma', g', l)$$

3. 状态转换函数

为了完成整个以太坊系统的状态转化，需要定义状态的转换函数 Ξ。在大多数实际情况下，整个系统的状态转换是一个不断迭代系统临时状态和虚拟机临时状态的过程。迭代的过程需要调用异常检查函数和指令输出函数。迭代的终止由以下两个条件决定：

（1）系统状态是否出现异常而使虚拟机停止工作，其中包括 Gas 不足、指令无效、虚拟机堆栈容量不足等情况，任何正常的系统指令都不会造成异常状态的出现。

（2）虚拟机在正常状态下停止工作，例如，所有指令执行完毕返回结果。在每一次迭代过程中，智能合约的指令被压入堆栈，虚拟机按堆栈的索引执行指令。每执行一条指令，将支付相应的 Gas，直到所有指令执行完毕，堆栈被清空。其中，如果遇到异常，虚拟机则停止工作逐层向上返回异常。

6.4 区块链系统状态的验证

在以太坊虚拟机正确执行所有指令之后，系统的状态得以转换。为了保证这种转换权威而有效，每个以太坊节点都可能会对系统的状态进行验证，并达成共识，确认交易的有效性。在以太坊上，对于交易记录的信任建立在对最权威区块链的信任的基础之上。以太坊上最权威的区块链是在一个树结构中从根节点（root）到叶子节点（leaf）的路径。为了确认哪条路径是权威区块链，理论上来说，是找到哪条路径通过工作量证明花费的计算量最大，即最"重"的那条路径。实际情况中，最权威的区块链是由从根节点（即起源区块）到某个叶子节点（即新生区块）间最长路径来决定的。这条路径越长，就意味着在这条路径上所消耗的计算资源越多，因而，由于工作量证明，说明这条区块链是最权威的，能够得到所有用户的认可。

每产生一个新的有效区块，以太坊系统需要以下几个步骤才能将该区块连接在权威区块链上：

（1）验证该新区块的 ommer 区块的有效性。这里 ommer 区块是指该新区块的"祖父"区块除当前新区块所在链的其他后继区块，即叔区块。每个区块中最多可包含两个 ommer 区块。

（2）验证该新区块中所包含的交易的有效性，即所有交易所花费的 Gas 是否与该区块链中所标记的 Gas 花费量一致，并与每笔交易一一对应。

（3）对相应的由于新有效区块的产生而能得到以太币奖励的账户发放奖励，其中包括挖到该区块的矿工账户和包含在该区块内的 ommer 区块所属的矿工账户。

（4）验证该新区块链的工作量证明，并确认将新区块连接在权威区块链上，将整个系统更新到最新状态。

本章小结

在这一章,我们首先介绍了什么是智能合约、智能合约的应用以及其起源。之后介绍了在以太坊上部署智能合约的基本知识以及背后的原理。接下来我们介绍了以太坊最大的特色——以太坊虚拟机的相关知识。通过这章的学习,读者能够很快地了解智能合约。

思考与练习

1. 什么是智能合约?
2. 简述智能合约的优缺点。

第三部分　应用篇

第 7 章　区块链+数字货币

> **引 例**

2022年2月的北京冬奥会上,人们除了可以使用现金、刷卡等支付手段之外,还有一种全新的支付方式,那就是数字人民币,其支付更简单,碰一碰就能支付。抢购冰墩墩、"碰一碰"付款……借助北京冬奥会,数字人民币完成了全球首秀,成为各方关注的焦点。俄罗斯专家赞叹,数字人民币展示了中国在金融领域的创新成就,北京冬奥会也将因数字人民币载入史册。

数字人民币是冬奥村一个美丽的"例外"。原本,由于冬奥品牌权益方面的规定,冬奥场馆内仅支持维萨(VISA)信用卡和现金支付。但是,作为主权货币的一种创新性存在形式,数字人民币与现金享有相同的法偿性,因此未受到限制。这不仅给国内用户带来了便利,也给国外友人提供了更多支付选择,同时还实现了非接触支付,充分满足了冬奥会的防疫要求。

随着区块链、云计算、分布式记账等金融科技的应用,数字货币开始兴起,并快速演化,在全球的接受程度不断提高,交易范围也日益扩大,引起了人们的广泛关注和讨论。一方面,私人数字货币的规模和种类快速膨胀,总市值屡创新高。2019年,Facebook发布加密货币项目Libra白皮书,更是引起了全球热议。另一方面,各国银行纷纷开始进行法定数字货币的研发,许多央行不仅在进行理论研究,也已经开始进行试点和测试。中国对数字货币展现出了高度的关注,早在2014年,中国人民银行就开始对数字货币进行系统的研究,并在全球央行中率先成立数字货币研究所。2019年,《中共中央 国务院关于支持深圳建设中国特色社会主义先行示范区的意见》中提出,支持在深圳开展数字货币研究与移动支付等创新应用,这为数字货币的研究提供了极大的支持。可见,数字货币的发行和使用是不可阻挡的潮流和趋势。作为区块链技术最有代表性的应用,本章将通过梳理传统货币的发展历程与困境,以及数字货币的起源、产生和发展,来探讨区块链对传统货币体系的挑战与颠覆。

7.1　传统货币的发展历程与困境

货币是人类经济生活最重要最核心的因素之一,是用作交易媒介、储藏价值和记账单位的一种工具,是专门在物资与服务交换中充当等价物的特殊商品,是人们的商品价值观的物质附属物和符号附属物。在推动人类社会知识与财富的迭代和积累的同时,货币作为价值交换的手段,也一直没有停止迭代和进化。

7.1.1　传统货币的演变历程

货币进化前行的发展轨迹主要沿着两条源流:一条是货币形式的演变;另一条是货币职能的发展。随着分工的深化、市场的扩大和商品生产流通的加速,货币形式在历史沿革中总体呈现从低级向高级演变的趋势,迄今为止,主要经历了"实物货币—金属货币—信用货币—电子货币"四大阶段。

第一阶段:实物货币阶段。货币的历史最早可溯源至原始社会以物易物的时代,但物物交换存在很大的弊端,即无法规范每个货物的具体价值,于是,货币的概念产生,一般价值形式转化为货币价值形式。贝壳、布帛、牛羊等实物货币占据了长期的主导地位,但以上形式的实物货币或大小不一,难以比较;或者体积笨重,不便携带;或者质地不匀,难以分割;或者容易腐烂,不易储存……这些难以解决的缺陷使得实物货币随着商品经济的发展逐渐退出货币的历史舞台。

第二阶段:金属货币阶段。这一阶段又可细分为金属货币和贵金属货币两个时期。以金属冶炼技术的进步和生产的发展为前提,更为稳定的金属货币应运而生,青铜货币的出现标志着人类开始尝试以自主制造代替自然供给;同时,内在价值稳定的黄金、白银等贵金属货币又逐步取代了储量大、价值低的铜金属。在这一阶段,商品经济的发展和资本的萌芽催生出纸币的雏形,用以解决金属货币在大额交易和长途贸易中不易携带的问题,如宋代的交子。

第三阶段:信用货币阶段。金属货币流通期间的商业票据、银行券和纸币等都是早期信用货币,最初都可以赎回或兑现为金属货币;而为解决货币增长和黄金供给之间的矛盾,国际货币体系在经历了金本位阶段到美元本位阶段的演化后,进入了信用本位阶段,信用货币对金属货币也逐渐过渡到部分兑现和不能兑现。20世纪30年代以来,特别是1971年布雷顿森林体系解体后,在破坏兑现性的同时,货币从贵金属货币进化到没有商品作为发行保证的信用货币,呈现出多元主权货币的特征。各国信用货币的信用来自中央银行和国家法律的背书,只有国家发行的货币才有法定清偿能力,具备以国家经济实力和偿付能力为基础的名义价值。

第四阶段:电子货币阶段。分散性主权信用货币的汇率风险和币值波动引致的货币格局的失衡,自然又引发了货币的自我进化。随着现代经济的飞速增长和金融科技创新的突破,电子货币作为货币支付手段职能不断扩大的表现,正成为货币演化的最新方向。特别是全球化金融体系的需求,驱动了移动互联网、云计算、区块链等技术支撑下的数字货币更加多元化和智能化。

现代市场经济的本质是信用经济,而在其中扮演着核心角色的货币与信用关系尤其紧密。"金钱就是一种互相信任的系统,而且还不是随随便便的某种系统,金钱正是有史以来最普遍也最有效的互信系统。"正是信用的存在,使得货币形式得以从"有价值的商品"向基于纯粹的信用而不需要有内在价值的方向演化。

7.1.2 传统货币面临的困境

梳理了传统货币变迁史后,我们可以看到,货币的演化一方面是客观经济发展对提高交易效率、降低交易成本、规避波动风险的内在要求,另一方面也是科技每一次重大变革的社会映射。对比表7-1不难发现,近代以来,金本位制度和信用本位制度都是人类主动适应全球化趋势、拥抱信息科技革命、积极寻找解决全球流动性问题的制度探索。但是随着全球金融深化和跨境资本流动加快,金融危机频发,现行国际货币体系已经难以为继,理想的全球流动性供给模式尚未实现。

表 7-1 金本位制度和信用本位制度对比

货币形式	贵金属货币	信用货币
优点	本身作为商品存在价值,短期波动性小;黄金价值体积比高	交易方便;以国家为保障,信用度高;便于经济市场的宏观调控
缺点	来源于自然资源,不确定性因素多,长期价值不稳定;不便于携带和大量发行使用	国家强制性推行,操控发行量;本身不具备价值,易受到金融危机的影响,产生通货膨胀

第一,国际货币发行者的激励不兼容,产生了特里芬悖论。在后布雷顿森林体系,特别是《牙买加协定》实施以来,以美元为代表的发达国家货币在国际上依然占据主导地位,其基于本国宏观经济和利益制定的货币政策会传导并作用于其他国家,而后者的利益诉求却无法充分传递给前者,即货币政策制定主体的机理仅在于调节本国经济运行,而不考虑其他国家。这种货币政策制定者与效果接受者之间的不对称问题,此前就总结在特里芬悖论中。特里芬悖论针对的是寓于布雷顿森林体系中的矛盾,但其实质揭示的是依靠主权国家货币实现国际清偿能力的货币体系必然会走向崩溃,因而对现代国际货币体系下充当国际储备的主权信用货币体系提出了质疑。广义来说,特里芬悖论所揭示的两难困境是指经常性账户赤字与汇率稳定之间的矛盾。当前而言,2008 年金融危机以来,美国陷入经常项目账户和资本账户双赤字,"赤字经济"和"债务经济"模式延续,且美联储四次推出量化宽松政策,这种信用扩张的激进货币政策引致全球流动性过剩,加剧了现行货币体系的不稳定性和不确定性。

第二,统一的国际协调机制缺位,国际金融监管不力。多元主权货币体系下,各国货币发行权相对独立,缺乏统一有效的国际协调机制。一方面,以汇率和利率(即货币政策和财政政策)、国际金融市场为代表的国际收支调节手段弱化甚至失效。当前牙买加体系下的汇率波动和汇率失调问题已成为共识,各国在后危机时期竞相推出量化宽松等救市政策,在大国博弈中陷入"囚徒困境",对本国汇率和利率进行的市场化和非市场化干预中出现了"以邻为壑"的汇率政策,而对金融的自发反应又进一步引致全球市场动荡。另一方面,国际货币基金组织(International Monetary Fund,IMF)等国际金融机构架构松散、执行低效。从 G7(Group of Seven,七国集团)到 G20(Group of Twenty,二十国集团),其主导的国际金融机构改革初见成效,如 SDR(special drawing right,特别提款权)一篮子货币政策,但其"小规模多边主义"或"大国俱乐部"的本质属性并未改变,其合法性和执行力一直受质疑;国际货币基金组织和世界银行(World Bank,WB)则在布雷顿森林体系崩溃后,对全球经济调控能力大幅减弱,其决策机制、监管机制和预警能力已无法应对当前的复杂环境而进入信任危机。

第三,美元信用基础动摇,货币可信"锚"长期缺失。无论是实物货币还是金属货币阶段,货币的发行量都有实物或金属存量作为依据。受制于存量和技术水平等,两者的货币发行相对稳定,都有较为可靠的锚定物。进入现今的信用货币阶段,鉴于货币发行的边际成本近乎为零,且国际货币体系对货币供给实行软约束,没有商品价值的纸币很容易超发,货币发行过程一直存在锚定和脱锚的争议。纵观货币史,货币锚定物分别从商品实物逐渐过渡到贵金属,再转化为美元等强势货币。信用货币体系克服了金本位制下货币供应缺乏弹性这一致命弱点,政府对经济发展掌握了更强的调控能力,但又出现了更大的危机:政府的货币发行在失去了黄金储备这一规模束缚后,极易失控,远超 GDP 1‰的界限;货币发行量的调整主要受货币当局或国家政策影响,而无法真实反映经济运行状况;纸币的信誉基于国家背书,而财政危机等"黑天鹅"事件的爆发,很容易导致一国货币崩盘,进而波及多国。在当前信用货币主导的国际金融体系中,除了应对恶性通货膨胀这一长期议题,金融全球化和金融衍生品的爆炸式扩张引发的货币异化现象也是一个新的重要课题。

在多元主权货币体系下,比特币热潮和"回归金本位"的声音无一不在表达对国际货币稳定性的渴望和对国际货币供给实行硬约束的诉求。从货币属性、锚定原理到信用创造机制都产生了革命性变革的数字货币,便成为破解传统货币体系发展困境的首选。

7.2 数字货币概述

近年来,随着以比特币为代表的一系列加密数字代币价格不断高涨,区块链"造币"的浪潮愈演愈烈。与此同时,世界各国货币当局纷纷关注法定数字货币的实现技术并进行积极探索,数字货币成为区块链在金融领域应用的重要阵地。

广义的数字货币,从发行机制上可分为两类:不以国家信用为背书发行的加密的私人数字货币与以国家信用为背书发行的法定数字货币。厘清加密数字代币、法定数字货币等数字货币概念的本质,才能找准区块链技术可能在现有货币发行流通机制中发挥的作用。

7.2.1 数字货币的概念与特征

1. 概念界定

数字货币源于电子货币,大卫·乔姆(David Chaum)率先提出电子货币的概念,并采用盲签名密码学技术构造了最初的数字货币方案,随后发明了E-cash系统。在2008年之前,大部分的数字货币都基于E-cash的中心化架构,然而中心化的组织架构缺乏国家信用的支撑,一旦中央服务器崩溃或者发行组织出现问题,那么相应的数字货币面临着信用破产风险。因此,此阶段大部分的数字货币尝试均以失败告终。2008年之后,随着区块链技术的应用,数字货币开始得到真正的发展。中本聪提出了比特币概念,比特币采用区块链技术实现去中心化,解决了传统数字货币存在的高成本、低效率等问题。此后,各类数字货币开始广泛出现。基于区块链技术的数字货币是区别于实物货币的一个概念,是不存在于现实世界、不以物理介质为载体的货币形式,主要通过数据交易发挥交易媒介、记账单位和价值储藏等功能。

数字货币作为一种新生的事物,目前对其并无统一的定义,从各国实践来看,数字货币经常与电子货币、虚拟货币交叉混合使用。欧洲央行(European Central Bank)将数字货币称为虚拟货币,并认为虚拟货币不是由合法的货币发行机构发行的货币,不受监管,但是在特定的使用场景下可以作为货币的替代物,并进一步根据其使用范围和兑换范围划分为封闭货币、单向货币和双向货币。Ali等采用分布式记账技术作为划分标准,将数字货币分为两类:加密数字货币(如比特币)和非加密数字货币(如瑞波币)。国际清算银行(Bank for International Settlements)将合法的货币划分为物理形态的货币(各种纸币、硬币)和电子形态的货币,数字货币属于广义的电子货币,但不合法。Adrian等扩大了数字货币的概念,认为非物理形态的货币都属于数字货币,包括各类电子货币、虚拟货币、加密或非加密货币等。

从内在价值、发行主体、流通数量这三大基本问题来总结数字货币的本质、属性、锚定、创造机制这四大机理,数字货币可以定义为:数字货币是一种货币符号,基于发行主体对其进行划分的实质在于存在国家信用和个人信用的双重委托代理问题,信息技术容量是其创新性的技术锚定，其信用创造机制是实践设计的关键。具体来说，数字货币主要包含三层含义：

首先，数字货币是价值的数字化表达，即数字货币具有一定价值并以数字形式存在，对应货币理论中的"记账单位"。

其次，数字货币不一定是法定货币，私人发行的数字货币没有政府或国家法律的信用背书，需要借助在拥有者或使用群体中的先定协议来实现货币功能。

最后，数字货币可以发挥"交换中介"的职能，为自然人或法人提供支付手段以获取商品或服务。

综上，可将数字货币定义为基于现代密码学和网络信息技术，根据算法产生、存储于电子设备，通过分布式记账进行交易的非实物货币，是能在一定程度上发挥价值尺度和交换媒介等基本职能的价值载体，其关键底层技术为区块链。

从技术的层面来看，数字货币是基于区块链技术或分布式记账技术而产生的一种新型加密货币。但是，数字货币能否承担交易媒介、价值尺度、贮藏手段等真正货币职能，取决于其发行主体，由此产生了法定数字货币或央行数字货币和私人数字货币两大分类。法定数字货币是指由中央银行依法发行，具备普遍接受性和无限法偿性，可发挥价值尺度、流通手段、支付手段和贮藏手段四大职能的数字化形式的货币。私人数字货币理论上并不是真正的"货币"，其本质是市场机构或个人自行设计发行，并约定交易规则的数字化符号，性质上等同于可在一定范围内流通的商品。比特币作为区块链第一个也是迄今最成功的实践应用，便是一种典型的私人数字货币。考虑后面的分析所需，法定数字货币和私人数字货币的对比见表11-2。

表7-2 法定数字货币和私人数字货币的比较

发行机制比较	法定数字货币	私人数字货币	经济价值比较	法定数字货币	私人数字货币
是否由央行发行	是	否	内在价值	无	无
发行量	灵活	固定	是否为央行负债	是	否
决定因素	货币政策目标	电脑程序、挖矿者	交易媒介	大范围	小范围
发现成本	低	高	价值尺度	是	否
是否受中央调节	是	否	贮藏手段	是，有通胀风险	是，有波动风险和信用风险
底层技术	区块链、密码学	区块链、密码学	前景	替代纸币	地下数字货币

2. 基本特征

由于数字货币和相关技术仍处于发展进程中，且相关定义尚未统一，因此各类研究对数字货币的特点总结也各有侧重，但数字货币的去中心化作为主要特点已得到各界普遍认同。国际清算银行下属的支付和市场基础设施委员会提出，数字货币的主要特征包括以下三个方面：

一是数字货币作为资产的价值由供求关系决定，但其内在价值为零。与传统电子货币不同，数字货币并不是任何机构或个人的负债，也无需由管理当局支持发行。因此，数字货币的价值完全依赖于交易双方认为其在未来某个时间可兑换成其他商品或服务，或一定数量的主权货币。新的数字货币的产生由计算机协议决定。

二是数字货币创新性地运用分布式账本，使得其无须通过中介机构就可实现电子价值在支付方与收款方之间进行点对点交易。通常情况下，付款人将加密密钥存储在数字钱包中，并运用其发起交易，用于支付。

三是数字货币具有去中心化特点。传统的电子货币通常在运行中需要依赖各类服务提供商,如发行机构、网络运营商、专业的软硬件供应商、电子货币交易清算机构等。然而,数字货币并不需要由任何特定的机构提供运营服务,具有去中心化特点。

除此之外,以比特币为代表的加密数字代币还具有一个典型特点就是无中央发行机构,而是由算法自动产生数字代币。另外,持续高强度的价格波动,使得比特币等加密数字代币更多被人们视为投机资产持有和交易,而非交易媒介。

7.2.2 数字货币的发行模式

由于从发行主体的角度将数字货币分为私人数字货币和法定数字货币,那么基于区块链技术的数字货币发行模式设计可以归纳为以下两种模式。

1. 私人数字货币的发行模式

加密数字货币是运用区块链技术和共识算法、工作量算法、加密算法等产生的一种数字化货币。自比特币问世后,相继诞生了一大批数字货币,据统计,目前已达到一千多种。比特币是目前加密数字货币中最为流行、影响力最大的一种,故本书以比特币为例研究私人加密数字货币的发行模式。

1)私人加密数字货币的发行模式

早期的加密数字货币大多是个人或者民间组织机构设计的,私人数字货币的发行模式基于共识算法机制。基于区块链技术的比特币问世后,涌现了一大批加密数字货币,并催生了一种新的数字货币的发行模式——ICO(initial coin offering,首次公开代币发行)。ICO 的中心思想类似于 IPO(initial public offering,首次公开募投),不过反馈给投资者的不是股权,而是加密代币。当某个 ICO 项目需要进行融资时,公司承诺会发行一定数量的加密代币,来换取投资者手上的主流数字货币(如比特币等),未来该项目开发的应用程序需要花费初始发行的数字代币。如果未来该应用程序广受市场欢迎,那么这些初始数字代币的市场价格就会大涨,早期投资者则因为曾以较低成本持有代币而获得极为可观的收益。私人加密数字货币的发行模式运用对等网络技术来发行和管理货币,其核心在于在共享经济下由个体自行工作,挖掘产生数字货币。因此,加密数字货币的发行模式关键在共识算法和工作激励算法,使得在相应的规则下个人有足够的动力去挖掘加密数字货币,并实现其顺利流通,完成私人数字货币的发行与流通。

2)私人加密数字货币的发行机制

大部分加密数字货币主要都是基于区块链技术和 PoW 共识机制,即通过"挖矿"来生产的。虽然它们在某些方面上存在差异,但是发行机制本质上是相同的。比特币作为加密数字货币最有代表性的一种,其发行机制称为"挖矿",发行过程类似于贵金属的挖掘过程,参与比特币挖掘的每个网络节点叫作"矿工",每一单位的比特币均由"矿工"竞争产生。因此,加密数字货币的发行主要涉及共识机制思想、方法及记录等三大模块流程,具体如下:

(1)共识机制。共识机制是数字货币的核心,也是构成区块链的基础。从思想角度看,数字货币的发行需要基于现实应用的共同认识。从技术角度看,在没有中心化角色控制的情况下,参与区块链中的所有节点需要达成共同认知机制,建立起相互信任的关系,根据不同的共识机制设计不同的数字货币。

(2)工作量证明。以比特币为例,工作量证明机制是此类加密数字货币设计的核心,其包

括以下三要素:

第一,工作量证明函数。为了获得比特币,就要建立新区块,但是并非每个矿工建立的新区块都是有效的,而证明新区块有效的办法就是通过工作量来识别有效区块。建立新区块的工作量就是指不断通过大量运算计算哈希值,不断通过 SHA256 算法进行试错,直到达到要求为止。已经付出大量运算的矿工,不会去弄虚作假,所以他创建的新区块也是可靠的,这样才能让其他网络节点接受。

第二,区块。区块是用来记录交易信息的,比特币系统大约每十分钟创建一个区块,记录该时间段内全球所有的交易信息,并通过时间戳确定写入区块的时间,以作为区块链数据的存在性证明。同时每一区块都包含着前一区块的 ID,使得每一区块都能连接起来,由此形成区块链。每一新区块的创建,都要向全网广播并得到验证。

第三,算法难度。算法难度值衡量着数字货币区块产生的速度与规模,一般来说,数字货币的发行算法难度与出块速度成反比。如比特币的总量只有 2100 万,其挖掘算法越来越复杂,需要的挖矿算力越来越大,比特币的获得难度也变得越来越大。

"挖矿"其实是一个计算随机数从而产生新区块获得比特币的过程,如图 7-1 所示,其主要有以下步骤:

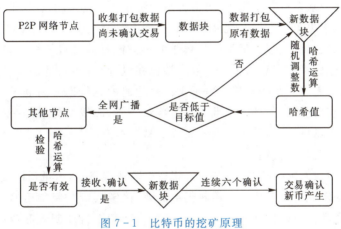

图 7-1 比特币的挖矿原理

首先"矿工"收集全网未确认的交易信息,将其纳入一个新区块,并根据前一个区块的数据,计算一个哈希数值,也就是一个随机数,再将其代入 SHA256 算法,得出一串长度为 256 个的二进制数字,然后检验这串数字是否低于目标值,若不符合要求,则要再次进行大量计算来调整随机数,再次检验,如此不断试错,直到满足要求为止。最终这个新的区块需要广播全网络并接受验证,如果通过,新区块就创建成功了,同时需要连接上主区块链并一起保存。新区块创建成功的奖励就是一定数额的比特币,一开始是每区块奖励 50 个比特币,然后每四年减半,直到 2100 万个比特币全部被挖掘。

(3)共识记账。数字货币产生后进入流通领域,形成发行和流通的完整记录体系,共识记账机制是这一体系的基础。基于 PoW 共识记账,比特币将交易信息进行 SHA256 运算得到一组长度为 256 个的二进制数字,这样便于区别,不至于重复。在交易过程中,新交易向全网进行广播,每个节点收到请求后将交易信息纳入区块中,且通过各节点的认同证明才能完成交易。

2. 法定数字货币的发行模式

比特币像是一把双刃剑，以独特的设计理念和去中心化的典型特征迅速赢得市场的青睐，但是在比特币发展扩大的背后，其币值不稳定、监管难度大等问题不断暴露，挑战着现有的金融体系。大多数国家逐渐意识到发行法定数字货币是解决"比特币难题"的有效手段，既能借鉴比特币的交易便捷性和匿名性等优势，又能发挥央行的监管作用，可以最大程度降低比特币带来的风险，做到取长补短。继英国、加拿大等国之后，我国也加入了央行发行法定数字货币研究的行列。我国央行意识到法定数字货币具有重大的现实意义和战略意义，于2016年组织召开数字货币研讨会，要求加紧研究，争取法定数字货币早日面世。

要发行法定数字货币，就必须处理央行、商业银行、用户以及其他第三方机构之间的关系，理清它们各自在不同环节的职能。目前各国央行就法定数字货币的发行提出了两种发行模式：一种是央行直接向公众发行数字货币的一元发行模式，另一种是沿用传统纸币的"中央银行—商业银行"二元发行模式。

1) 数字货币的一元发行模式

法定数字货币的一元发行模式是指采用"中央银行—公众"模式，由中央银行跳过商业银行这一环节，直接向公众发行数字货币，由央行负责法定数字货币的发行、流通以及维护服务。在一元发行模式中，中央银行根据宏观经济形势及货币政策调控的需要，确定数字货币的最优发行量，直接向公众发行法定数字货币。公众作为中央银行的直接债权人，在中央银行开户，并通过个人数字钱包保管数字货币。个人数字钱包在设计上，要满足公众对法定数字货币的在线交易和离线交易需求。在线交易在电子支付发达的大背景下容易满足，但是因为使用习惯差异、地域限制或者互联网条件得不到满足等特殊情景，离线交易也是一种不时之需，所以应加快数字货币应用场景建设，满足公众的离线交易需求。

2) 数字货币的二元发行模式

法定数字货币的二元发行模式是指"中央银行—商业银行"传统纸币的发行体系。在该模式下，中央银行根据宏观经济形势和货币政策的需要，确定发行数字货币的数量，统一存放到发行库；在央行同意商业银行数字货币申请后，数字货币从发行库调入商业银行库；用户向商业银行申请提取数字货币，得到允许后进入用户的数字钱包。另外，用户可以通过在线或离线支付让数字货币在不同数字钱包之间实现转移。与传统纸币的物理运送相比，法定数字货币可以通过电子运送的方式，来实现货币的投放和回笼，不仅大大降低了货币发行和回笼环节的成本，也大幅提高了货币发行和回笼的效率和安全性。在"中央银行—商业银行"二元模式下，由商业银行账户管理的现行电子货币和数字货币钱包管理的法定数字货币二者之间可以相互兑换和替代。二元发行模式下法定数字货币的流通如图7-2所示。

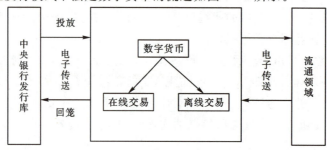

图7-2 二元发行模式下法定数字货币的流通

对于法定数字货币，中国、英国、新加坡、加拿大等国家已经开始了相关项目，也有一些国家已经发行了法定数字货币。例如，2014年厄瓜多尔发行了自己的数字货币厄瓜多尔币，其目的是弱化美元在该国的地位，但是它无法得到民众的广泛使用，不得不于2018年宣告中止。加拿大中央银行于2016年启动了基于分布式账本技术的名为Jasper的法定数字货币项目实验，以探索使用分布式账本技术进行大额支付、清算、结算的可行性。同年，借鉴加拿大的项目，新加坡金融管理局联合新加坡交易所、10家商业银行、8家技术公司和6家学术机构启动了Ubin项目。2017年，瑞典央行启动了"E-Krona"项目，以此探索法定数字货币在零售支付方面的可行性。

各国法定数字货币的实践既有共性也有差异，具体见表7-3。从共性上来看，币值稳定是各国最先考虑的问题，各国法定数字货币均以区块链技术为基础并由央行集中发行，双层运营体系(中央银行—商业银行)更有利于法定数字货币的推广和使用；从差异上看，主要体现在使用用途上是批发型还是零售型。相比于批发型，零售型的应用场景更加广泛。

表7-3 各国法定数字货币比较

国家	技术手段	发行流通体系	使用用途	存在形式	储备资产
加拿大	基于区块链技术	二元	批发型	基于账户	现金抵押品
新加坡	基于区块链技术	二元	批发型	基于账户	等额现金抵押
瑞典	借鉴区块链技术，对其他技术也持开放态度	二元	零售型	基于账户或价值	价值等同于瑞典克朗
厄瓜多尔	基于区块链技术	一元	零售型	基于价值	琥珀蜜蜡
乌拉圭	没有使用区块链技术	二元	零售型	基于价值	乌拉圭比索
委内瑞拉	基于区块链技术	一元	零售型	基于价值	实物资产

注：根据高旸的《数字货币发展动态及监管政策选择》整理。

7.3 数字货币优点和风险

7.3.1 数字货币的优势

与实物货币、电子货币等需要占用空间和依靠第三方进行支付的货币形式相比，数字货币有其独到之处，下面我们分开讨论数字货币相对于纸币和电子货币所具有的优势。

1. 相较于传统纸币的优势

(1)数字货币是天然的世界货币，能有效消除汇率波动对经济的影响。在经济全球化的背景下，世界现有的170余种主权货币间的兑换比率即汇率，在金本位时代尚有黄金输送点的界限，波动有限；但在当前的信用纸币阶段，受国际收支通货膨胀、利率政策、经济政治等诸多因素的影响，汇率通过各种传导机制成为各国实现政治目的的重要金融手段。而作为国际储备货币的发行国，因占据优势地位和主导权，出于自身利益考虑，往往存在激励不兼容问题，加剧了全球经济失衡。

数字货币的底层技术基础——区块链通过构筑一个全球化的超级数据库，使得分布在世界各地的所有节点和参与者共同参与验证，以算法进行信用背书，不受任意一个中心机构控制，因而也不需要在国际结算中进行币种换算，避免了汇率波动，天然具备世界货币的属性，进而走出了传统货币体系中的特里芬困境。

(2) 数字货币的技术锚定可有效防止货币超发，遏制恶性通货膨胀。如前文所述，纸币作为信用货币，在没有可信锚的情况下极易出现超发过度，导致严重的通货膨胀，侵蚀社会财富，破坏经济秩序。在国际货币体系的软约束下，纸币的发行规模主要由国家货币当局控制，除了经济发行，财政发行引发的政府财政收支赤字、信用发行导致的货币透支，都使得恶性通货膨胀成为信用货币时代的重要隐患。而数字货币开源、去中心化的发行机制，绕开了中央政府和商业银行等中介机构，真正基于现实的交易诉求或国家发展的特定需要，是社会商品服务价值的直接表现和交易映射，具备经济簿记符号这一货币本质属性。在理论上，数字货币不存在超发问题，如比特币在设计之初就限定了 2100 万枚这一发行总量，从而可治愈恶性通货膨胀这一经济顽疾。

(3) 数字货币具有显著的成本优势，可大幅提高流通效率。纸币的发行和流通须经国家中心机构和第三方清算机构等多个中介，中间印刷成本、运输成本、清算费用繁多；纸币载体的物理性质又需要极高的防伪成本和损耗、回收费用。而数字货币以二进制数据形式存在，通过云存储和电子系统流转，不再需要支付实物货币的发行成本和运输成本，也避免了回收、清点和销毁费用，大大提高了交易的便捷性；区块链技术重构的信用范式，又支撑数字货币在无须中介机构和中介平台的情况下进行价值交换，摩擦成本和第三方手续费用低，交易环节减少；基于算法的开源、去中心的发行机制，又避免了纸币发行中必然出现的铸币等问题；同时，以现代非对称密码学和共识机制为保证，数字货币具有可靠的安全性，防伪成本低。在全球经济一体化的趋势中，国际贸易的规模和频率都有了质的飞跃，数字货币突破了传统货币制度的窠臼，具有极高的经济价值。

(4) 数字货币有利于加强金融监管，减少经济犯罪。由于纸币的不记名性，相关监管机构无法全面准确地掌握纸币的流通情况，利用纸币进行洗钱、逃税等经济犯罪的事件层出不穷，成为现实社会无法避免的黑洞；大量现金被抢劫也是高频案件；同时，假币伴随着纸币的产生而出现，一直是影响纸币体系的毒瘤。而区块链技术支持下的数字货币可实现货币的"留痕"，其不可篡改的特征和可验证的时间戳，完整记录了交易明细和当事人信息，形成的全网统一账本为监管机构实时跟踪和仲裁机构寻找证据提供了可信的数据源。数字货币发行阶段的特征、流通阶段确定的来源和指明的去向，一方面可优化信用评估机制，另一方面可有效打击洗钱和偷税等行为，同时也提高了盗窃、抢劫和制造假币的门槛。

2. 相较于其他电子货币的优势

(1) 成本更低。不同于仍依赖央行和商业银行、第三方支付平台等的其他电子货币，应用区块链技术进行点对点直接交易的数字货币，有助于省去银行间清算等中间环节，支付便捷度提高的同时，也极大节约了成本。这一优势在小额支付和跨境结算中尤为明显。

(2) 范围更广。一方面，电子化支付属于在线支付系统，离不开网络信号，而数字货币的交易借助区块链技术可实现离线交易，从而有助于拓宽交易范围；另一方面，数字货币真正超越了主权货币的限制，其世界货币的特征突破了时间和地域局限，可更为自由地进行跨境交易活动。

(3) 安全性更高。区块链去中心化和非对称加密技术使得数字货币系统可以在一定程度上实现匿名支付,资金接收方不必知晓或核验资金转出方的个人信息,从而在一定程度上保护用户隐私。

(4)包容性更强。首先,同时开源的技术架构,相对来说对接入端的硬件要求较低;其次,数字货币网络不需要与银行账户绑定,从而有助于让边远地区的居民享受到现代金融服务,实现普惠金融。

7.3.2 数字货币带来的风险及应对措施

目前不同的数字货币具有不同的风险特点,针对不同的数字货币发行模式,本小节深入分析了其内在风险成因并提供了相应的风险监管对策。

1. 私人数字货币发行的风险分析和控制对策

1)私人数字货币发行的风险分析

在私人数字货币如火如荼发展的背后,存在着多方面的风险,其中最主要的就是技术安全风险、信用风险和法律风险。

(1)技术安全风险。技术风险主要是区块链技术风险。区块链技术是加密数字货币的底层核心技术,虽然区块链技术的去中心化、分布式储存等特点在未来具有广阔的发展空间,但是仍存在以下缺陷:

一是相关配套技术较为落后。如与之相关的区块链应用平台缺乏法律的监管,就容易成为犯罪分子洗钱的场所,同时区块链应用平台的管理理念与方式具有不成熟性和不稳定性,与现行法律法规存在冲突。

二是区块链技术并非百分之百安全。虽说比特币网络系统因其稳健性和自我修复性而很难被彻底破坏,具有很高的安全性,但现实中比特币的算法已经被量子算法攻破。

三是区块链技术的智能合约还未真正落地,智能合约双方出现分歧是一种常态,双方达成共识也非易事。

交易平台的技术风险也是一个较为严重的问题。加密数字货币自身具有很高的安全性,但是货币账户和数字货币交易平台存在被黑客攻击的风险。以比特币为例,私钥是用户比特币所有权的唯一证明,那么黑客只需盗取用户的私钥就可以获得比特币。同时,比特币的匿名性使得比特币的去向很难锁定,被盗的用户无法向相应的仲裁机构申诉,即使可以申诉,被盗的用户已经无法通过私钥来证明自己的所有权,导致取证困难,难以挽回损失。

此外,数字货币的存储技术也不安全,大部分加密货币以一串数字代码的形式存储于计算机硬盘、U盘等电子设备,而这些存储介质一旦损坏、丢失或者被盗,并且没有对"数字货币钱包"备份,就没有第三方证明用户的数字货币的所有权,那么也就意味着用户将失去这些数字货币。

(2)信用风险。不同于人民币基于国家信用,私人数字货币的发行是一种算法信用,如比特币是通过进行大量运算来建立新区块从而获得的。只有接纳这种算法信用的群体,才会接受比特币,而对这些算法技术不了解或者不认同的群体,是难以接受的,这就带来了信用上的风险。这种信用风险是由其设计本质决定的,同时还有其他因素会影响群众对加密数字货币的信心,降低对其的信任值。信用风险表现为币值的高度不稳定。加密数字货币大多价格不稳定。以比特币为例,比特币价格主要取决于公众信心,一旦政策上有什么风吹草动或者"黑天鹅"事件,比特币价格就会暴涨暴跌。因此私人数字货币缺乏权威信用保障,价格很不稳定,容易沦为投机的工具。

(3) 法律风险。一些数字货币交易平台脆弱,容易受到黑客的攻击,同时缺乏法律监管,数字货币交易平台容易成为犯罪分子非法交易和洗钱的场所,面临较大的法律监管风险。如2014年的Mt.Gox案件,美国国土安全局怀疑该交易所存在洗钱和非法走私的嫌疑,强行关闭了该比特币交易所,导致比特币价格大跌。

由于比特币的成功案例,ICO发行模式逐渐受到大家的热捧。但是随着ICO项目剧增,ICO发行模式逐渐暴露其风险隐患。

首先,法律性质上的不明确带来了监管缺失。ICO项目发起者一般认为,其初始发行的数字代币既不代表公司(或项目)股权,也不代表债权,而是对应创业项目的产品或者使用权。其具有很强的投资色彩,买卖合同法律关系并不明显,加上目前对ICO项目缺乏监管,不需要任何监管机构审批即可向公众募资,监管的缺失必然带来高风险。

其次,ICO项目容易沦为非法集资和资金诈骗活动。ICO未经监管报备就直接面向公众发行,很容易带来非法集资的风险。同时,目前大多ICO项目都缺乏新意,区块链创业项目自身代码存在漏洞,而项目发起人往往会夸大项目前景,误导普通投资人,或者编造根本不存在的项目,挪用所募集的主流数字资产而欺诈投资者,使得ICO成为一种诈骗手段。

2) 私人数字货币的风险控制对策

第一,需要明确加密数字货币法律地位和监管范围。有法可依是对数字货币风险管理的第一步。虽然我国央行等部门对数字货币出台过政策文件,对如比特币等的加密数字货币的货币地位并不承认,同时警惕数字货币的多方面风险,但是仍未对数字货币出台过专门的法律。政府应该积极制定数字货币相应法律,就数字货币的法律地位、货币地位、监管主体、监管对象和监管方式进行明确规定,同时积极研究数字货币纠纷的解决机制。如此一来,就能更加清晰地明确加密数字货币的法律适用范围和监管主体,将其纳入监管体系,避免"无法可依"和"无人监管"问题;同时有助于减少投资者的不确定性,以避免价格波动,减少投机风险。

第二,需要加强对加密数字货币交易平台的监管和监测。中央银行在支付清算、外汇管理和反洗钱工作等方面负有职责,央行应该作为数字货币交易平台的主要监管机构,联合税务、司法和信息安全等机构共同监管,建立起一个完整的监管框架,实现对交易平台监管的常态化。监管内容主要包括对交易平台的财务审查、网络安全能力评估、消费者权益保护能力评估、反洗钱审查等方面。同时,在制度上制定数字货币市场准入制度,如最低注册资本、首次出资比例、缴纳期限等,以提高市场准入门槛。另外,对从业人员要有更严格的资格审查,定期进行培训。同时要求数字货币交易平台加强对消费者的权益保护,建立实名制和身份认证制度,注重保护客户的隐私和财产安全。

第三,需要加强对ICO众筹平台的监管。金融监管机构应该将ICO众筹平台纳入监管范围,重点做好发行前的事先监管和审核,要求项目发起人对项目必须做充分的信息披露与风险提示;拟定ICO项目的上线标准,设定众筹平台资格认定,要求其严格执行;对投资者做出适当的风险警示,加强教育,正确引导投资者对ICO项目的投资,避免投机风险;参考其他众筹平台的管理,对ICO众筹平台进行有效监管。

2. 法定数字货币发行的风险分析和控制对策

1) 法定数字货币发行的风险分析

结合私人数字货币发行过程中的技术风险、信用风险和法律风险分析,影响法定数字货币发行的最主要因素是技术。法定数字货币是一个全新的货币系统,不仅需要顶层的设计,更需要技术的保障。但是,目前的技术水平尚无法保证法定数字货币的有效运行。法定数字货币技术层面存在的问题主要有:

一是客户的信息安全存在风险。法定数字货币在发行和流通过程中可以轻易地获得客户大量信息(如客户资料和交易记录),如何妥善地保管好这些资料对保护客户隐私至关重要。另外,确保客户信息在法律允许的范围内使用同样重要,如果客户信息被泄露或者非法使用,很大程度上会削弱央行的公信力。

二是交易处理能力仍有待检验。如在"双十一""购物节"这种支付规模异常庞大的特殊节点,要求法定数字货币必须具备极强的并发处理能力和效率,才能保证法定数字货币能够有效处理海量的交易数据。然而,随着数字货币交易频繁,其底层区块链的链条过长会导致交易处理速度变慢。依据目前的信息处理能力,区块链技术更适合于处理小额交易信息。法定数字货币要想全面推广,在技术层面上需要投入大量的人力物力,同时设备的运行和维护会需要大量费用。

2) 法定数字货币的风险控制对策

第一,应该加强金融科技研发,为数字货币的发行流通提供技术支持。一是在技术研究上,建议由中央银行牵头,联合学术界和产业界加紧对数字货币中区块链技术、大数据分析技术以及可信计算技术和安全芯片等核心技术的研究。在安全技术方面,应集中基础安全技术、数据安全技术和交易安全技术三方面保障数字货币的安全性;在交易技术方面,应该满足用户在线交易和离线交易的需求;在可信赖技术方面,主要通过可信管理服务技术为法定数字货币的发行、交易和流通营造一个可信、安全的应用环境。二是在技术设计上,借鉴吸收其他加密数字货币的技术优势,着重处理好数字货币在监管、审计和隐私保护之间的技术冲突,保证数字货币的便利性和安全性。三是在技术设施建设上,努力搭建数字货币在发行流通、资金监管和支付结算等多场景的应用系统,并完善相关配套措施,以保证数字货币应用场景的可行性。

第二,需要创新法定数字货币监管监测体系。首先,应该尽快制定"中国数字货币法",就法定数字货币的发行、流通和交易等方面进行立法,并且对现有相关法律进行修改和调整。其次,央行应该专门成立法定数字货币监管部门,结合互联网技术特点,通过大数据实时分析、交互分析和自动分析等方法,对数字货币运行数据进行统计、分析,密切关注数字货币在发行流通中出现的问题和对金融体系的冲击性影响,如关注法定数字货币对我国货币结构、货币需求供给、货币乘数、货币流通速度、商业银行的现金漏损及信用货币创造、传统货币的关联和影响及金融基础设施的运行效率等方面的影响冲击。最后,根据大数据技术开发数字货币风险预测模型,从多维度进行反复试验,完善模型风险预测的准确性。

7.4 应用案例

7.4.1 央行数字货币

数字货币是未来货币形态的大势所趋,央行推行数字货币具备成本、政策调控、监管、安全及效率、供给侧以及锚定等多方面动机。中国人民银行是世界上最早研究数字货币的央行之一。早在 2014 年,央行就组建了法定数字货币研究小组,对数字货币的发行、流通、组织架构等问题展开了一系列研究。2016年开始测试基于区块链技术的数字票据交易平台。2017年正式成立数字货币研究所,并于2018年成功搭建贸易金融区块链平台。中共中央和国务院于2019年8月发布了支持深圳建设先行示范区并开展移动支付以及数字货币等创新应用的文件,央行货币研究所开发的湾区贸易金融区块链平台正式亮相。同年10月,中国国际经济交流中心副理事长黄奇帆先生指出:央行可能先于世界上其他国家推出法定数字货币。2020年4月,央行的数字货币在农行系统内部测试检验。与此同时,苏州也开始用数字货币代替纸币发工资。

既然这样,数字货币是否会替代第三方支付平台——支付宝和微信呢?答案是否定的。因为数字货币替代的只是纸币和硬币,功能上与现金相似,不能代替活期存款和定期存款。微信和支付宝等第三方支付平台需要用商业银行中的存款进行结算,相当于存款的数字化,不能发行货币,所以央行数字货币与第三方支付性能不一样,不能互相取代。

2019年8月10日,中国人民银行宣布,新出的数字货币将采用一种双层运营机制:第一层是央行,第二层则是金融商业机构。央行先把数字货币兑换给商业银行以及其他金融机构,企业和公众再从这些机构中把数字货币兑换出来。

中国人民银行开发的数字货币也叫"数字货币电子支付"(digital currency electronic payment),简称DCEP。央行数字货币体系的核心要素为"一币、两库、三中心"(见图7-3)。一币指的是央行发行的DCEP,意味着DCEP是央行的信用凭条,具体技术细节由央行进行设计;两库是指央行的DCEP发行库和DCEP商业银行库,分别由央行和商业银行存管;三中心是指央行内部对于DCEP设置认证中心、登记中心和大数据分析中心。其中,认证中心负责央行数字货币机构及用户的真实身份信息采集等管理工作。登记中心负责记录数字货币和用户钱包记录,完成权属登记,同时记录数字货币发行、转移、回笼全过程信息。大数据分析中心旨在运用大数据分析DCEP的发行、流通、贮藏等,具有反洗钱、支付行为分析、调控指标分析等功能。央行数字货币DCEP在设计思路上主要有以下四个特点:

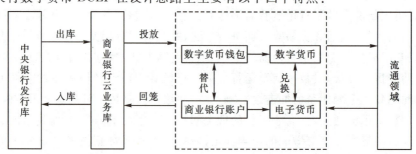

图7-3 央行数字货币运行机制

第一,在运营体系上采用双层运营体系。事实上,数字货币的发行有面向大众直接发行、与商业银行合作发行以及采用原有的货币体系等多种模式。具体的实践中,数字货币运营有两种模式:单层运营体系和双层运营体系。与单层运营体系相比,双层运营体系可以避免把风险集中到单一机构,可不颠覆现有的货币发行体系,让数字货币逐步替代纸币,能够调动商业银行积极性。

第二,坚持中心化管理,不预设技术路径,账户采用"松耦合+双离线"支付方式。DCEP不一定基于区块链技术,但会在确权登记环节使用区块链,区块链有覆盖DCEP更多流程和环节的发展趋势。

第三,注重对 M0 的替代,不涉及 M1 和 M2 的领域。张利原等认为,DCEP 保持了 M0 的属性和优点,满足了公众便携性和隐私性的需求,是替代现金的最佳选择。

第四,DCEP 将暂时不具备任何智能合约功能。这是因为,如果 DCEP 承载除了基本货币职能之外的其他智能合约,很有可能会影响 DCEP 的推广和使用。

综上,央行发行的 DCEP 具有诸多优点,例如,节约纸币印刷成本,增强对货币投放的掌控能力,满足匿名支付的需求,丰富货币政策手段。但是,其也有一定的不足,例如,无法实现与现金一样的完全匿名性,其潜在的风险还有待观察。

央行从 2014 年开始研究数字货币,到 2019 年 10 月 28 日中国央行数字货币 DCEP 正式提出,央行针对数字货币已经申请了 74 项专利。如今,不仅我国央行已开足马力在此领域进行测试深耕,各国央行也在紧锣密鼓地推出自己的相关项目。据有关资料,瑞典、英国、加拿大等国都在商议如何引入数字货币或推动数字货币支付,而在 2016 年 12 月初,韩国就停止铸造硬币,欧盟个别国家也已废除超大面值纸币的印刷。欧美国家也不甘落后,正在加快数字货币研发进度。央行数字货币引发了各界高度关注,毋庸置疑,央行数字货币将是未来大势所趋,与其日后被动应对,不如抢占先机,提前布局,积极掌握主动权。

7.4.2 比特币、以太币、莱特币

由于区块链技术是对全球开源的,任何人都可以下载源代码并在其基础上进行修改,因此在比特币诞生后,陆续出现了许多与比特币类似的数字货币。大多数人习惯性地将在比特币之后出现的数字货币,统称为竞争币。比特币加上这些类似比特币的竞争币的种类,至今为止已经超过千种。

(一) 比特币(BTC)

比特币是目前为止世界范围内影响力较大的数字货币,它把握了数字货币的先机,同时它是区块链技术的第一个应用,也是区块链技术目前为止最主要的应用。比特币依照中本聪最初的设计,采用了工作量证明(PoW)的共识机制,大量依靠密码学来建立信任基础。比特币是第一个不使用中央机构发行的数字货币,而且每个比特币都不能被仿造。消费者在消费比特币的时候,只能完成一次支付。消费者在消费完毕后,被消费的比特币所有权也会被转移,原消费者无法再将同样的比特币进行第二次消费。

比特币是自带安全属性的数字货币,被称为"密码学货币",该币采用非对称曲线加密算法和哈希算法两种算法。非对称密码是当代密码学最核心的突破,保证了比特币加密和解密采用两种密码,也就是"公钥—私钥"密码不同,私钥可推出公钥,而反之则不能。哈希算法的引入解决了双重花费的问题,避免了僵尸节点对不合格交易的随意确认。

比特币往往被定义成一种充当等价物的货币或商品。其价值首先源于其稀缺性,2100 万枚币的上限受数学规律的保证。市场上的比特币存在着严重的囤币现象,2100 万枚币的最终产量,目前只挖出了 1860 万枚左右,每天出现在市场上的比特币最多也就是几十万枚的交易量。

每枚比特币 2017 年 12 月 17 日达到 19850 美元的价格,2018 年 11 月 25 日跌破 4000 美元大关的价格,2019 年 5 月 12 日回暖到 7000 美元的价格,2019 年 6 月 22 日站稳 10000 美元

以上的价格,2020 年多次站稳 10000 美元以上的收盘价。BTC 标志性价格见表 7-4[①]。

表 7-4　BTC 标志性价格

2020 年最高价	2020 年最低价	历史最高价	历史最低价
79133.86 元人民币	28765.70 元人民币	140705 元人民币	0.0175 元人民币
11298.22 美元	4106.98 美元	20089 美元	0.0025 美元

(二) 以太币(ETH)

以太坊由程序员 Vitalik Buterin 在 2014 年推出,是第一个大规模应用的智能合约应用平台。从本质上来说,以太坊是一个为研发者提供的平台,并为研发者提供特殊的编程语言,让研发者自己来搭建智能合约。所以,以太坊被看作一种智能合约和去中心化应用平台。

以太坊使用混合型的共识协议,前期使用 PoW 挖矿算法,后续逐步切换为 PoS 机制。PoS 基于矿工拥有的数字货币数量和持有时间进行分配,相比 PoW 能源成本更低,网络更高效,同时 PoS 网络的安全由用户在网络上持有 Token 来保证,而不是用户提供算力来保证 PoW 网络的安全。PoS 机制下,拥有更多财富的个人比拥有较少财富的个人获得创建区块和交易费用的机会更大,这意味着将加大财富差距。

以太坊的用户在该平台中,可以随意挖掘以太坊中的数字货币,也可以用它来进行交易、支付等。在以太坊开发程序、发行数字证券之类的,都需要消耗以太币(Ether)。

与比特币不同的是,在最初的测试版本(Frontier 版本)中,以太坊的开发团队拥有"生死开关"(网络最终控制权)。以太坊的协调者(Vinay Gupta)曾经说过:"我们原本想过大范围介入点地运行 Frontier,但是出于各种各样的原因,我们只能回到'生死开关'的模式……这些开关可以让 Frontier 更好地进行测试,一旦我们确信它是稳固的,我们会将它们拿出来。"由此可见,以太坊一开始实行的并不是真正地去中心化,但是去中心化是以太坊发展过程中必须实行的目标。

以太坊发行总量不设上限。2018 年,以太坊创始人 Vitalik Buterin 提出为以太坊设置总量上限提案,网上掀起过一场有关"应不应该给以太坊总量设上限"的激烈讨论。Vitalik Buterin 提议将以太坊上限设置为 1.2 亿个。目前,以太坊尽管没有总量限制,但越往后,其产量提升越难。

ETH 标志性价格如表 7-5 所示。

表 7-5　ETH 标志性价格

2020 年最高价	2020 年最低价	历史最高价	历史最低价
2316.45 元人民币	666.71 元人民币	10037 元人民币	2.1574 元人民币
330.70 美元	95.18 美元	1433 美元	0.3080 美元

(三) 莱特币(LTC)

莱特币(Litecoin, LTC)是受比特币的启发而推出的改进版数字货币,由一名曾任职于谷歌的程序员设计并编程实现,于 2011 年 11 月 9 日发布运行。

---

① 数据来源:比特币交易平台 OKEX,数据截止日期 2020 年 7 月 28 日。

莱特币是一种脱胎于比特币,但又与比特币差异化运营的虚拟数字货币。莱特币在技术上与比特币具有相同的实现原理,但也做出了一些改进。莱特币在工作量证明算法中使用了由 Colin Percival 首次提出的 scrypt 加密算法,相比比特币更容易挖掘,交易速度也提高了,从而达到每 2.5 分钟就可以出来一个区块,满足了小额即时支付的需求;同时为 scrypt 算法开发出 FPGA(field programmable gate array,可编程逻辑门阵列)和 ASIC(appliation specific integrated circuit,专用集成电路),相比比特币的 SHA256 更为昂贵;莱特币总产量为 8400 万个,约是比特币网络发行货币量的四倍,较大的供应将确保它总是比比特币相对便宜。莱特币的创造和转让基于一种开源的加密协议,不受任何中央机构的管理。

LTC 标志性价格如表 7-6 所示。

表 7-6 LTC 标志性价格

2020 年最高价	2020 年最低价	历史最高价	历史最低价
586.08 元人民币	179.07 元人民币	2628 元人民币	7.7733 元人民币
83.69 美元	25.57 美元	375 美元	1.1100 美元

7.4.3 Facebook 的加密货币 Libra

全球社交巨头 Facebook 于 2019 年 6 月 18 日发布了 Libra 白皮书。Libra 结合了联盟链和 Token 两种优势,既通过多行业知名公司组建联盟形成较为可信的信用背书能力,又通过质押资产解决了 Token 波动问题,更重要的是,Facebook 天然拥有 23 亿用户,也解决了用户来源的问题。Libra 白皮书中也明确提到,未来将推出钱包服务,既可以独立运行,也可以 SDK 形式嵌入 Facebook 等成员的服务中去,可以想象,未来在 Facebook 发消息就可以实现跨境汇款,不再需要先去银行开通账户。因此,Libra 的诞生具有深刻的时代、行业以及公司背景。

1. 技术手段

Libra 可以简单理解为采用拜占庭共识算法的一种联盟链,其采用了 Move 编程语言、拜占庭共识算法和区块链数据结构三方面的核心技术。

(1)Libra 采用了安全性更高的 Move 编程语言。Move 编程语言具有以下三个特点:每个资源只存在唯一所有者,从而防止数字资产被复制;通过自动验证交易是否满足一定条件,来确保交易的安全性;通过对验证者节点的管理,降低核心交易代码开发难度。

(2)Libra 采用了拜占庭共识算法。Libra 使用共识机制以确保每个分布式节点交易信息的不可逆和一致性,就算三分之一节点出现故障,网络依然可以正常运行。

(3)Libra 采用了梅克尔树的数据存储结构,保证交易数据存储的安全性。梅克尔树在区块链中被广泛使用,能够高效归纳和检验大规模数据的完整性,只要有节点被篡改,就会显示校验失败。

2. 应用

任何 Libra 的持有人都可以根据汇率将自己持有的 Libra 兑换成当地的货币,就像出国旅行时可以用手中的货币兑换成另外一种货币一样。Libra 的使用类似于过去引入其他一种货币,该货币具有换取真实资产的功能,比如黄金。其目的是让人们对新货币产生信任,并在诞生初期得到广泛应用。将来,用户可以直接用 Libra 在 eBay 购物,进行投资、充话费,以及支付打车费等。

Libra 是一种零知识证明协议,可实现极快的证明者时间以及简洁的证明大小和验证时间。它不仅在渐近性上具有良好的复杂性,而且其实际运行时间也完全在启用实际应用程序的范围内。

Libra 推出之后,引发了世界范围的强烈反响,多数国家对其持谨慎甚至反对态度。2019年 7 月,美国众议院金融服务委员会举行有关 Facebook 虚拟货币的听证会;10 月,PayPal 宣布放弃参与 Libra,同时以法国为首的欧盟五国联手抵制 Libra 进入欧洲市场,并要求 Facebook 放弃该项目。随后,Libra 不仅承受着创始成员接连退出的压力,也面临着技术、发展等方面的难题,如何应对各国的监管更是当前最大的挑战。

本章小结

纵观货币发展的演进历程,数字化是 21 世纪以及未来货币发展的大趋势。本章以区块链技术为基础的数字货币作为研究对象,探讨了数字货币的私人化与法定化的两种基本发行模式与机制特点。比较法定数字货币未来发行的两种基本模式:一元模式和二元模式,其中"中央银行—商业银行"的二元模式可能更适合现行的金融体系,能够最大程度发挥商业银行的作用;同时,"中央银行—公众"的一元模式符合金融去中心化思想,更适合数字货币未来的发行模式,因此,我国应该加大技术研发力度,为法定数字货币的发行与流通提供技术支持。数字货币将是未来国与国之间数字金融领域竞争中的重要战场,谁掌握全球性的数字货币谁就能对全球支付与货币体系产生重要影响力,且较早推出央行数字货币的国家有望取得先发优势。另外,本章结合私人数字货币发行过程的技术安全、信用等风险分析与控制对策,深入剖析了法定数字货币发行的风险与控制对策。

思考与练习

1. 简述传统货币体系存在的问题。
2. 什么是数字货币,其主要特征是什么?
3. 数字货币是否会替代第三方支付平台,如支付宝和微信等?
4. 法定数字货币需不需要去中心化?
5. 简述数字货币相对于传统货币以及电子货币所具有的优势。
6. 简述私人数字货币发行带来的风险及相应对策。
7. 简述法定数字货币发行带来的风险及相应对策。
8. 为什么说中国发行央行数字货币能助力普惠金融政策的实施?
9. 法定数字货币是否必须依托区块链发行流通呢?

第8章　区块链+跨境支付

引例

传统的电汇,大多是通过 SWIFT(Society for Worldwide Interbank Financial Telecom,又称"环球同业银行金融电讯协会")进行的。SWIFT 是国际银行间的组织,专门为全球各国银行提供结算服务。如今,全球超过 200 个国家和地区的 1.1 万家金融机构都使用 SWIFT 进行支付和证券转账。SWIFT 的总部设在比利时的布鲁塞尔,其目标是为全体成员的共同利益服务。事实上,SWIFT 的大部分交易都以美元结算,这有助于巩固美元作为全球储备货币的地位,同时让美国对全球经济拥有了巨大影响力,使美国可以通过惩罚性货币政策对外国施加影响。

虽 SWIFT 在国际市场上的地位相当稳固,然而,在区块链新技术面前,SWIFT 系统盘踞四十余年的跨境支付市场似乎开始松动。

金融作为经济的血液,"支付就是金融的血管",支付体系是一国金融系统的核心基础设施,关系到一国金融业的效率与稳定。随着经济全球化的发展,世界各国贸易往来日益频繁,跨境支付作为其中的重要环节,作用凸显。根据世界银行的统计,全球跨境支付市场(国际汇款)规模以每年约 5% 的速度持续增长。根据中国银行业协会发布的《人民币国际化报告(2020)》可知,人民币跨境支付总额近些年增长势头良好,2020 年全国人民币跨境收付金额合计 28.38 万亿元,同比增长 44.3%。然而,伴随着跨境支付规模的日益增大,速度慢、成本高、信息不透明等一系列的问题也不断显现,阻碍了跨境支付的发展。与此同时,以比特币为代表的数字货币引起了社会关注,尤其是其背后颠覆了传统技术手段的区块链技术。区块链凭借其自身特点可以明显改善传统跨境支付的弊端。因此,本章将结合上章中关于数字货币的发展历程与现状的梳理,落脚于跨境支付,来探究区块链技术的应用对传统中心化支付体系的影响与冲击。

8.1　传统跨境支付系统的现状与"痛点"

8.1.1　支付体系的演变历程与发展现状

1. 支付体系的演变历程

支付体系承担着货币流通职能的实现,随着 16 世纪金匠银行的出现,市场流通中贵金属货币逐渐为银行券所代替,银行使用账簿记录客户的资金变化;伴随着经济活动的发展,行内交易不再能满足支付交易的扩大需求,央行开始发行纸币,使用集中式的账簿处理跨行交易。事实上,货币形态和支付方式相互依存,支付方式随着货币形态的演变轨迹而发展。如图 8-1

所示,与货币的演变趋势相对应,随着社会经济的发展和科技的进步,支付体系经历了牛羊铁等实物支付,金银等金属货币支付,纸币、票据等信用货币支付到银行卡支付、移动支付等电子货币支付的阶段。

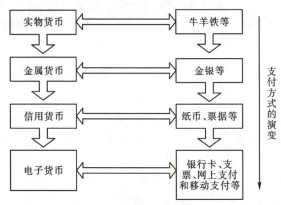

图 8-1 货币形式与支付方式的演变

当前,中国的支付体系正处于信用货币支付(现金、纸质票据等)、银行卡支付和移动支付并存的状态。尽管电子化记账方式和移动支付正快速普及,但与纸币等传统支付方式一致,当前的支付体系仍保持着分层式和中心化的特征。在现代支付体系中,客户、商业银行和中央银行构成了三级体系,下级节点在上级节点开户,上级节点维护下级节点的账簿。这种传统的支付体系依靠中心化方案实现价值转移,依托清算中心进行银行间的数据交互,通过中心化机构的背书来解决信用问题,因此受多中心、多环节的制约,对账、清算、结算的成本较高;同时涉及大量的重复性人工流程,一方面效率低,另一方面操作风险和道德风险高。

2. 跨境支付行业的发展现状

互联网技术正加速将世界紧密连接成一个整体,伴随着经济全球化和互联网金融的"东风",跨境贸易、旅游、教育等内容成为新经济时代全球化的主题。跨境支付,指两个或两个以上的国家或地区之间因国际贸易、国际投资及其他经济活动所发生的国际债权债务借助一定的结算工具和支付系统实现资金跨国和跨地区转移的行为。从支付场景上,跨境支付可分为跨境汇款、跨境线上消费和跨境线下消费;根据支付主体,跨境支付可分为个人支付和银行间支付;基于支付渠道,跨境支付可划分为银行账户间支付、第三方账户间支付、现金对现金支付等。

2017年,受到中国市场流动性收益激增的影响,全球支付行业经历了前所未有的11%的高增长。根据麦肯锡发布的2019年全球支付行业报告,2018年全球支付收入为1.9万亿美元,同比增长6%,高于世界银行公布的全球名义GDP增长率,行业整体恢复到相对稳健的增长态势。

从国内的发展来看,随着跨境电商的蓬勃发展、"一带一路"倡议的实施和人民币国际化的稳步推进,中国在全球跨境支付市场中仅次于美国和欧元区,位列第三,在这一过程中,人民币已成为中国第二大跨境支付货币、全球第四大支付货币。具体从企业角度看,在国家推出多项政策扶持跨境贸易的背景下,2019年中国货物进出口总额高达31.54万亿元,比2018增长3.4%,其中,出口跨境电商交易额达到8.03万亿元。从消费者个人层面看,中国当前跨境网购、务工、留学、旅游等需求愈加旺盛,年度个人跨境汇款的规模达到150亿美元,因此,不论是B2B市场还是B2C市场,全球特别是中国对于跨境支付服务的需求都在大幅增加。

目前,跨境支付的"枝干愈加丰满,但主干日益老朽"。随着互联网信息技术的发展,跨境支付的便捷程度、安全性和用户操作体验等均在不断提升,且支付公司种类丰富,从银联等国际清算公司到收单机构、电商、第三方支付平台等衍生服务公司,层次清晰;同时,电子化程度提高,线下 ATM (automatic teller machine,自动提款机)、PoS (point of sales,售终端)及线上网站、App 大量涌现。但是,相对于境内百花齐放的支付手段,跨境支付的创新脚步较为缓慢,其核心网络没有本质变化,以 SWIFT 系统为代表的汇款方式在其高额手续费、查询便捷度和耗时上均无显著提高。究其原因,首先,跨境支付缺少强信任的中央主体,因而当前主要借助通用协议如 SWIFT 协议或第三方机构以备付金的方式建立资金池解决跨国的信任问题,但前者的信任传递成本高昂,后者又与现有银行账户体系结合度较低、风险较大。其次,跨境支付往往涉及多个主权货币,面对实时变动的汇率,系统信息更新效率的诉求较高。此外,由于跨境支付的复杂性和敏感性,因此监管机构高度关注,监管合规要求高。

当前,在全球新冠疫情的冲击下,美欧等国家采取降息等量化宽松政策和社会救助等财政政策,中国因疫情控制及时,货币政策相对谨慎。2022年1月,根据环球同业银行金融电讯协会(SWIFT)发布的数据,人民币为全球第四大支付货币,份额占比为3.2%。

自2009年开启以来,人民币国际化走过了十几年历程。在我国教育、科研、经济等综合国力提升背景下,我国逐步建立高效便捷、安全稳定的人民币国际收付清算体系与金融交易市场,平稳推进人民币国际化历程。

8.1.2 传统跨境支付方式

根据市场参与方的不同,跨境支付市场的支付方式可以分为四种模式:银行电汇、专业汇款机构、国际信用卡公司以及第三方支付机构,这四种跨境支付模式各具特色。从跨境电商的角度来看,B2B 交易模式主要指银行电汇、专业汇款机构,B2C 交易模式主要指国际信用卡公司、第三方支付机构。

1. 银行电汇的跨境支付

银行电汇是指汇出行应汇款人申请,以加押电报、电传或者 SWIFT 等电讯方式将汇付款委托书给目的地的分行或者代理行(汇入行),指示汇入行向收款人支付一定金额的一种汇款结算方式。当前,全球大部分国家银行电汇均是采取"环球同业银行金融电讯协会"(SWIFT)支付形式,使用 SWIFT 的系统进行跨境结算,汇款行或代理行(汇入行)均是采用 SWIFT Code 作为电汇代号,我国银行电汇也是如此。银行电汇一般2~3个工作日到账,除手续费外,还收取电报费,一般用于大额汇票业务。

2. 专业汇款机构的跨境支付

专业汇款机构其实也是金融机构,通常与银行、邮局等机构有较深入的合作,借助这些机构分布广泛的网点设立代理点,以扩大业务覆盖面。目前,中国市场上主要有西联汇款(Western Union)、速汇金(Money Gram)、银星速汇(Sigue)和 BTS 汇款公司等专业汇款公司。以西联汇款为例,其代理网点遍布全球近200个国家和地区,能够实现全天候全球汇款支付。与银行电汇相比,专业汇款机构耗时较短,只需几分钟,手续费也相对低廉,一般为15~

40美元。此外,其操作上也相对简便,汇款人无须开户,只需要提供身份证明和支付汇款费用,就可以获得汇款密码,收款人凭汇款密码和身份证明取款即可。

3. 国际信用卡公司的跨境支付

国际信用卡公司发行的国际信用卡一般具有跨境支付和结算功能。目前,常见的国际信用卡有 VISA、MASTER、JCB、AMERICAN EXPRESS 等。国际信用卡跨境支付通常会受到很多限制,如单笔数额不能过高、同一 IP 不能重复使用等,这对大额跨境支付不太方便。在我国,由于信用体系不够完善,使用国际信用卡的人比较少。此外,VISA、MASTER 等国际信用卡组织为减少商户恶意欺诈和信用卡盗刷风险,为亚洲地区信用卡添加了 3D 密码验证服务,而该服务增加了操作的复杂性,进一步降低了交易支付的成功率。数据显示,国际信用卡非 3D 支付成功率约为 70%~90%,而 3D 通道支付成功率可能只有 30%,主要原因是 3D 密码服务需要商家和买家同时开通,如果只有一方开通,刷卡就无法通过。

4. 第三方支付机构的跨境支付

第三方支付公司跨境外汇收支业务是指支付机构通过银行为电子商务交易双方提供跨境互联网支付所涉及的外汇资金集中收付及相关结售汇服务。根据规定,我国第三方支付公司开展电商跨境外汇支付业务首先需要有央行颁布的"支付业务许可证",其次需要外汇管理局准许开展跨境电子商务外汇收支业务试点的批文。2013 年,国家外汇管理局向支付宝、财付通等 17 家第三方支付机构发放了首批跨境支付牌照,到 2016 年末,拥有跨境支付资格的第三方支付公司数量达到 27 家。

目前,中国境内可用的跨境支付方式主要是银行电汇、专业汇款机构和第三方支付机构三种方式,此三种方式各有优劣,且手续费普遍较高(见表 8-1)。

表 8-1 中国跨境支付方式比较

对比项目	银行电汇	专业汇款机构	第三方支付机构
业务实现方式	通过 SWIFT 系统进行报文传输,让代理行将款项支付给指定收款人	汇款公司设置全球代理点、全球资金池,实现自有代理点间的操作	通过移动互联网技术,利用有资质的第三方支付机构操作
客户操作方式	客户去银行网点办理业务,部分银行可以网上办理	汇款人无须开设账户,收款人凭身份证与汇款码取款	手机 App 操作
手续费	汇款金的 0.05%~0.1%,一般设有封顶金额,电报费为 50~250 元/笔	分档计费:通常为汇款金额的 0.1%~0.3%	分级收取:70~260 元/笔
到账时间	2~3 天	10~15 分钟	实时到账
主要应用场景	B2B 大额交易,传统进出口贸易	中小额交易	小额且高频交易

8.1.3 传统跨境支付的"痛点"

在上小节所介绍的支付模式中,以银行电汇为当前跨境支付最常见的汇款方式,且银行通常都支持这种汇款方式,但是用这种方式进行跨境汇款不仅收费较高,而且时间长,一般需要2～3天才能到达国外指定账户。同时,进一步结合传统跨境支付的业务流程我们可以发现,当前跨境支付在发起阶段、资金转移阶段、资金交付阶段和支付之后阶段都存在相应的"痛点"(见图8-2)。

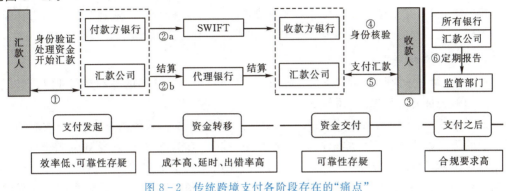

图8-2 传统跨境支付各阶段存在的"痛点"

1. 传统跨境支付四个阶段的"痛点"

1) 支付发起阶段

对应于图8-2中的①,本阶段主要涉及汇款人和付款银行两大主体。首先,汇款人通过银行等向另外一个国家或地区的收款人发起转账汇款,在这一过程中,付款方银行或公司进行身份核验、KYC和反洗钱(anti-money laundering,AML)核查后,收集资金并收取相应的手续费,之后进行再确认并开始处理汇款业务。

在支付发起阶段,对汇款人和收款人的信息收集和审核都需要经过重复性的人工业务流程,效率低,操作风险较高;同时,由于是远距离跨境业务,汇款银行或公司对客户身份信息和相关文件控制力有限,信息不对称严重,身份核验环节的可靠性存疑,信用风险较高。

2) 资金转移阶段

对应于图8-2中的②,本阶段主要涉及付款银行、SWIFT或代理银行和收款银行三大主体,银行电汇通过SWIFT通道直接进行汇款;而非SWIFT成员的付款方银行或其他支付模式下,需要通过当地代理银行进行汇款。

在资金转移阶段,资金流和信息流经过多个机构,人工模式下出错率高、效率低;同时,往来账户中的备用金提高了银行的机会成本和对冲成本;最重要的是,不论是SWIFT还是代理银行,其业务成本都较高。根据麦肯锡发布的2016年全球支付报告,通过代理银行模式完成一笔跨境支付的平均成本为25～35美元。

3) 资金交付阶段

对应于图8-2中的③④⑤,本阶段主要涉及收款银行和收款人两大主体。收款方银行或汇款公司向收款人发出通知后,履行KYC和AML相关流程,再以当地货币形式支付给收款人相应款项。

在资金交付阶段,类似于支付发起阶段,人工流程多,效率低,且身份核验环节的可靠性存疑。此外，部分汇款公司（如西联汇款）还要求取款必须本人亲自到场，手续较为烦琐，核验成本较高。

4) 支付之后阶段

对应于图 8-2 中的⑥，本阶段主要涉及银行和监管机构等主体。为便于交易追溯和责任追查，应当地监管机构和相关法律法规的要求，当事银行和汇款公司需定期向有关部门报送收付款人身份、汇款金额、币种和时间戳等业务信息。

在支付之后阶段，对银行和汇款公司而言，由于涉及机构多，数据来源和渠道复杂多样，且监管合规要求较高，在报送信息时往往需要较高的技术功能和复杂业务流程的支持，工作量和成本管控压力大。同时，监管机构是事后审核，依赖于文件信息，导致监管效率不高。

2. 传统跨境支付体系的弊端和行业"痛点"

整体来看，对应于跨境支付需求的快速增长，传统跨境支付体系的弊端和行业"痛点"限制了其金融功能的进一步发挥，具体如下：

一是效率低，程序烦琐，到账周期长。如上所述，在跨境支付业务流程中，支付发起和资金交付阶段的信息收集和身份检验都需要大量重复性人工操作，且资金转移还需要 SWIFT 或代理银行等中介机构进行逐笔验证；加上以银行为主要渠道的支付方式涉及开户行、央行、购汇机构、境外银行等多个中间机构，账务系统彼此独立，对账和清算业务复杂，存在操作风险和汇率风险高、耗时长、效率低等问题。以银行电汇为例，每笔跨境汇款业务平均需要 2~3 个工作日，与境内支付系统实时到账相比，周期长，时间成本高。

二是业务成本高企，费用高昂。对于银行和转账机构而言，多个环节和机构系统的对接、大量的人工审核成本，使得成本控制难度大；相应地，对汇款人而言，手续费、中介费、备用金及汇率损失等各类支付成本累积，汇款费用较为高昂。正如麦肯锡报告所指出的，经由代理银行模式的跨境支付成本平均在 25~35 美元，与基于自动交换中心（automatic clearing house, ACH）的境内结算对比，其成本高出 10 倍不止。再以电汇为例，如招商银行的手续费率为 0.1%，最高可收取 1000 元，加上 150 元/笔的电报费和中介费、"汇转钞"差额等，高昂的费用极大地限制了小额跨境支付业务的开展。根据中国人民银行数据，2018 年，中国境内外币支付系统共处理业务达 213.52 万笔，若根据各商业银行电汇收费标准按平均每笔 150~250 元人民币跨境支付手续费计算，跨境支付交易总成本约为 3.2 亿~5.3 亿元人民币。近年来，国际贸易的发展推动全球跨境支付交易市场规模保持同比 3% 的增长速度，在单笔跨境支付成本不降的情况下，跨境支付交易总成本将持续上涨。

三是安全性低，风险因素多。首先，传统的集中式、中心化支付方式中，收付款人与各个中介机构发生关系，任意一端出现问题都会影响整个支付流程；同时，鉴于身份验证等流程的需要，中介代理机构累积了大量的交易数据和账户信息，包括交易记录、认证信息、客户身份信息等，易被黑客和不法分子攻击，存在信息泄露风险。其次，一笔支付涉及大量机构、多个环节和人工操作，使得出错率高，进而拒绝率较高。再次，中介机构之间存在差异性，加之远程活动中的信息不对称较为严重，其对客户信息和文件真实性的把控力有限，客户与中介机构间的信任机制不健全。最后，实时变化的汇率，导致交易中汇率损失概率较高。综上，传统跨境支付体系中操作风险、信用风险、系统性风险和市场风险频发，安全性较低。

四是资金占用多，影响银行资源配置和流动性。银行作为跨境支付的主要渠道，各参与方和机构都需要设立账户或账务系统，以利于交易的记录、清算和对账。而传统跨境支付体系效率低，业务周期长，因而在途资金占用量较大。一方面，客户需在代理银行分别开立相应的保证金账户，占用了客户资金；另一方面，跨境支付需在"往来账户间"保有多种主权货币，大量的留存资金增大了银行的机会成本和对冲成本。同时，中间机构和业务环节的复杂性、多样性，资金流动的不确定性和匿名性，也加大了监管难度。

五是跨境支付门槛高。传统跨境支付模式下，银行需要通过 SWIFT 通道实现跨境汇款，完成跨境支付。然而，并不是所有银行都能直接采用 SWIFT，只有其会员才有直接使用的权利。SWIFT 采用严格的会员制度，不断筛选有资格的银行，形成了 SWIFT 下的垄断，这导致了大部分银行没有跨境支付的资格，若想完成跨境支付就必须找代理银行，这给没有会员资格的银行带来了极大的不便。

六是第三方支付野蛮生长。据中国人民银行数据显示，截至 2018 年，我国持牌第三方支付机构只有 238 家，比峰值期减少 33 家，这意味着支付宝、微信支付双寡头垄断市场 60% 以上的状况在短期内难以改变，其他支付机构的生存空间不断被压缩，第三方支付牌照的价值不断攀升。在支付宝、微信支付尚未大规模崛起前，第三方支付相较于银行卡支付市场规模小、使用人数不多，监管存在盲区和缺位，导致一些第三方支付机构存在超范围经营跨境支付业务、虚假交易、未按规定审核接入商户背景和客户身份信息、超交易限额办理跨境支付、未按规定采集业务订单信息和报送异常情况报告、挪用备付金、通过扩大备付金规模赚取利息收入、二清或多清、洗钱等违法违规行为，以及由技术漏洞导致的套码（违规套用低费率行业商户类别码）、切机（把其他收单机构的商户变更为自己的商户）、诈骗等网络安全风险。由于第三方支付涉及面广，包括银行等重要性金融机构、清算结算机构、大量企事业单位和普通公众等，且支付金额庞大，支付机构发生风险具有传导性、叠加性和强破坏性，一旦发生风险，极有可能导致系统性金融风险。

随着跨境贸易活动的发展和跨国消费活动的增多，跨境支付正扮演着越来越重要的角色。面对不断增加的跨境支付需求与跨境支付创新不强、成本高、效率低的矛盾，如何通过金融科技促进跨境支付形成新业态，便成为一个重要的课题。中国人民银行上海总部课题组研究指出，区块链技术在支付清算领域，除了可以改造现有的央行支付系统，还可以通过跨境支付、数字票据和智能支付创新支付产品；其中，在跨币种、跨国界、多种经济合约下，成本高且时间效率低的跨境支付是支付清算系统中应用区块链技术的首选。

8.2 区块链技术推动跨境支付结算生态化升级

支付领域是区块链技术应用的主要领域，也是在当前技术条件下，区块链最能够产生实际价值的应用领域之一。区块链的去中心化技术应用到跨境支付中，可以有效克服传统跨境支付业务模式的性能瓶颈，比如安全性低、持续性弱、时效性差、费用高等问题。传统跨境支付中，交易双方由于没有信任机制，必须依靠中介机构来实现信任和价值的传递。而基于区块链的跨境支付，通过区块链中的相关技术将计算机、数学、密码学结合起来，利用代码即规则这一核心思想解决不熟悉交易双方之间的信任问题，使得跨境交易双方可以直接进行数据交互，而不涉及其他中介机构。区块链作为一个记账系统，不仅可以记录数字形式的货币，还可以记录能用数字定义的其他任何形式的资产，实现跨境支付所有权的传输，从而显著提高跨境支付业务的处理效率。

8.2.1 区块链跨境支付的优势分析

与传统支付体系相比,区块链支付是交易双方直接进行数据交互,不涉及中介机构。即使部分网络瘫痪也不影响整个系统运行,极大地降低了中心化支付方式的系统性风险。由图8-3可知,区块链技术下完成一次支付不需要任何中心化机构的参与,市场中的银行和客户完全可以建立一个私链完成支付过程。假设 A 向 B 发起了一笔超过其账户余额的支付,由于在分布式账簿中,每个参与主体都有所有历史支付的数据拷贝,那么在图 8-3 的第④步中就得不到其他主体的认证。而一旦交易得到认证,代表该交易的区块就将被永久地加入数据链条中,且该数据链条不能被修改。区块链上交易被确认的过程就是清算、结算和审计的过程,对优化金融机构业务流程具有重要意义。具体来讲,区块链技术应用于跨境支付主要具有如下优势:

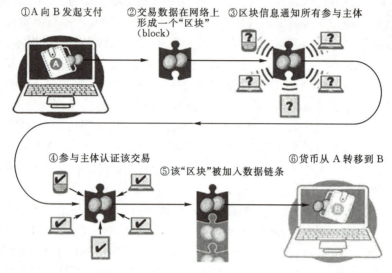

图 8-3 区块链技术下的支付流程

1. 提高跨境支付效率

一方面,区块链去中心化的特点使得交易双方无须通过金融中介机构即可完成汇款(见图8-4),交易双方便是两个交易节点,进行点对点传输,不需要任何中间代理商,交易主体由多个变成了两个,大大提高了支付效率。另一方面,跨境支付时间大大缩短。传统跨境支付下,清算往往需要几天,加入区块链,清算的时间单位可由天变为分,甚至秒,而且可以一直处于清算的状态。从到账时间来看,区块链基本上可以实现实时到账。如通过 Ripple 完成的由加拿大 ATB 银行到德国 Reisebank 的全球第一笔区块链国际银行间汇款,耗时仅为 20 秒;OKLink 宣称,其跨境支付到账速度在 5 秒到 10 分钟之间。

2. 降低跨境支付成本

跨境支付成本主要来自三个方面,一是时间成本,二是手续费用,三是汇率变动带来的汇兑成本。在传统跨境支付模式下,时间成本、手续费用是由支付环节众多,中介机构收取高昂费用导致的。由于区块链的去中心化,无须中介机构的参与,更无须交纳各种手续费用、保证

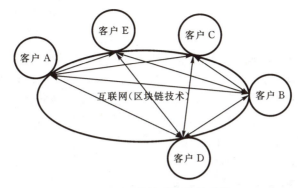

图 8-4 区块链跨境支付系统

金等,交易双方点对点直接交易,节省了高昂的手续费用。同时,由于区块链全网记账、时间有序和不可篡改,所有的交易记录都可以追溯,使得区块链不需要额外的成本来建立信用体系,从而大幅降低传统跨境支付中的信用维护成本。根据麦肯锡测算,从全球范围看,区块链技术在 B2B 跨境支付与结算业务中的应用可以使每笔交易成本从约 26 美元降低到 15 美元,降低的 11 美元成本中约有 75% 为中转银行的网络维护费用,25% 为合格、差错调查费用以及外汇汇兑成本。Ripple 称其能将支付处理成本降低 81%、将财务运营成本降低 23%、将对账成本降低 60%。西班牙 Santander 银行最近的一份报告预测,到 2022 年,区块链技术至少能帮助金融行业降低 200 亿美元的记账成本。中国的跨国贸易量已经达到 6 万亿美元,只要解决其中一小部分企业国际贸易中的支付问题,就能创造巨大利益。

3. 降低安全风险

在传统跨境支付模式下,交易双方信息很容易被泄露,容易遭到黑客袭击,引发犯罪行为。基于区块链的跨境支付模式,凭借区块链是一种加密式、分布式账本,不易篡改的特点,能够有效降低安全风险。区块链可自动记录每一条交易信息,且交易信息一旦上链,便很难篡改。同时,区块链作为一种分布式账本,各个节点形成共识机制,系统不会因为一个节点的破坏而被影响,有很强的容错机制。另外,区块链对链上的信息进行加密保护,使得信息很难受到黑客袭击,进一步降低安全风险。

4. 加强流动性,降低资金占有率

一方面,传统跨境支付中,由于资金流转速度较慢,降低了资金使用效率,而基于区块链技术的跨境支付模式,无须中介机构,跨境支付清算只需几分钟甚至几十秒便可完成,大大减少了在途资金的数量,提高了资金流动性。另一方面,基于区块链技术的跨境支付模式中,银行等金融机构也无须开设往来账户持有外币,只需持有公认数字货币即可完成交易,或者银行之间形成跨行业的联盟链,实现汇兑支付,从而减少了对其他货币的占用。

5. 拓展支付边界,降低门槛

在传统跨境支付模式下,基于 SWIFT 的限制,很多银行都无法直接参与到跨境支付中,只能找代理行来完成跨境支付结算。加入区块链之后,实现了点对点的直接交易,无须中介机构的参与,任何机构和用户都可直接进行支付。区块链支付系统具有天然的扩张优势,其低廉的基础设施成本、较少的人力资源成本,尤其是底层网络的兼容性,为其国际化拓展进程奠定了基础。

8.2.2 区块链跨境支付模式分析

"区块链＋跨境支付"新模式的总体设计思路为：摒弃中转银行的作用，以虚拟货币做中介，首先在资金汇款端将汇款人所在地货币兑换成数字资产或代币，然后在资金收款端再将数字资产或代币转换成收款人所在地货币，从而对传统跨境支付流程进行改造。目前区块链跨境支付的成功案例大致可以分为两种模式，其一是以数字货币或者虚拟货币作为中间桥梁货币，通过两国货币与虚拟货币的实时比价和转换，实现跨境支付；其二是利用区块链实现跨境支付信息的实时转接，最终实现跨境支付。

1. 基于数字货币（或虚拟货币）的跨境支付模式

该模式通过引入数字货币并将其作为一种桥梁货币，在进行跨境汇款时，先将法定货币转换为相应币值的数字货币（或虚拟货币），再由数字货币按实时比价转为目标国法定货币。注意，数字货币（或虚拟货币）的价格随着市场的需求而进行波动。

这一模式比较典型的案例是瑞波网跨境支付系统（Ripple Labs），这是一个基于区块链的跨境支付系统，其主要做法是推出瑞波币，让瑞波币作为桥梁货币，充当各种货币兑换的中间物。同时引入网关系统，允许把法定货币、虚拟货币注入或抽离瑞波网络，从而实现资金的实时跨境支付。

此种模式一般基于互联网的公有链进行开发运行，它利用了区块链去中心化的特点，无须代理清算机构，从"币"的角度出发，快速实现跨境支付。但其安全性和可靠性无法保证，加之虚拟数字货币在多数国家央行不被认可，因此还没有国家的监管部门接纳这一跨境支付模式。

2. 基于区块链的跨境协同报文模式

这一模式一般通过基于联盟链的区块链技术实现支付报文的传输与共享，即只是完成跨境支付信息清算，实际资金结算还需要通过跨国银行间完成，付款行通过银行垫资实现跨境支付资金实时到账，日终通过银行间资金清算完成账务平衡。

这一种模式是从链的角度或者分布式账本的角度，实现跨境资金的快速清算。跨境汇款中的付款方通过区块链技术将汇款报文写入分布式账本，链上的各个参与方包括监管方通过读取分布式账本数据，实现协同信息处理，完成跨境支付信息的实时到账，将原本机构间的串行处理并行化，提高了信息传递及处理效率。

从链的角度来说，以上两种模式不同之处在于，第一种方案大多利用公有链，第二种方案则是多个金融机构共同参与的联盟链。由此可见，对金融体系完善的国家来说，采用第二种方案的联盟链较为稳妥，第一种方案可能要解决的金融系统问题太多，金融安全很难保障；对于金融体系不完整的国家来说，第一种方案的跨境支付方式可能会颇受欢迎。当然，第一种方案一开始只会在一些地区小范围小金额流通，不会在全球范围普及。

2018年3月，时任中国人民银行行长的周小川在人民代表大会新闻发布会上讲到，央行目前不承认比特币和其他数字货币是一种合法的支付方式，因此上面提到的第一种以虚拟货币为媒介的区块链跨境支付模式，并不被我国央行和外汇管理局认可。接下来，我们将介绍区块链技术应用于跨境支付场景时会遇到的问题。

8.2.3 当前区块链技术应用于跨境支付面临的约束条件

区块链跨境支付是金融领域的重要创新，具有广阔的市场空间和市场前景，但同时也存在一定的不确定性。

一是监管环境不一致制约区块链的全球化推广。区块链作为一种新技术,监管部门对其还缺乏足够的认知,对于区块链的监管还处于探索阶段。由于区块链是一个没有准入门槛、完全开放的系统,其去中心化特性在政府或者监管层面很难被完全接受,因此各国对区块链的态度存在差异。尤其是基于区块链技术开发的数字货币,虽然在跨境支付领域发挥了交易媒介的作用,但用这种数字货币作为清算标的,会对各国的法定货币产生一定的冲击,这是很多国家无法接受的。

二是区块链技术不完善影响其在跨境支付领域的使用。一方面,与传统跨境支付相比,虽然基于区块链技术的跨境支付的安全性有很大提高,但还是存在安全隐患。区块链系统作为去中心化的运营系统,由于缺乏信用中介,一旦系统安全性出现问题,系统的信用价值立刻会贬值为零。因此,安全性对区块链系统的重要性不言而喻。另一方面,由于区块链全网挖矿和分布式数据存储的特点,随着链上交易规模和频率的增加,区块链会对每一个参与其中的节点提出较高的存储空间要求,而以区块链所能承载的交易量和效率,难以满足当前社会的交易容量需求。

三是低成本背后存在高成本隐患。区块链技术决定了每次只有一个矿工能获得记账权,而其他矿工所做的工作都将无效。对应到跨境支付中,区块链技术的应用减少了交易环节,但是增加了交易节点。交易节点的增加带来了大量冗余,造成存储和计算资源的浪费。同时,区块链是通过广播消息进行全网同步的,消息的广播容易带来广播风暴,对底层网络的带宽资源造成大量消耗,可能会导致网络性能下降甚至瘫痪。

8.3　应用案例

8.3.1　全球分布式跨境支付体系 Ripple

本小节以区块链技术中应用比较广泛的 Ripple 为例,构建区块链技术应用到跨境支付清算中的方案。Ripple 发源于旧金山,前身是一家名为 Ripple Labs 的新型金融公司。2012 年杰德·麦克莱伯(Jed McCaleb)和克里斯·拉森(Chris Larsen)接手该公司后,其主导的 Ripple 项目正是我们今天所熟知的案例。作为世界首个开放的支付网络,Ripple 对区块链技术在跨境支付和全球清算结算体系中的应用探索,影响较为深远,实践也较为成功,极大挑战了传统的 SWIFT 模式,被全球多家投资公司和战略投资者看好。

Ripple 的理念是打造 SWIFT2.0,针对低效、昂贵的 SWIFT 电报网络系统,建立在比特币区块链基础上的 Ripple 支付协议构建了一个没有中央节点的分布式支付网络,致力于提供一个能取代 SWIFT 电报网络系统的跨境转账平台。Ripple 的跨账本协议,可以实现客户间的点对点传输,取消了跨国转账的电讯费和中间银行的手续费。截至 2016 年 2 月,Ripple 已经与 25 家金融机构达成合作关系,包括全球 Top50 银行中的 10 家。

1. Ripple 跨境支付清算方案

(1)Ripple 连接。Ripple 技术能够开发并构建一定的连接协议,通过这种连接可以使得参与跨境支付的银行在保持自身账本系统不变的情况下,将其他参与跨境支付的个人和机构连接到 Ripple 网络中,并进行相应地业务清算和支付等(见图 8-5)。跨境支付的相关数据则通过加密的形式在网络的各个接点进行储存，从而很大程度上保证了用户的隐私性，确保交易的安全。

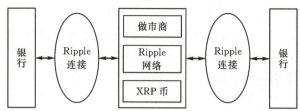

图 8-5　Ripple 跨境支付模式

（2）分布式共识机制。运用区块链技术对跨境支付进行处理，能够通过 Ripple 网络上的各节点，实现对交易数据的记忆和储存，从而实现交易数据的分布式共识。运用这种技术能够很好地解决传统跨境支付过程中的数据储存问题，同时这种系统相比较于比特币系统来说，具有两大优点：一是这种技术对于账本的储存采用的是节点不保留模式，即储存节点是已经验证过的账本，从而减少了对于账本的重复验证的环节，提高了网络的运转效率；二是这种技术能够实现各节点上的环节相互验证，从而大大缩短了每一笔交易的验证时间，能够实现 7×24 小时的支付模式，大大提高了跨境支付的效率。

一是做市商网络。相对于传统的跨境支付来说，在 Ripple 网络中，大量的银行等金融机构通过做市商的形式为网络提供足够的外汇流动性，从而有效避免了传统跨境支付情况下的代理银行或中间银行。一旦做市商同时出现，跨境支付中外汇交易的效率就会大大提高，从而降低跨境支付中汇率对交易的影响，不断提高跨境支付的效率。

二是 XRP 币。XRP 币是 Ripple 网络中的重要支付中介，在跨境支付的过程中，它承担起了各国货币交换的媒介作用，即在交易的过程中，先将传统的货币兑换成 XRP 币，然后再用这种币种进行各项交易和操作，类似于黄金在国际金融体系中的作用。另外，由于这种币种的额度是定量的，在交易过程中，这种币种起到了 Ripple 网络安全卫士的作用，能够有效防止大量小额交易带来的系统拥堵现象，并且每次交易都将永久销毁十万分之一的币。这种币与比特币不同，不用挖矿就可以获得。在设计之初 Ripple Labs 公司就宣布，这种币只发行 1000 亿个，并承诺不增发，这就确保了系统的安全性，有效防止了币量的泛滥。

在跨境支付的过程中，Ripple 网络为跨境支付提供了两种业务支付服务：一是该网络系统直接给银行提供底层协议和汇付技术，由银行形成网络上的各个网关，客户可以在各银行之间进行支付交易；二是允许个人进行直接交易，类似于个人通过注册 Ripple 钱包，形成特定的钱包私钥，并设置相应的网关，个人通过对钱包进行充值，在支付过程中进行支付即可完成，不用考虑汇率和币种限制。

2. Ripple 结算的操作步骤

本书以中国进口商 Z 公司与英国出口商 Y 公司为例，两家公司达成了一个 5 万美元的业务，Z 公司需向 Y 公司付货款 5 万美元，Y 公司应当按照合同约定进行发货。Z 公司在中国的开户行为 A 银行，即人民币的做市商为 A 银行，Y 公司在英国的开户行为 B 银行，即英镑的做市商为 B 银行。

（1）支付准备阶段。参与做市商的银行应当在 Ripple 网络系统中扩展一个 Ripple 外挂账户，并将账户的相关余额储存记忆到分布式账本上，从而达到将货币转化为数字货币并进行记账的目的。

首先,Z公司应当将货款100万人民币打入A银行的账户中,A银行将对其在Ripple网络中的账户注入1000万人民币作为做市商用,与其对应的英国银行B注入10万英镑作为做市商用,从而确保整个交易的支付流动性充足(见图8-6)。

```
   A 银 行 账 本              Ripple 分账形式              B 银 行 账 本

Z公司:100万人民币         B公司:0英镑              外挂账户:0英镑
做市商:1000万人民币       做市商:0人民币            费用账户:0英镑
费用账户:0人民币                  0英镑             做市商:10万英镑
外挂账户:0人民币          A银行:0人民币             Y公司:0英镑
```

图8-6　Ripple结算账本资金流动情况1

其次,做市商银行向A银行发出支付请求,50万元人民币将会从A银行转到B银行的外挂账户,并在分布式账本中有所表现。如图8-7所示。

```
   A 银 行 账 本              Ripple 分账形式              B 银 行 账 本

Z公司:100万人民币         B公司:-5万英镑           外挂账户:5万英镑
做市商:1000万人民币       Ripple币:5万英镑          费用账户:0英镑
费用账户:0人民币                 50万人民币         做市商:5万英镑
外挂账户:50万人民币       A银行:-50万人民币         Y公司:0英镑
```

图8-7　Ripple结算账本资金流动情况2

(2)支付验证阶段。在支付验证阶段,Z公司按照贸易合同的约定,向开户行发起支付给Y公司开户行货款5万英镑的请求,具体步骤为:

A银行按照开户要求,向B银行发出汇款请求,这时A银行的Ripple Connect与B银行的Ripple Connect进行连接,并将申请的相关信息传递给B银行。

B银行收到汇款申请后,对接收到的信息进KYC/AM审核,并对Y公司的相关信息进行审核,防止出现洗钱等行为,并根据审核情况向A银行或Y公司发出信息查询文件,如审核通过了区块链的个人征信管理模块,将会被保存在区块链的节点中(见图8-8)。

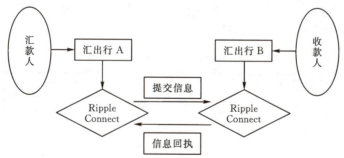

图8-8　Ripple支付验证阶段示意图1

A银行得到B银行的收款答复后,通过Ripple网络将申请人民币、英镑、XRP币做市商,并获取相应地兑换汇率。根据汇率报价,5万英镑可以兑换50万人民币。然后A银行将人民币转化为XRP币,Ripple网络再将XRP币转换为英镑。A、B银行将各自的费用计算在这笔交易之中,并通过A银行将最终的费用明细提交给Z公司,Z公司确认完成后,按照是否能够接受,做出下一步的决定(见图8-9)。

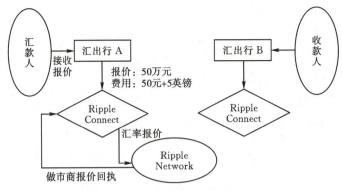

图 8-9 Ripple 支付验证阶段示意图 2

Z 公司接受报价后,确认相关的信息,并同意 A、B 银行做市商,并告知 B 银行通知 Y 公司发货。该交易被锁定,并通过 Ripple 网络将信息在交易的相关各方之间进行传递,在对相关信息进一步验证的基础上,确认交易(见图 8-10)。

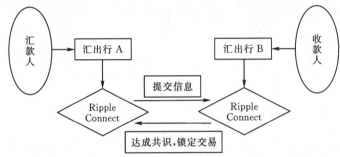

图 8-10 Ripple 支付验证阶段示意图 3

(3)记账支付阶段。交易被锁定后,A 银行按照 Ripple 网络的交易确认后的信息,从 Z 公司账户借记 50.01 万元,贷记费用 50 元,并将相应的账户数据映射到 Ripple 账户。同时通过 Ripple Connect 通知 B 银行,B 银行收到做市商完成的记录后,就会在外挂账户记录为贷记 5.001 万英镑,贷记的费用为 5 英镑,贷记 Y 公司 5 万英镑(见表 8-2)。

表 8-2 Ripple 共享账单资金流动情况

账户	借(出)	贷(入)	平	备注
A 银行		150 万元	150 万元	支付前
	50 万元		100 万元	支付后
做市商		50 万元+5 万英镑	50 万元+5 万英镑	支付前
				支付后
B 银行		5 万英镑		支付前
		10.001 万英镑	10.001 万英镑	支付后

3. 对 SWIFT 的颠覆

相较于 SWIFT 等传统跨境支付系统,Ripple 的主要优势体现在三个方面:一是接入

Ripple 支付网络中的网关,通过直接连接支付交易各当事人发生关系,绕开中间银行,大幅减少了交易环节,可实现 7×24 小时全天候实时到账,成本低、效率高;二是外汇做市商和 XRP 币相互补充,可实现数字货币与不同币种间的自由兑换,保证了资金的流动性;三是 XRP 币作为系统的"安全卫士",数量固定为 1000 亿个,每个 Ripple 账户需持有 20 个以上的 XRP 币,每进行一笔交易就会销毁十万分之一的币,可有效防止 DOS(disk operating system,微软公司开发的磁盘操作系统)攻击。由此,基于 Ripple 协议的跨境支付系统实现了实时、安全和低成本的支付(Ripple 与 SWIFT 银行汇款的对比见表 8-3),这无疑对传统 SWIFT 跨境汇款方式产生了革命性的颠覆。

表 8-3 Ripple 与 SWIFT 银行汇款之间的比较

对比项目	Ripple	SWIFT 银行汇款
记账机制	RPCA(Ripple 协议共识算法)	集中批处理
架构	去中心化	中心化
处理速度	3~6 秒	2 个工作日以上
最高处理能力	8600 万笔/天	1900 万笔/天
交易成本	网关手续费、汇率差	银行手续费、汇率差、电讯费
交易币种	法币及各种电子加密货币	法币

8.3.2 小额跨境支付 OKLink

OKLink 是中国 OKCoin 公司于 2016 年推出的基于区块链技术构建的新型全球金融网络。类似于 Ripple 运行机理,OKLink 同样以区块链信任机制为基石,以数字货币为传输介质,在极大提高国际汇款传输效率的同时,降低了交易成本。其主营业务模式在于面向银行、汇款公司、互联网金融平台和跨国公司等客户,提供安全、透明的全球汇款服务。

当前,OKLink 业务覆盖 30 个国家和地区,合作伙伴包括两家银行和多家外汇公司;在支付牌照方面,OKLink 平台已获取加拿大和中国香港的货币服务牌照,同时也在筹备申请英国电子支付牌照。主要业务集中在菲律宾、韩国等东南亚国家之间的 OKLink,在"一带一路"倡议背景下,发展前景广阔。

OKLink 在构建低成本跨境支付平台的同时,提升了全球价值传递效率和汇款客户体验,其运作机制如图 8-11 所示。

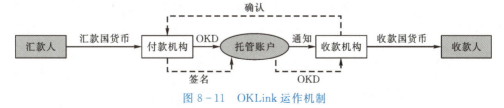

图 8-11 OKLink 运作机制

OKLink 与国际信托公司合作,开设信托账户,汇款机构需要预先在 OKLink 子账户里至少存入 10000 美元并获得相应数量 OKD(即 OK Dollar,与美元 1∶1 挂钩)。具体而言,OKLink 实现跨境支付主要包括以下步骤:首先,汇款机构根据汇款人的汇款指令,把汇款国货币按美元实时汇率换算成相应 OKD,并且存入经过汇款公司、收款公司和 OKLink 多方签名的托管账户中;其次,收款机构收到托管账户的汇款通知之后,把 OKD 按美元实时汇率换算成收款国货币支付给收款人;再次,只有当汇款公司或 OKLink 确认收款人已经收到汇款,并且经过付款公司签名之后,OKD 才会从托管账户中转移给收款机构;最后,收款公司可以根据需要把自己账户中的 OKD 转换为美元。

OKLink 运作机制的核心主要体现在以下几个方面:第一,OKLink 利用虚拟货币 OKD 作为桥梁货币,从而完成实时、可验证、安全的跨境支付;第二,OKLink 系统在支付完成之后可以进行即时结算,从而消除交易风险;第三,OKLink 运用区块链的三分之二签名交易方式,结算时需收款机构、OKLink、汇款机构中两方签名确认,从而防止伪造交易;第四,OKLink 属于实名制联盟链,全部合作入驻 OKLink 的公司都可以查询、验证、追溯交易。

本章小结

区块链的本质是分布式账本数据库,具有去中心化存储、不可篡改、公开透明、简化流程、可追溯验证等特质。针对当前跨境支付存在的交易成本高、运作效率低、汇款时间长、信息不透明、安全性低等根本性"痛点",区块链技术重构价值传输网络,摒弃中转银行的作用,用虚拟货币作为中介,改造传统跨境支付流程,整合资金流和信息流,进行点对点实时交易,从而打造了快速、高效、安全、成本低廉的新型跨境支付模式。但区块链作为一项新兴技术,存在诸多问题,这需要社会各界共同努力去解决,推进区块链技术的进步。对于监管问题,需要监管部门和跨境支付行业共同探讨,展开合作,尽快出台相关法律法规,建立完善的监督体系。

思考与练习

1. 跨境支付市场的四大模式包括哪些,由什么来划分,各有什么特点?
2. 简述跨境支付流程的四个阶段。
3. 传统跨境支付体系存在的问题是哪些?
4. 区块链技术应用于跨境支付的主要优势有什么?
5. 跨境支付体系利用区块链技术改进的思路是什么,目前主要有几种应用模式?
6. 区块链技术应用于跨境支付面临的约束条件有哪些,能克服吗?请简单说出你的想法和建议。

第 9 章　区块链+数字票据

引例

票据本身是一种集支付和融资功能为一体的工具,近年来受到了银行和企业的极大青睐。当前票据市场已经成为货币市场中的重要组成部分,受到了金融机构的极大重视。票据业务为实体经济的发展提供了重要的支持作用,同时也推动了货币市场的进一步扩展,丰富了金融市场中的产品种类。因此,从某种意义上讲,票据已经成为整个经济发展的重要支柱之一。但是,从 2015 年中开始,我国国内爆发了诸多票据业务的信用风暴。票据业务在创造了大量流动性的同时,相关市场也滋生了大量违规操作或者出现了众多客户欺诈行为。

其中一个典型案例就是农业银行北京分行 39 亿票据大案。2016 年 1 月 22 日,农行公告称,北京分行票据买入返售业务发生重大风险事件,经核查,涉及风险金额为 39.15 亿元。此外,该案不仅涉及农行的内控问题,还牵涉众多银行。2016 年 2 月 1 日,财新网报道称,农行北京分行 39 亿元票据案还牵涉民生银行和宁波银行。报道称,民生银行是实际的委托行或直贴行,再由重庆的票据中介撮合宁波银行作为民生银行和农行的"过桥行"完成买入返售;宁波银行则是农行北京分行的交易对手,双方开展买入返售业务。由于涉及金额巨大,公安部和银监会将该案件上报国务院,案发时农行北京分行保险柜中的票据被换成报纸。农行 39 亿票据案的具体情况如图 9-1 所示。由此可见,如何通过提升内控管理、规范操作流程且能在业务环节甄别虚构贸易背景而骗取承兑汇票的行为,是一个值得研究的问题。

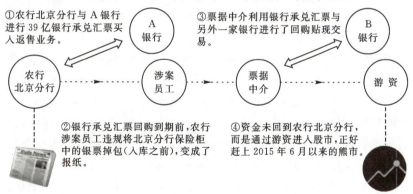

图 9-1　农行 39 亿票据案的具体情况图

随着科技和经济的进一步发展,数字票据的概念随之产生。所谓数字票据,实际上不是一种实物票据,但也不单纯的是一种虚拟票据,它是借助于区块链技术,在现有票据属性、法律和市场的基础上诞生的一种新型票据展现形式。与现代的电子票据相比较,数字票据在技术架构上发生了很大的变化,但却同时拥有电子票据的优点和功能,在结合了区块链技术的基础上形成了一种更具安全性、智能性、便捷性,以及更具发展前景的票据形态。数字票据的出现给货币市场乃至整个金融领域的发展带来了另一番新天地,这也是进入人工智能时代的一种金融创新。本章将通过梳理票据市场的发展历程以及存在的主要问题,分析讨论区块链赋能数字票据后所带来的影响和变化。

9.1 票据市场发展历程及存在的主要问题

票据是一种广泛使用的要式凭证,狭义概念上的汇票、本票和支票构成了中国特色票据体系,由此展开的银行"融信"业务通过推进商业信用票据化,支撑票据市场成为重要的投资、交易和流动性管理的金融子市场。纵向来看,2009年推出的电子票据开始打破原有的纸票体系,在票据市场里纸电并行的背景下,数字票据开始崭露头角。

9.1.1 票据的相关概念

票据指反映一定债权债务关系、具有流通性、代表一定数量货币请求权的有价证券,在其规定期限内,持票人或收款人可凭证向出票人或指定付款人无条件地支取确定金额的货币。广义上,票据泛指市场经济发展过程中一切体现商事权利或具有财产价值的凭证,包括各类有价证券,如股票、债券、发票、提货单、仓单、存单等;狭义上,与《中华人民共和国票据法》和国际惯例所规范的对象一致,票据指依法律按照规定形式制成的并显示有支付金钱义务的凭证,涵盖汇票、本票和支票三大类型。

以汇票为例,汇票是由出票人签发,委托付款人在见票时或者在指定日期无条件支付确定的金额给收款人或者持票人的票据。汇票根据出票人的不同,可以分为商业汇票和银行汇票。同时汇票还可以根据承兑人的不同进行划分,其中承兑人为银行的汇票称为银行承兑汇票,其他则被称为商业承兑汇票。传统的票据业务模式主要包括承兑、贴现、转贴现、再贴现和回购。票据的承兑是指汇票承兑人在票据上承诺到期支付票据款项的行为,且承兑行为是无条件的,银行承兑汇票可以看作是银行的授信业务中的一种。票据的贴现发生在持票人和商业银行之间,它是指持票人为尽早取得现金,在支付一定利息给银行之后,在汇票承兑期限未到之前就将票据转让给银行的行为。这个行为可以看作是票据持有人进行资金融通的一种途径。票据的转贴现发生在商业银行同其他金融机构之间,包括买断式和回购式两种模式。票据的再贴现发生在金融机构同中国人民银行之间。尽管后两种贴现与第一种寻常贴现发生在不同主体之间,它们依然可以被看作是一种资金融通的途径,例如与中国人民银行发生的再贴现,就是中国人民银行为缓解商业汇票大量贴现后的临时性资金紧张,增加金融机构流动性的一种方式。票据的回购业务又包含卖出回购和买入返售两种常见模式,票据的卖出回购是指票据尚未到期之前,票据持有人将票据转让给另一方,并约定在未来某一日会买回票据的行为,也常被称为正回购;票据的买入返售则是指另一方主动购买票据持有人手中尚未到期的票据,并约定在未来某一日原票据持有人将买回原票据的行为,也常被称为逆回购。但不论是票据的正回购,还是票据的逆回购,它们实质上都是以票据为质押的一种短期融资行为。

伴随着我国经济环境和金融环境的成熟,商业银行在寻求业务增长,规避行业监管的同时,以传统票据业务为基础,衍生出了许多票据业务的新模式。比较常见的新模式包括以下几种:第一种是票据滚动签发模式。这种模式是银行针对企业提供的一种融资方式。企业将从银行贷到的款项作为保证金开出银行承兑汇票,又将拿到的汇票找银行进行贴现,如此反复,从而从银行套出更多的现金,故此称为滚动签发。第二种是双买断模式。这种模式产生之初的目的是规避信贷规模的限制,也常常被称作票据代持。原因是它是银行在向另一方买断票据的同时,与对方约定在未来某一日再以约定价格买回票据的行为。由于票据的签发是算银行信贷规模,受相关部门监管的,于是这种双买断形式其实也就是一种买卖信贷规模的行为。显然,伴随着票据市场的迅猛发展,我国商业银行发现了其蕴含的商机,尽管国家执行了愈发严苛的监管,但我国商业银行选择了创新业务模式,将业务复杂化来规避监管,虽然有效地增加了资金业务和中间业务的收入,但也很大程度上增加了票据市场中的风险。

9.1.2 票据市场的发展历程

1980年2月,当时的人民银行杨浦区办与人民银行黄浦区办成功办理了第一笔同城商业承兑汇票贴现业务,这可以看作是中国票据概念的萌芽。从1982年开始,票据概念开始逐渐在全国推广,20世纪80年代末到90年代初,为了解决企业间的"三角债"问题,政府开始鼓励企业之间用票据结算。1995年,《中华人民共和国票据法》获得通过,随后相继出台了一系列与票据业务有关的法规和制度,对票据市场的利率、生成机制做出了初步规划。1999年以后,票据市场急剧扩张,进入快速发展通道。截至目前,票据市场已形成了存量十万亿、交易量百万亿级的重要市场,已经成为货币市场乃至金融市场的重要组成部分。

1. 票据形式形态的演变:纸质版到电子化

1)纸质票据:历史悠久,是现有票据基础制度设计的出发点

票据的出现最初是为了部分取代不便于携带和使用的金属货币,诞生于罗马帝国时代的自笔证书被公认为票据的雏形。在中国历史上,唐代的飞钱和书帖、宋代的交子,其功能实质对应于现代的汇票、支票和本票;明清时期,随着商帮的发展强大,票号和钱庄盛极一时。在纸质票据渊源如此深远的影响下,当前的票据基础制度设计事实上正是以纸质票据作为出发点进行考量,其使用也离不开"纸"这一载体的特性。

传统的票据理论中,票据具有的要式性和文义性等特征隐含着对物理可感官性的要求,票据行为需要进行书面方式的确定才能产生法律效力。当前的《中华人民共和国票据法》(1995年)、《支付结算办法》(1997年)、《中国人民银行关于切实加强商业汇票承兑贴现和再贴现业务管理的通知》(2001年)等一系列法律法规和配套性管理条例基本都形成于20世纪90年代中后期或21世纪初,其规制出票、签章、背书等的相关规定虽未明示,但都体现了"书面票据"这一概念。实务中,中国人民银行统一印制的纸质票据广泛流通,是保证票据有效性、办理支付结算业务的重要凭证。

2)电子票据:发展迅速,在法律体系和管理制度层面亟待跟进

纸质票据传递中的破损、假冒、背书不清楚等一系列问题,推动了电子票据的产生和发展。2009年10月28日,中国人民银行构建的电子商业汇票系统(electronic commercial draft system,ECDS)投入运行,标志着中国票据市场正式迈入电子化时代。特别是近两年随着企业认识的提高、电子票据系统的优化、监管制度的完善,电子票据开始高速发展,电子票据承兑和交易量占比大幅提升,未来票据电子化趋势将越来越明显。

此后,电子票据尽管发展较快,但市场份额一直较低,2016年6月,电子票据占比仅为27.99%。2016年9月7日,人民银行发布《关于规范和促进电子商业汇票业务发展的通知》,该通知要求,自2017年1月1日起,单张出票金额在300万以上的商业汇票应全部通过电票

办理;自2018年1月1日起,原则上单张出票金额在100万以上的商业汇票应全部通过电票办理。该通知要求金融机构办理电子票据承兑业务在本机构全部承兑业务中的金额占比须逐年提高。因此,2016年电子商业汇票系统前后对比业务增长较快,电子票据累计承兑8.58万亿元,同比增加48.3%;累计贴现(含转贴现)54.9万亿元,同比增加了1.1倍;电子票据在票据整体承兑和贴现业务中的比重已达到65%。同年12月,由中国人民银行牵头筹建的具有全国性质的上海票据交易所正式成立,中国票据业务迈入全面电子化的新时代。

目前,从广义的定义来看,电子票据存在两种类型:一是传统票据的电子化,指以计算机等技术为依托,利用电子信息取代传统的纸面凭证从而展开资金流转的电子信息传递;二是用电子信息完全取代传统票据,信息传递的过程也就是资金流动的过程。二者分别反映了电子票据在信息层面和货币层面的内涵,狭义上的电子票据一般指后者,这种数据电文存在形式本身即是一种全新的票据形式。概括来说,电子票据即是以电子方式制作、以电子签章取代纸质签章,通过数字技术设计和使用的票据。

相对于纸质票据,电子票据的出现具有重要意义。首先,票据的电子化大大降低了传递和保管成本,流通经由银行系统渠道进行,开票、托收实现零在途,运作成本降低的同时,交易效率也大为提高;其次,电子介质的安全性更高,不易被丢失、损坏和劫掠,也更易辨别真实性,可有效抑制假票犯罪,降低业务操作风险;再次,电子票据不受地域范围限制,可全国流通,有利于形成统一的票据市场;最后,电子票据的集中管理更为便捷,可满足票据池等业务发展的需求。但是,当前中心化的电票系统安全性和审核机制等都还有所欠缺,尚不能完全替代纸质票据。

2. 票据市场的发展阶段

中国目前的票据市场指的是汇票市场,即企业签发的用于结算的票据,具有真实交易背景,商业票据的签发只面向与出票人有商品和贸易关系的收款人。票据市场是短期融资市场,是货币市场的有机组成部分。在中央银行的推动下,以银行承兑汇票为主的商业票据业务发展较快。一是以经济发达的中心城市为依托的区域性票据市场已经形成了一定的规模,上海、广州、南京、深圳、武汉、郑州、天津、沈阳和大连等中心城市的票据签发、贴现占全国1/3以上。二是部分商业银行在内部设立票据专营机构,如工商银行在上海成立了票据营业部,并先后在北京、天津、西安、沈阳、郑州、重庆设立了票据分部。票据专营机构设立以后,带动了票据业务的进一步发展。

从1982年以来,中国票据市场经历了三个重要发展阶段:

第一阶段(1982—1988年):1982年,工商银行上海分行率先办理票据承兑、贴现业务,人行开始试办再贴现业务。由于商业银行管理操作没有经验,票据市场上违规现象、假票问题严重,1988年各商业银行基本停办票据业务。

第二阶段(1994—1997年):1994年下半年,人民银行同有关部门提出在"五行业、四品种"(煤炭、电力、冶金、化工、铁道和棉花、生猪、食糖、烟叶)推广使用商业汇票,主要针对当时一些重点行业的企业货款拖欠、资金周转困难和部分农副产品调销不畅的状况。

第三阶段(1998年至今):1998年以来,人民银行不断改进宏观调控方式,改革贴现率、再贴现率确定方式,将再贴现率和再贷款利率定价方式分开,再贴现率成为独立的利率指标。商业银行可以在再贴现率的基础上自主确定贴现率,但不能高于同档次的贷款利率,同时取消了再贴现行业比例限制。

3. 目前票据业务的发展特点

近年来,受监管政策趋严、金融脱媒及互联网金融等因素影响,互联网与票据业务进一步融合,票据业务创新持续活跃。但与此同时,大量游离于监管范围之外的违规交易滋生,加之传统票据业务的诸多痛点,票据市场风险扩大,对商业银行合规经营和经济秩序稳定提出了较大的挑战。

1) 票据业务发展迅速,服务实体经济的功能不断强化

互联网金融在实际投入使用中主要分为支付和融资两大模式,而这正与票据的双重属性相吻合。服务于小而微企业的互联网金融,进一步发挥了票据业务在加速资金融通、缓解企业流动资金不足、寻求社会融资等方面服务于实体经济的功能。截至 2017 年,企业累计签发商业汇票 17 万亿元,期末商业汇票承兑余额为 8.2 万亿元,其中未贴现银行承兑汇票余额 4.44 万亿元,占社会融资规模的比例为 2.5%;上海票据交易所日均交易规模突破 1800 亿元。

可见,票据业务已经成为银行盈利的重要来源,同时也是政府和相关金融机构进行市场调控的核心手段。首先,票据承兑业务通过服务于企业间的短期资金支付环节,为实体企业支付结算提供了便利;其次,票据贴现和背书转让业务为实体企业提供了便捷的融资渠道和低成本的资金来源;再次,票据转贴现业务加快了资金融通,是银行等金融机构的传统资产业务;最后,央行借助再贴现、回购等货币政策工具,推动票据在货币政策传导、促进信贷机构调整、引导扩大中小企业融资范围等方面发挥了重要作用。事实上,关于票据业务体量与宏观经济发展之间的关系,已经有实证研究通过对 2001 年后票据业务与 GDP 的数据分析,指出票据承兑余额、承兑量、贴现量与实体经济指标存在显著的正相关关系。

2) 票据业务大案频发,监管政策密集出台

随着票据业务的发展扩大,票据案件也层出不穷。特别是自 2016 年以来,全国各地发生了多起银行票据案件,数额巨大,牵涉机构众多,严重破坏了金融市场秩序和经济稳定。除了传统纸质票据引发的案件,首例电票大案"焦作离职员工违法贴现票据案"后,电子票据也不再被视为完全牢固的安全墙。通过对 2010 年以来票据市场出现的无数起案件,及近年来监管部门票据检查发现的票据违规事件汇总分析,每起案件金额均超过亿元,平均涉案金额达 82.7 亿元。

票据风险事件屡见不鲜、大案频发,暴露了国内票据市场的巨大风险和银行业"重绩效、轻内控"的衍生乱象。2017 年,我国监管政策频出,加强票据管理的相关制度不断推出。2017 年 3 月 27 日,中国人民银行发布 73 号文《中国人民银行关于实施电子商业汇票系统移交切换工作的通知》,确定上海票据交易所将于 10 月正式接受 ECDS,同日上海票据交易所发布 16、17、18 号文,明确上海票据交易所交易、支票操作、登记托管清算三种业务规则;同年,中国银监会部署开展"三三四十"专项治理工作,开展了强监管态势,4 月 7 日连续下发七个文件,分别为银监发 4 号文(服务实体)、5 号文(整治十大乱象)、6 号文(防十大风险)、7 号文(完善各项制度),以及银监办发 45 号文(三违反)、46 号文(三套利)、47 号文(四不当),文件之多、要点之细历史罕见;上海票据交易所也集中发布了《上海票据交易所票据交易规则》《上海票据交易所纸质商业汇票业务操作规程》《上海票据交易所票据登记托管清算结算业务规则》。

9.1.3 传统票据市场存在的主要问题

面对近年来不断出现的票据业务"黑天鹅"事件,尽管监管趋严,但票据大案的源头尚未得

到根治,当前票据业务仍然存在诸多痛点。除了潜在的风险项,在互联网金融发展迅速、金融加速深化的背景下,传统票据业务模式面对现代商业时间和地域跨度不断扩大的挑战,其真实性、有效性和及时性都受到质疑。

1. 票据市场的操作性风险

近几年,电子票据业务正处于发展期,并且发展特别旺盛,粗略统计占据了票据市场的30%。票据业务低信用和高风险共存,因为现如今,纸张票据还是占了票据市场的主要地位,但是纸张票据存在很大的风险。因为纸张本来就易破损并且在交接过程中会出现遗失风险,所以票据具有操作性风险,近年来的票据失误都与这些纸票的特点有关。

2. 票据的真实性问题:贸易背景虚构、市场中伪造假冒票据大量存在

由于银行审核主要基于形式上的要件,缺乏对实际贸易背景的有效掌控,其风控的穿透性存在天然的缺陷,特别在票据业务的初始环节,贸易背景虚构成为影响票据真实性的重要问题。早在1876年,马克思就在《资本论》中指出,商业票据业务的主要风险是贸易背景的真实性。从近年央行等部门频频开出的罚单特点来看,票据的违法违规行为主要归结于两点:一是对没有充足贸易交易条件的商业汇票进行贴现;二是签发或办理没有任何实际贸易环境的银行票据及贴现。

这两点都直指票据贸易背景的真实性问题,与此同时,综合票据的审验成本和操作过程中人为介入多等问题,导致票据市场中仍有大量假票、克隆票、变造票等伪造假冒票据存在,这在纸质票据的流通中尤为常见。

3. 市场中的违规交易:部分交易主体和中介进行"一票多卖"等违规操作

除了企业可能通过签发虚拟贸易合同套取票据,部分银行在不良率高企和流动性的压力下,往往也会出现租借"同业户"等违规操作;加之当前票据中介良莠不齐,部分中介机构利用信息不对称进行违规经营,不透明、不规范操作和高杠杆错配等乱象丛生,甚至演变为行业"潜规则"。同时,纸质票据介质的物理性质带来的票据移交的时滞性和流动性差等问题、电子票据系统各接入点拉长了风险链条和中心化运行下相互间依赖性过强暗藏的安全风险,共同成为票据市场中一票多卖、短期回购、清单交易、过桥贷规模、带行带票、出租账户等违法违规行为存在的"温床"。上述风险极高的票据流入商业银行体系中,加大了有效管控和风险防范的难度,使得票据大量沦为融资套利和规避监管的工具。

4. 划款的及时性问题:信用风险累积

鉴于票据自身的特性和信用背书的存在,在其贴现和承兑等环节中,往往存在信用风险暴露的问题,尤其是票据到期后承兑人不及时将相关款项划入持票人账户的现象突出。特别是商业银行承兑汇票,考虑到开票企业开具空头支票或受抵押冻结等可能性,在资金融出给贴现企业的过程中,自然形成了对贴现企业的风险暴露;同时,由于承兑银行提供的信用担保,风险缓释转移,承兑银行成为最终的风险暴露端。此外,信息不对称往往导致不合理的信用等级评定,使得商业银行难以精准地把控交易目标的信用风险情况,提高了对中小企业的门槛,也影响了票据融资功能的发挥。

5. 票据市场的监管制度缺陷问题

对于蓬勃发展的业务,加强管理是必不可少的。商业银行现在将票据业务作为一个增加

收入的手段,取得了长足的进步,从中获得了不少利益。但是,票据业务的发展同时也引发了许多的问题。监管部门的低效率、不负责是这些问题的重要方面之一,同时,如果不加强监管,放任不管,会造成最后监管成本的上升。

票据市场是我国金融市场的主要部分之一,据不完全统计,中国一年总的票据交易量通常是 GDP 的 1.5 倍左右。在这样一个庞大的金融票据市场中,并没有形成统一的票据市场体系,一些风险、道德、信用事件依旧时常发生,并且现有的金融票据市场有其自身的缺陷,例如,票据交易中的欺诈风险和真实性问题;信息不对称产生的纠纷及违规交易问题;转让背书的前手追索和第三方担保问题;审查程序流程烦琐,监管和交易成本过高的问题等。这时候就不能仅仅依靠监管部门的点点修补,而是需要制度创新、技术创新。

票据的历史源头可向前追溯数千年,在票据的发展史中,基于纸质载体的特性形成的传统票据理论,是现代票据制度建立的基础。随着票据规模和体量的大幅增长以及信息技术的革命性突破,电子票据迅速占领了票据市场,虽弥补了纸质票据的部分缺陷,但也面临着电子票据系统本身的不足和管理制度尚不匹配等问题,短时间内还不能完全替代纸质票据。在这一背景下,基于区块链技术的数字票据,实质上作为电子票据发展的最新方向,是当前最受关注的票据业务创新。

9.2 区块链技术赋能数字票据

比特币的出现和交易,2019 年 Libra 白皮书的推出,我国数字货币 DCEP 不断尝试和推出,一些国家进行数字货币的研究和发行,这些都表明数字货币正走近我们并将引发金融货币领域划时代的变革。票据作为结算和融资工具及货币的替代品,数字票据也应运而生。数字票据是基于区块链技术的电子票据。

纸质票据存在易丢失、易伪造、易篡改等风险,而中心化的电子票据具有清算效率低、易被攻击等缺点,在传统票据业务存在风险和缺点的情况下,引入区块链技术能够保证票据交易信息安全、提高清算效率。此外,金融领域存在重复记账、易受到安全攻击和信任关系影响等问题,数字票据的应用成为区块链技术在金融领域应用的突破口。

区块链技术对于任何市场来说都是一个新兴技术,它所拥有的技术特点在理论上可以完美解决市场中存在的信任问题和信息不对称问题,但是在实际应用方面,它还没有很成熟并且存在一定风险,暂时不适合在全市场领域进行应用实践。但对于票据市场来说,票据交易体系中的信息敏感度较低,同时交易过程中又承担着交易、转移支付、信息审核、信用等多种经济管理职能,所以票据交易体系是区块链进行技术应用试点的较好业务场景选择。

9.2.1 基于区块链技术的数字票据的优势

对比纸质票据,数字票据的承兑、保证、背书、质押等票据行为无须用纸面材料盖章来证明;与一般的电子票据相比,数字票据的票据行为也无须电子签章或者其他身份认证;数字票据是通过区块链技术中的信息不可篡改、集体维护、可靠数据库、公开透明为特征的技术来实现的,将消除目前票据市场这方面的风险。

同样,数字票据也将不会有假票风险,票据纠纷案件将会得到有效的遏制。虽然一般的电子票据杜绝了假票风险,但在系统上还存在漏洞,比如曾发生过某国有银行电子票据代理渠道上出现漏洞而导致电子假票的案件。数字票据技术将有效规避这些漏洞,能够杜绝假票风险。

引入区块链技术,数字票据的交易背景将完全展示在交易者面前,同样也是不可篡改、可靠数据库、公开透明的,交易背景造假将无所遁形,这将彻底解决票据交易背景真实性的问题。

数字票据的出现及更多的应用场景的开发推广,将更有利于票据产品的创新,如开发远期票据、票据理财等。

区块链技术的去中心化、多节点及智能合约的技术特征,将使票据交易更加方便,可以移动交易、全天候交易。智能合约又避免了票据的违约行为,有效消除了票据交易中的操作风险。数字票据的这些优势使其替代一般电子票据成为票据发展的必然。

因此,随着区块链技术不断发展,成熟的数字票据与传统票据相比具有的核心优势主要体现在以下几个方面:

1. 价值载体数字化

数据自身具有的完整性、透明性和时间戳的可验证性等特点,通过技术手段可以实现价值载体的数字化,可以实现对价值交换过程进行追踪和查询。

首先,将用户的行为数据进行存储和记录,建立信用分析和评估机制,提高违约的识别性,可以为信用环境的建立打下基础。

其次,通过信息跟踪可以实现对历史数据的调阅,实现票据的流转过程管控,一旦发生法律纠纷,可以提供证据帮助追索。

最后,通过数据的查阅,可以有效地控制票据交易和其他票据产品中的风险,如对P2P理财使用的质押票据的监管,可以防止当前模式下的重复质押,并且可以降低不法分子合伙作案的风险。

2. 交易模式去中心化

在交易过程中,数字票据能实现高效和真实的信息流通。通过对出票机构所有信息的全网公开,避免了诸如"空票""伪票"之类的问题,可以最大限度地保证票据的真实性,避免信息失真。

在流转过程中,数字票据基于分布式结构,可以进行点对点交易,去中心化可以让数字票据的交易降低对中心系统的依赖,降低中心系统崩溃引发的风险。区块链技术的分布式记账能将交易全程写入各个节点,并且所有节点均可以对数据进行接收和查看,不仅防止数据丢失,还能防止对数据的篡改,进一步保证数据的真实性和完整性。

在承兑环节,承兑机构可以直接查询信息的真实性,减少转手次数,保证交易效率和信息真实度,同时区块链的容错功能特点,还可以有效减少人员的操作风险。采用分布式数据库,可以使系统具有较强的容错功能,降低系统中心化带来的风险,避免中心化服务器崩溃或被攻击控制问题,少量的节点出错不会影响所有参与者,也不会进一步影响数据的存储与交易更新。通过分布式记账模式,可以有效降低中心化模式下数据因为反复被记录和保存产生的较高成本。

3. 风险管理智能化

数字票据系统会对其数据访问与交易频度等进行严格的检测,一旦发现有可疑操作,会及时进行相应的警告、记录与核查,并进行损失评估。同时,在技术及业务层面进行补救,进一步加强安全防范,追踪违规操作的来源,避免再次发生类似风险。数字票据具有良好的传输防护措施,如图 9-2 所示,在节点之间的信息交换过程中,数据进行加密,且密钥不存储在同一个节点上,密钥通过加密进行保存。在密钥遗失时,系统将在全网公布失效信息,原密钥失效,提醒相关人员注意相关风险。密钥本身具有严格的生命周期,在一定时间后会自动更新,这也提升了密钥的私密性与安全性。

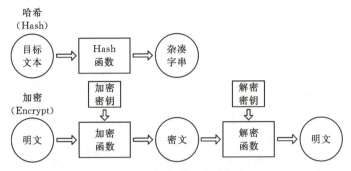

图 9-2 数字票据哈希加密

另外,与中心化模式进行比较,数字票据具有较高的容错性。若某一个或几个节点出现问题时,如果与失效节点连接的用户无法接入系统,可再继续通过其他有效节点进行重新接入,以有效保障用户的系统安全,此时与失效节点无连接的用户依旧可正常进行运转,这样不会影响其他用户票据数据的更新与存储。

4. 市场秩序合约化

数字票据通过智能合约建立约束代码机制,设定对应标准,记录特定节点间交易的基本信息和交易记录,实现在整个区块链链条中交易的智能化和全流程监管,可以弥补电子商业汇票在监管方面的不足。如在贴现时,要求票据持有者必须拥有真实的贸易记录等条件,以此对票据交易者的身份进行有效筛查。在某一笔交易流程中,票据出售方公开其公钥,票据买入方使用对应的私钥进行匹配,通过程序中已经记录的既定规则,将进行交易的信息形成区块,保障了交易的真实性和公平性。此外,数字票据的合约可以实现自动化履行。在到期日时,程序自动控制由持票人方向银行发出托收申请,在完成托收后,按照程序中设定的规则由第三方进行记录并形成数据区块。

另外,数字票据下的监管模式更高效。监管机构可根据需要从区块链中提取特定的信息,通过设置区块链中的条件,可以实现一定程度上管控全覆盖。

区块链智能合约可实现票据的自动抵押、清付和偿还,在运行周期中使得票据具备了可编程性,并且自身限制性和可控制性特点可以降低交易过程中的风险。同时,通过代码的形式在交易开始时就将约定买回的日期写入智能合约,实现票据到期后自动赎回买断。智能合约是以代码来实现,通过硬控制性可以降低执行中依赖线下合同模式带来的违约风险。智能合约对于票据的交易目的还有一种软性限制,以实现特定的交易用途,可以增加数据的实用性,减少道德风险,降低虚假交易和投机行为。

9.2.2 数字票据的发展与展望

2016 年 7 月,鉴于区块链技术的应用更适用于交易量不太大的交易环节,央行启动了基于区块链和数字货币的数字票据交易平台原型研发工作,借助数字票据交易平台验证区块链技术。2016年12月15日，央行推出原型系统并在模拟运行环境上试运行成功。2017年成立的数字货币研究所主要牵头负责底层区块链平台以及数字货币系统票交所分节点的研发任务。同时，在原型系统上进一步开展工作，积极推动数字票据交易平台实验性生产系统的研发和投产上线。

2018年1月25日，数字票据交易平台实验性生产系统成功上线试运行，工商银行、中国银行、浦发银行和杭州银行在数字票据交易平台实验性生产系统顺利完成基于区块链技术的数字票据签发、承兑、贴现和转贴现业务。实验性生产系统的成功上线试运行，实现了数字票据的突破性进展。实验性生产系统的成功运行，是区块链技术首次在票据业务真实生产环境的实践，证明区块链技术应用于票据业务场景可行。

大致来说，目前以及未来数字票据的发展会经历初级、中级和高级三个阶段，从而达到完善的程度。

初级阶段，会有少部分银行和机构试点区块链技术，开发数字票据，这些机构基本上各自为战，而且在票据的流通生命周期中，只是一个或者几个环节的数字化。数字票据在一些环节上还要依托现有的电子票据系统，比如说全国性的报价交易，还要依托上海票据交易所的现有系统。这个阶段的数字票据基本上处于试验阶段，会面临比较多的技术问题，如效率低、数据容量限制等。目前我国票据市场基本上处于这种状态和阶段。

中级阶段，大部分的银行都将有自己的区块链数字票据系统，票据大部分环节使用了区块链技术。市场上已经出现了一定规模和影响的区块链联盟，这个联盟链自发组成，发展成为行业联盟，全国会出现几个有影响的联盟链。央行或者票据交易所有意识整合市场上的联盟链。这些联盟链最终可能还要对接到中心化的票据交易所平台，而这个中心化的交易平台成为区块链技术最后一块逐步改造的领域。市场建立数字票据平台连接票交所，可以与当前的互联网票据平台融合。同时，我国的数字货币已经推行，进一步促进了数字票据的发展。在结算环节，开始出现利用数字货币支付票据贴现或转贴现的资金。数字票据的技术问题已经基本得到解决。

高级阶段，公众比较瞩目的数字货币已经推行，将进一步促进数字票据的发展。同时，技术上的问题已基本解决。票据全流程、全方位地采用区块链技术，票据市场交易资金的清算也采用数字货币形式进行，从而提升了清算的效率和安全性。票据流通和交易的各环节互联，信息共享，交易快捷，风险降至最低程度。票据交易去中心化，将意味着上海票据交易所完成了电子票据、统一市场的历史使命后需要转型发展，下一步它可能会转型为数字票据区块链联盟的牵头人、数字票据区块链技术服务供应商。

另外，具体来看，特点各自不同的公有链、私有链和联盟链三大类区块链可在不同的应用场景赋能票据。公有链运行在互联网上，用户可任意加入或退出，访问门槛低，交易速度相对较慢，因此公用链可主要用于票据理财产品，客户可以了解各行的产品情况。私有链运行在单个机构内部，由单个机构独立运行和维护，自治性较高，所以一些商业银行可能会建立其本行的票据私有链，方便该行对票据业务的管理。另外，数字票据主要是以联盟链的环境运行，上海票据交易所则可能在票据联盟链的运行和维护方面发挥不可替代的作用。

9.3 数字票据的影响

与数字货币相似,数字票据是应用区块链技术到现有的电子票据交易各个环节中而形成的一种新的票据展现形式,是一种更安全、更智能、更便捷、更具前景的票据形态。

9.3.1 金融机构

1. 票据交易所

传统模式下,票据交易所可以发布和建立有关执行规则,保障中心系统的运行。在区块链模式下,可以通过将其设定为特殊角色节点,发布公认的相应的参数控制(比如节假日、计息方式)规则,为全网节点的行为提供规则支撑,实现交易所的重要职能。

在区块链模式下,票据交易所可以通过代码建立规则,实现代码级的匹配。交易过程中,买卖双方节点根据自身需求和交易规则等对将买入或者卖出的票据进行编程后发布,票据交易所作为其中的一个节点,通过编写相应的代码,建立匹配规则,当参与者按照匹配规则达成共识之后,确定交易目标,进入票据流转环节。

2. 银行机构

国际社会正在努力实现金融诚信和金融普惠,KYC政策是商业银行保障自身稳健运行的基础,也是银行参与反洗钱活动的关键所在。基于区块链技术下的数字票据可简化银行票据业务的KYC程序,降低交易风险。通过区块链解决方案可以提高KYC协议的效率,并且降低成本,消除密码问题。例如,区块链技术下的数字票据可以实现银行之间共享KYC信息,票据业务信息只需要信任第一家银行,其他银行便可收集这些信息。通常银行存储KYC数据的成本非常高,同时会将银行暴露在安全风险下,成为身份信息盗窃者的目标。随着区块链技术的发展,KYC收集公司将会出现,通过与银行建立信任关系,可以完成KYC收集流程,而银行就不必再收集或者存储数据。数字票据将KYC管理放到区块链上将保障票据业务客户信息安全,进一步为KYC管理系统降低成本带来机会。

9.3.2 数字票据在互联网金融企业的应用

"票据+互联网"的出现和上海票据交易所的成立,是我国票据市场发展进入电子化和互联网新时期的标志。互联网企业也在积极探索基于市场需要的票据形态,在区块链技术本身基础上,实现商业票据本身的价值。为此,一般互联网企业筹建了专门的数字票据项目组,如图9-3所示,对票据业务进行全面梳理研究,通过选定商业承兑汇票进行实践探索。例如,京东金融先根据当前票据业务存在的问题,提出相应的解决方案,然后利用区块链技术的特征去匹配。

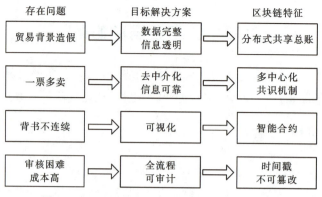

图 9-3 互联网金融企业的数字票据业务重构

9.4 应用案例

在互联网金融背景下,随着区块链技术的不断发展、完善以及数字货币的普及,票据资产数字化成为现实。利用区块链技术构建我国数字票据交易平台,不仅能够实现去中介化,还可以联合各个行业,实现信息全透明,优化数字票据交易与结算流程,有助于进一步规范市场秩序,降低监管成本。

9.4.1 中国人民银行牵头数字票据实验交易平台

2014 年,中国人民银行成立了法定数字货币专门研究小组。鉴于区块链技术的应用更适用于交易量不是特别巨大的交易环节,2016 年 7 月中国人民银行启动了基于区块链和数字货币的数字票据交易平台原型研发工作,并于 2016 年 9 月,成立了数字票据交易平台筹备组。2016 年 12 月 15 日推出原型系统并在模拟运行环境上试运行成功。2017 年,在原型系统上进一步开展工作,积极推动数字票据交易平台实验性生产系统的研发和投产上线。2018 年 1 月 25 日,数字票据交易平台实验性生产系统成功上线试运行,工商银行、中国银行、浦发银行和杭州银行在数字票据交易平台实验性生产系统上顺利完成基于区块链技术的数字票据签发、承兑、贴现和转贴现业务。

数字票据交易平台实验性生产系统使用数金链(smart draft chain,SDC)区块链技术,借助同态加密、零知识证明等密码学算法进行隐私保护,通过实用拜占庭容错协议(PBFT)达成共识,采用"看穿机制"提供数据监测。

实验性生产系统包含上海票据交易所、银行、企业和监控 4 个子系统:上海票据交易所子系统负责管理联盟链和监测数字票据业务;银行子系统拥有数字票据承兑签收、贴现签收、转贴现、托收清偿等业务功能;企业子系统拥有数字票据的出票承兑、背书贴现、提示付款等业务功能;监控子系统可实时监控联盟链状态和业务发生情况。数字票据交易平台实验性生产系统架构如图 9-4 所示。

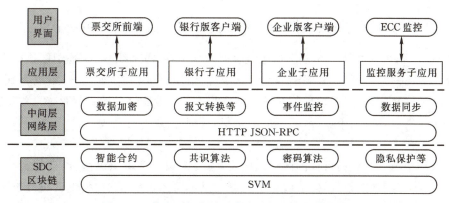

图 9-4　数字票据交易平台实验性生产系统架构

原型系统基于票据业务场景特点自主开发了一套底层联盟链,而实验性生产系统对前者进行了全方位的改造和完善。综合而言,其创新点包括多个方面。

第一,在安全加密方面,将区块链底层加密算法改造成采用国密算法 SM2、SM3(国家密码管理局于 2010 年 12 月 17 日发布的椭圆曲线公钥密码算法)完成数字签名;同时,根据金融业务的需求,对底层联盟链进行了大量安全方面的加固和创新,比如实现了节点通讯加密、数据落盘加密,并根据参与银行、企业的业务要求提供了定制的高安全级别的金融密码机和芯片智能卡,以实现联盟链上用户私钥的安全存储和运算。

第二,在隐私保护方面,追踪研究国际前沿技术,通过采用同态加密和零知识证明等密码学算法设计,解决了交易信息的隐私保护和市场监测的看穿机制问题。其搭建的可视化监控平台,通过可交互的图形化展示、查询、告警、统计等功能进行实时监控,探索了新的监管模式。

第三,在业务功能方面,区块链数字身份方案解决了不同金融机构间对用户重复 KYC 认证的问题;引入数字货币进行结算可实现数字票据交易的资金流和信息流同步转移,进而实现票款对付结算;"链上确认,线下结算"的结算方式创新便于与支付系统进行对接。

第四,在技术开发和升级方面,创新性地提出并设计了区块链中间件,实现了底层联盟链与上层类中心式业务应用系统之间的消息传递机制,使得底层在基于区块链节点开发的同时,上层业务应用系统仍可保留传统中心式系统的开发架构,有效降低了开发门槛;采用业务逻辑智能合约与数据智能合约相分离的新型设计模式,解决了传统区块链智能合约不易升级,以及升级后繁重的历史数据迁移等问题。

第五,在系统性能方面,参考以太坊智能合约虚拟机技术,扩充 OPCODE(PHP 程序执行的最基本单位,指在手机等移动设备上通过输入一定的指令进行功能上的调整)指令操作码,实现隐私保护机制所需要的同态加法操作,同时参考 Fabric 共识机制,优化了 PBFT(拜占庭容错协议)算法,使得底层联盟链支持节点的动态管理、提高了系统性能、降低了记账损耗,有利于实现"运行去中心化、监管中心化"。

央行和上海票据交易所牵头研发的数字票据交易平台是区块链技术应用于金融市场基础设施的一项重要举措,其里程碑意义在于验证了区块链技术应用于票据业务场景的可行性,并积累了开发经验,形成了人才队伍。除去央行在此领域的率先试水,互联网金融业界对于以区块链技术为基础构建数字票据的探索同样如火如荼。例如,海航集团开发的海票惠业务、美的金融开发的区块链数字票据平台业务等也纷纷落地,或已开始进入测试阶段,或已正式进行交易。

9.4.2 海航海票惠：区块链撮合系统提升票据流转效率和安全性

2017年1月，海航物流集团旗下供应链金融服务平台（海平线）上线基于区块链撮合系统的票据服务应用——海票惠（联盟链），融信息撮合、信用评级、分布式监管、数据存证、智能交易等功能于一体，将电子票据、合同、交易等信息和涉及商业隐私的数据保存在区块链上，通过把节点分布在平台、银行、企业等，保证链上累积的企业信用不可篡改，提高了"海平线"票据流转效率和安全性。

海票惠是中国首个票据行业的区块链应用，主要为用户提供票据融资、票据交易、债权转让等服务，其所有票据的录入牌、摘牌和承兑等信息都写入区块链中，利用区块链技术来缓解票据交易的信用缺失问题，而且数据真实可靠，不易被内部篡改或攻击，投资机构可随时查询，且结合时间戳的交易记录亦可做证据保全。

1. 运行原理与机制

在票据的生命周期中，承兑、流转和托收是票据业务中的三大核心环节，也是风险最高的审计重点。相对于上海票据交易所的架构，海票惠等平台在具体业务流程的改造上展开了探索，其基本原理和运行机制就在于通过区块链技术优化三大业务处理流程，以实现票据风险管理。易观在2018年6月发布的《中国区块链市场应用专题分析2018》中针对这一思路，基于承兑、流转和托收三个环节对应的票据业务五大过程，设计的如图9-5所示的重构方案，就是对这一运行机制的总结。

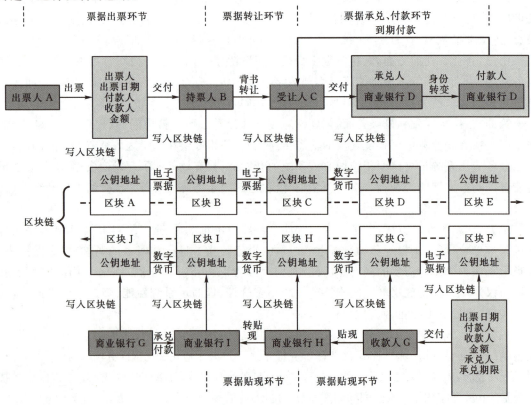

图9-5 区块链对票据业务流程的重构

在图 9-5 所示的运行机制设计基础上，结合当前相关实践的应用，海票惠等区块链数字票据平台的运行原理可按三大业务环节进行归纳。

首先，在承兑环节中，不同的企业在整个网络体系中所占据的节点是存在差异的。与比特币的第三方记账制度十分类似，出票人 A 在交易中出于资金周转需求申请开具票据，交付给持票人 B，而最终的付款人和承兑人 D 就成为出票人 A 的第三方担保人。

不同于比特币致力于计算能力的开发，票据的承兑环节更侧重构建一套完整的算法规则并生成相应的数据区块，以实现具体操作。在这一环节中，区块链的优势体现在以下几方面：

(1) 相比于当前中心的 ECDS，其信息流转实现了去中心化。

(2) 省去了现有模式下企业需要到开户行开立企业网银的烦琐，点对点进行交易，其价值传递实现了去中介化。

(3) 风险管控：时间戳不可篡改和信息面向全网公开的特征有利于规避假票风险；分布式结构和去中心化特征规避了操作风险；共识算法和开放性颠覆了以即时通信工具为基础的沟通机制，规避了信用风险。

其次，在流转环节中，票据的背书转让、贴现、再贴现、回购、买入返售等业务通过可编程的智能合约进行重新定义。在这一过程中，尽管往往涉及多个商业银行和企业，但通过将不同业务场景的交易要求和规则以点对点的编程方式写入智能合约并及时更新，就可以利用公钥和私钥的匹配建立合理的规则完成交易并记录信息，同时生成对应区块。其中，区块链的优点体现在以下几方面：

(1) 非对称加密技术使得仅拥有公钥的参与主体难以伪造签章，有效规避了信用风险中的假票风险。

(2) 匿名机制与隐私保护机制（同态加密和零知识证明等）解决了两难问题，可有效防止商业机密被盗取，保护了信息安全。

最后，在托收环节中，票据到期日等信息在承兑环节已经被写入代码当中，到期时系统会自动向承兑人发出托收申请。待托收完成后，将由基于固定的规则第三方记录信息并生成数据区块。对此，区块链的优点体现在以下几方面：

(1) 与资金清算相挂钩，直接实现了价值交换，解决了托收逾期等问题。

(2) 基于代码控制，使得在托收过程中不能同时进行其他操作，最大程度保证了账实相符，防范了操作风险。

(3) 风险管控：具体交易规则以代码的形式明确于智能合约中，规避了信用风险；智能合约的强约束功能，规避了恶意赖账、到期不及时偿还等道德风险；定点投放、智能投放等可有效遏制中介市场中的错配现象，规避了市场风险。

2. 运行过程

基于上述原理，海票惠区块链票据平台的具体运行过程如图 9-6 所示，在出票和承兑阶段，用户经私钥签名确定身份，再经由分布式校验，可有效防止身份假冒和盗用问题的发生；在流转阶段，分布式架构下各节点和时间戳同步，共同备份信息，且历史数据无法篡改，可有效抵御黑客攻击和内部技术人员的操作风险；同时海票惠应用数字货币结算，可实时逐笔清算交易资金，无须停盘清算。接入该平台后，主要操作分为以下四步：

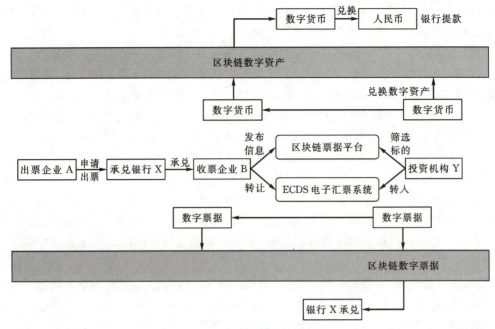

图 9-6　海票惠运行示意图

第一步：交易双方各自在平台上完成注册并开具银行托管账户，出票方在区块链平台上挂出票据，购票方将对应的资金存入银行托管账户。

第二步：登录进行票据录入，在与 ECDS 直联的情况下，只需输入编号就可以在区块链上写入票据信息。

第三步：票据录入完成后，便可以一定利率挂牌。

第四步：资金充足的其他企业或保理公司可以根据利率选择是否在区块链上摘牌，进而形成合同关系，并开始交割。

由此，海票惠深度结合区块链技术和票据业务，通过去中心化的数据模式确保信息不可篡改，也大大减少了对第三方的依赖性，安全性能和用户体验都得到了显著的提升。作为中国首个基于区块链撮合系统的票据服务应用，海票惠尽管尚存一些技术问题，业务范围在初始阶段也只涵盖了海航集团的部分票据，但在其尝试过程中，一个高并发、低延时且具有极强扩展性的交易系统已经初步建立，为其他业务链条长、线下票据分散的企业提供了应用思路和可行路径。

本章小结

票据市场的发展对我国经济的快速发展有着十分重要的作用，票据市场已成为和货币政策互联互通的重要平台。在票据发展过程中，票据真实性难以保证、资金转移不及时、票据掮客降低业务透明度等是目前金融行业在具体业务操作中共同关注的几大痛点。2018 年 1 月 25 日，中国工商银行、中国银行、浦发银行和杭州银行在上海票据交易所开发的数字票据交易平台上完成了区块链技术的数字票据签发、承兑、贴现和转贴现业务。与传统纸质票据、电子汇票不同，数字票据将以数字资产的方式进行存储、交易，信息不易篡改，安全性更强。而且，数字票据的分布式结构可以降低系统中心化带来的运营和操作风险；消除中介的介入，不需要特定的实物票据或中心系统进行控制验证,解决了人为舞弊行为导致违规操作的行业痛点。此外,通过时间戳完整反映票据从产生到消亡的过程,所有市场参与者都可以看到资金流向和交易记录,真实反映票据权利转移的全过程,可以有效防范传统票据市场"一票多卖""打款背书不同步"等问题。

区块链针对票据业务中问题的解决方案如图9-7所示。

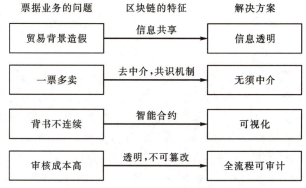

图9-7 区块链针对票据业务中问题的解决方案

思考与练习

1. 什么是票据?
2. 简述纸质票据、电子票据和数字票据的主要区别。
3. 传统票据市场的发展特点有哪些?
4. 成熟的数字票据与传统票据相比,具有哪些优势?
5. 数字票据的发展会经历哪几个阶段?
6. 数字票据的发展会给票据交易所等金融机构带来哪些影响?
7. 区块链数字票据平台在三大业务环节应用的优势具体表现在哪些方面?

第10章　区块链+供应链金融

引例

2018年10月31日,香港金融管理局正式宣布,香港区块链贸易融资平台"贸易联动"启动。"贸易联动"是一个基于区块链由香港12家主要银行组成的联盟共同开发的贸易融资平台,全称为"香港贸易融资平台"。香港金融管理局称,通过数字化贸易文件、自动化贸易融资流程和利用区块链技术的功能,"贸易联动"能提高贸易效率,增加贸易参与者之间的信任,降低贸易风险和增加贸易流程中获得融资的机会。12家银行中,7家为参与平台开发的发起行,包括澳新银行、中银香港、东亚银行、星展银行(香港)、恒生银行、汇丰银行和渣打银行(香港),其余5家为中国农业银行香港分行、交通银行香港分行、法国巴黎银行香港分行、工银(亚洲)和上海商业银行。香港金融管理局表示,所有经认可的机构,在与香港贸易融资平台达成协议后,即可在"贸易联动"平台上,建立属于该机构的区块链网络节点,参与贸易融资活动。

供应链往往是由一个或者多个核心企业和上下游中的其他企业组成。由于核心企业规模庞大,因此其在信贷活动中通常被金融机构定位为低风险贷款人。此外,在整个供应链中,核心企业通常处于主导地位,在与供应链上其他企业进行交易时,通过设定不平等条约,使得供应链上下游企业承担资金占用与财务成本转移的风险。供应链上的其他企业由于其规模和企业信息化水平的限制,往往被金融机构认定为高风险贷款人,因此处在融资困难和融资成本高的境地,再加上核心企业转移的风险,导致供应链上其他企业的资金流紧张。因此,传统信贷会导致资金供需失衡,带来资金在供应链上流动的"马太效应",往往使供应链上其他企业更加缺乏资金。供应链金融是合理、高效地分配供应链上的金融资源,通过指定的金融机构设计解决方案来管理供应链上的资金流。供应链金融以核心企业的信用水平,供应链的运行状况与资金流为基础,借助于金融机构来为中小型企业提供融资服务,使得核心企业及买方能够延迟支付,供应商又能得到贷款,保证整个供应链上资金流不断裂。通过供应链金融,能够将生产商、供应商、分销商、金融机构有机地结合在一起,高效管理整个供应链资金流,从而实现供应链参与方的互利共赢。

随着供应链金融市场规模的增长,各行业参与方要求或支持运用技术解决传统供应链金融业务的发展难题,而区块链技术特征能恰到好处地消除供应链金融存在的痛点,且经过部分实例验证,区块链技术与供应链金融结合,是突破传统供应链金融模式下中小企业融资瓶颈的有效解决方案。区块链应用自2018年起在供应链金融行业中大受追捧,各类型参与方开始跑马圈地,发力供应链金融行业。各类型企业如第三方支付企业、电商平台、供应链管理服务公司、物流公司和互联网金融平台等纷纷开展供应链金融战略布局,成为供应链金融市场的出资方或主要参与商,推动各种供应链金融新商业模式的形成。本章从供应链金融产生的基础入手,通过分析和解决传统供应链金融模式的痛点,全面介绍区块链提升供应链金融活力和效能的优势。

10.1 传统供应链金融的业务模式及痛点分析

10.1.1 供应链及供应链金融的相关概念

1. 供应链

供应链是以客户需求为导向,以提高质量和效率为目标,以整合资源为手段,实现产品设计、采购、生产、销售、服务等全过程高效协同的组织形态。它通常围绕核心企业,通过对四流①的控制,将四商②直到最终用户连成一个整体,具有创新、协同、开放、绿色等特征。供应链管理的经营理念是从消费者的角度,通过企业间的协作,谋求供应链整体最佳化。其实质是7R,即以正确的价格来提供正确的商品,按照正确的数量、正确的质量在正确的时间送到正确的地点,并使总成本最小(正确的成本)。成功的供应链管理能够协调并整合供应链中所有的活动,最终成为无缝连接的一体化过程。

从供应链的组织结构的演进来看,供应链管理主要经历了以下四个发展阶段。

第一,企业内部资源整合阶段:早期仅将供应链视为企业内部的一个功能集成的物流过程。

第二,合作伙伴线性协同阶段:企业开始与关系紧密的合作伙伴(重点供应商和客户)实施一体化管理。

第三,围绕核心企业(通常为制造商/品牌商)的网链阶段:随着信息技术的发展,逐渐形成核心企业与供应商、供应商的供应商的所有前向关系,与用户、用户的用户的所有后向关系的网状结构。

第四,生态化的智慧供应链阶段:互联网和物联网等技术深度融合于供应链之中,更多的相关机构参与其中,形成跨产业、跨区域的供应链生态圈。

根据《关于积极推进供应链创新与应用的指导意见》的指导思想,未来我国将"以供应链与互联网、物联网深度融合为根本路径,以信息化、标准化、信用体系建设和人才培养为支撑,创新发展供应链创新理念、新技术、新模式,高效整合各类资源和要素,打造大数据支撑、网络化共享、智能化协作的智慧供应链体系。到2020年,形成一批适合我国国情的供应链发展新技术和新模式,基本形成覆盖我国重点产业的智慧供应链体系,培育100家左右的全球供应链领先企业,中国成为全球供应链创新与应用的重要中心。"

在供应链运行过程中,涉及商流、信息流、物流和资金流,而核心企业为了自身利益,通常对上游供应商延长应收账款账期,对下游分销商要求压货或预付账款。在供应链里面,应收账款、库存和预付账款至少占数目众多的中小企业(本书专指围绕供应链核心企业的上下游关联企业,占比超过80%)50%以上的资产。一方面这些资产难以用于获得贷款,另一方面银行信贷又是中小企业最主要的融资渠道,中小企业由于自身的缺陷即使取得贷款,其额度却很低且成本很高,从而使得围绕核心企业生存的中小企业面临巨大的资金压力和发展困境,资金流成为遏制供应链健康发展的瓶颈。核心企业的强势行为,损害了整个供应链的效率,实际上也不利于其自身的发展。此即供应链金融产生的基础。

---

① 指商流、信息流、物流、资金流。
② 指供应商、制造商、分销商、零售商。

2. 供应链金融

供应链金融（supply chain finance，SCF）是基于供应链上企业真实的交易背景以及自偿性的收入，建立基于资金流转、业务信息等闭合化的交易结构，通过应收账款债权转让/质押、货权质押、保兑仓等封闭资金流或控制货权，为供应链上下游企业提供综合性金融服务。根据国际商会的定义，供应链金融利用融资和风险缓释的措施和技术，对供应链流程和交易中营运资本的管理和流动性投资资金的使用进行优化。

供应链金融是中国实体经济发展的重要推动力。传统金融难以满足中小微企业的融资需求。在实体经济的产业链中，具有较强议价能力的核心企业在采购和供货方面占据主导地位。核心企业在采购时享有更长的付款期限，在供货时则要求买方预付货款，在买货时要求卖方延长应收账款账期，导致上游企业表内应收账款和下游企业表内预付账款堆积，使上下游中小企业承受较大资金压力。较多中小企业资金实力欠缺、贷款抵押能力弱，即使其与核心企业形成长期稳定的业务往来，亦难以在传统的金融服务框架内获得金融机构的资金支持。在资金流、信息流和物流共同证明中小企业业务稳定可靠的情况下，供应链金融服务商可通过金融产品为中小企业提供资金补充，帮助中小企业缓解资金压力，促进实体经济健康高效发展。供应链金融融资模式如图10-1所示。

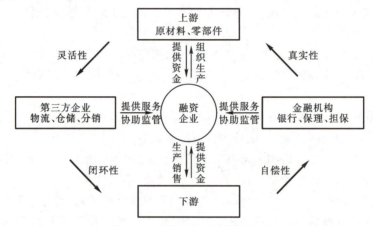

图 10-1 供应链金融融资模式

与传统金融产品相比，供应链金融具有鲜明的特点，具体如下。

（1）自偿性贸易融资。自偿性贸易融资根据核心企业真实贸易背景和上下游客户资信实力，以单笔或额度授信方式，提供银行短期金融产品和封闭贷款，以借款人销售收入或贸易所产生的确定的未来现金流作为直接还款来源。

（2）操作的封闭性。金融机构对发放融资到收回融资的全程进行控制，既包括对资金流的控制，也包括对货权的控制，通过 ERP 系统的对接还可实现对关键信息流的控制。典型的产品如动产质押授信业务，银行将企业所拥有的货权进行质押，授信资金专项用于采购原材料，企业以分次追加保证金的方式分批赎出货物，随之进行销售。

（3）授信机制由"N"到"1"。传统金融模式下，金融机构授信主体包括供应链上的每一家企业，即是对 N 个企业的授信。供应链金融模式下，金融机构可只对核心企业授信，由核心企业基于供应链上下游企业的购销情况、履约情况等进行授信额度分配，金融机构在已分配额度内为供应链上下游企业提供金融服务。

3. 供应链金融的主体

我国供应链金融生态包含以下五类参与主体：

(1) 资金需求方：供应链上的中小微企业是主要的资金需求方。中小微企业在供应链中处于弱势地位，常有资金被拖欠或被占压遭遇，在缺乏可抵押资产或其他有效、低成本的信用评估和增信手段的情况下，供应链中的中小微企业难以获得金融机构授信。在供应链金融模式下，金融机构可从整体供应链运作中了解中小微企业的经营状况、信用状况以及融资风险，酌情为中小微企业提供金融支持。

(2) 核心企业：供应链中的核心企业具有地位优势，在供应链金融生态中可为上下游中小微企业提供多样化的信用支持。部分核心企业建立供应链金融服务平台，为资金需求方、资金提供方提供信息服务。部分核心企业成为资金提供方，为自身供应链中的中小微企业直接提供金融服务，提升整体供应链竞争力。

(3) 供应链金融平台服务方：为供应链金融提供业务场景，服务资金供求双方，通过对供应链中物流、商流、信息流、资金流的掌控，为资金需求方提供信用支持，帮助资金提供方获客与风险控制，撮合供应链金融资金供求双方达成交易。

(4) 金融机构：指具有资质的金融机构，包括银行、基金公司、保理服务机构、担保机构、信托公司、小额贷金融机构、P2P互联网金融机构等，是供应链金融服务的资金提供方。但由于风控因素，目前传统金融机构在供应链金融业务中的参与程度不高。

(5) 其他服务提供方：其他服务提供方为供应链金融业务的开展提供支持。金融科技运营平台以独立第三方风险管理者角色帮助资金提供方实现金融风险识别、风险管控等。基础设施供应商包括电子认证技术服务商、标准仓单服务商、电子签名与电子合同服务商、数据服务商、征信服务商、支付服务商、资金管理服务商等，为供应链金融业务的开展提供基础服务支持。

供应链金融生态系统如图 10-2 所示。

供应链金融生态

供应链金融资金需求方
中小微企业

提供服务

供应链金融其他服务提供方
信息化基础设施供应商、金融科技服务提供商、其他基础设施提供者、行业组织机构、研究机构

图 10-2　供应链金融生态系统

10.1.2 供应链金融的主要模式

1. 应收账款融资

应收账款融资是指卖方企业为取得运营资金,以卖方与买方签订真实贸易合同产生的应收账款为基础,将应收账款有条件地转让于专业融资机构,并以合同项下的应收账款作为第一还款来源,当下游买方销货得到资金后将本应支付给卖方的账款支付给融资机构。供应链中的供应商是债权融资需求方,以核心企业的应收账款单据凭证作为质押担保物。核心企业充当债务企业,对债权企业的融资进行增信或反担保。一旦供应商无法还款,核心企业需要承担金融机构相应的坏账损失。应收账款融资的实质其实就是上游企业向金融机构转让应收账款债权,金融机构基于贸易真实性及核心企业的信用进行放款。应收账款融资模式如图10-3所示。

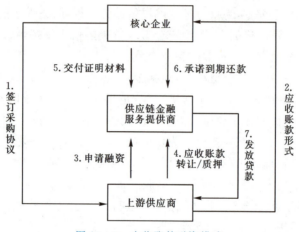

图10-3 应收账款融资模式

应收账款融资主要应用于核心企业的上游供应商融资,是供应商履行完商务合同、已开立发票,但尚未收到货款,通过保理或应收账款质押等形式进行融资。

(1)应收账款质押融资,指企业与金融机构签订合同,以应收账款作为质押品,在合同规定的期限和授信额度内,向银行等金融机构申请短期借款的融资方式。

(2)保理业务,是一项以债权人转让其应收账款为前提,集融资、应收账款催收和管理及坏账担保于一体的综合性金融服务。在实际的运用中,保理业务有多种不同的操作方式,一般可以分为:有追索权保理和无追索权保理,明保理和暗保理,正向保理和反向保理等。保理是一种债权的转让行为,适用于《中华人民共和国民法典》;应收账款质押是一种物权转让行为,适用于《中华人民共和国民法典》。

2. 预付款融资

预付款融资是买方企业以买方与卖方签订真实贸易合同产生的预付账款为基础,向融资机构申请以其销售收入作为第一还款来源的融资业务,融资机构控制着买方的提货权。预付款融资模式下,核心企业凭采购合同向金融机构申请融资支付货款,并将提货权交由金融机构控制,核心企业在缴纳货款后凭金融机构签发的提货单(或提货指令)向供应商提取货物。预付款融资模式如图10-4所示。

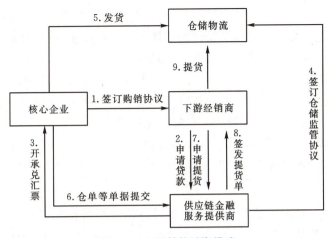

图 10-4 预付款融资模式

预付款融资主要应用于核心企业的下游经销商融资,包括先款(票)后货、保兑仓等多种业务模式。

(1)先款(票)后货模式。银行给经销商融资,预付采购款给核心企业,核心企业发货给银行指定的仓储监管企业,货入库后立即设定质押监管,作为银行授信的担保,仓储监管企业根据银行的出库指令逐步放货给经销商。

(2)保兑仓模式。保兑仓模式下,核心企业不再发货给银行指定的仓储监管企业,而是本身承担了监管职能,根据银行的出库指令逐步放货给经销商,同时核心企业向银行提供回购、调剂销售等增信措施。

3. 存货融资

存货融资是卖方以存储在仓库的货物作担保,融资机构以存货控制为基础,面向卖方提供的商业贷款服务。存货融资能缓解卖方在途物资及库存产品占用的资金,降低库存资金的占用成本。金融机构在收到中小企业融通仓业务申请时,一般会考察申请企业的库存稳定情况、交易对象以及整体供应链的综合运作状况,以此作为授信决策依据。存货融资模式如图10-5所示。

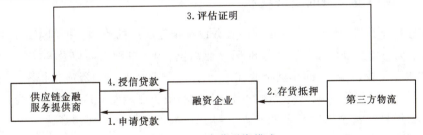

图 10-5 存货融资模式

存货融资主要分为现货质押融资和仓单质押融资两大类。现货质押融资可分为静态质押融资和动态质押融资,仓单质押融资分为标准仓单质押融资和非标准仓单质押融资。

(1)静态质押融资是指企业以其自有或第三人合法拥有的动产为质押,银行委托第三方仓储监管企业对其提供的质押商品实行监管,经销商必须打款赎货,不允许以货易货。

（2）动态质押融资是对静态质押融资的延伸，指企业以自有或第三人合法拥有的动产为质押，银行委托第三方仓储监管企业对其提供的质押商品实行监管，银行对质押商品价值设定最低限额，允许对限额以上的商品出库，允许以货易货。

（3）标准仓单质押融资是指企业以自有或第三人合法拥有的标准仓单为质押的融资业务。标准仓单是指符合交易所统一要求的、由指定交割仓库在完成入库品验收、确认合格后签发给货主用于提取商品的并经交易所注册生效的标准化提货凭证。

（4）非标准仓单质押融资是指企业提供由仓库或其他第三方物流公司提供的非交易所交割用仓单作为质押物，并对仓单作出质背书，由银行提供融资的一种产品。

4. 战略关系融资

战略关系融资为无抵押物融资，是基于战略伙伴间产生的信任而进行的融资。资金供给方与资金需求方达成战略伙伴关系，相互间高度信任，融资无须抵押物担保。

各类供应链金融融资方式的比较如表 10-1 所示。

表 10-1　各类供应链金融融资方式比较

供应链金融融资方式	融资基础	主要形式	第三方支付
应收账款融资	真实贸易合同下的应收账款	保理、保理池融资、反向保理、票据池授信	缓解供应商资金压力
预付账款融资	客户的预付款项下对应的提货权	先票/款后货授信、担保提货授信、进口信用证项下未来货权质押授信	缓解一次性缴纳大额订单资金压力
存货融资	存货资产的控制权	静态抵质押授信、动态抵质押授信、仓单质押授信	缓解在途物资及库存商品占用的资金压力
战略关系融资	战略伙伴间的信任	企业间直接融资	满足无抵押物企业的融资需求

10.1.3　供应链金融的发展现状

中小微企业融资难、融资成本高是我国长久以来未能解决的难题。据国家统计局统计，中小微企业占市场总体约 90%，贡献全国 80% 就业岗位、70% 专利发明以及 60% 以上的 GDP，而 33.0% 的中型企业、38.8% 的小型企业和 40.7% 的微型企业的融资需求得不到满足，难以支撑中小微企业长远发展。供应链金融的出现为中小微企业融资开启了另一扇窗户。平安银行是国内首家倡导并实施供应链金融的银行，仅 2004 年一年净贴现额高达 60 亿，净利润为 2400 万，至今授信额度累计 8 千多亿元。此后，其他商业银行陆续推出供应链金融服务，其中仅建行江苏分行一家，2018 年已累计为 200 余家中小微企业投放 13 亿元资金。供应链金融业务的开展，为中小微企业资金融通提供了极大便利。

近年来，在全球产业与金融深度融合的趋势下，供应链金融因兼具产业和金融的双重属性，能够为产业链上下游的企业提供基于业务的融资服务，因而实现了快速发展。据前瞻产业研究院发布的《中国供应链金融市场前瞻与投资战略规划分析报告》统计数据显示，截至 2018

年末,全国规模以上工业企业应收账款14.3万亿元,比上年增长8.6%。2015年我国供应链金融市场规模已接近12万亿元,截至2017年,我国供应链金融市场规模增长至13.08万亿元。

2003年,深圳发展银行(现平安银行)率先推行了"1+N"供应链融资业务模式,开启了国内供应链布局。经过近十年的发展,这一模式逐渐被各家银行和金融机构推广和发展,并扩展到"M+1+N"模式,开发出应收账款融资、应收账款资产证券化、预付账款融资和动产抵押融资等业务,丰富了供应链金融产品,强力推动了供应链金融的发展。在此期间,供应链金融发展得到了国家政策的强力支持。2017年可以说是中国供应链金融的黄金元年,国务院指导意见明确提出积极稳妥发展供应链金融,并提出到2020年培育100家左右供应链企业的目标,为供应链金融发展提供了政策支持。2019年更是多个政策密集发布,导致了供应链金融行业的高速发展。特别是2019年底的新冠疫情对全国中小企业的融资问题提出了新的挑战,国家也先后出台了关于运用应收账款扶持中小企业经营生产的文件。2020年6月,央行等八部门联合印发《关于进一步强化中小微企业金融服务的指导意见》,提出支持中小微企业开展供应链金融服务,支持产融合作,推动全产业链金融服务,鼓励发展订单、仓单、存货、应收账款融资等供应链金融产品,发挥应收账款融资服务平台作用。近几年我国关于供应链金融的政策文件汇总如表10-2所示。

表10-2 我国关于供应链金融的政策文件

发布时间	发布机构	政策名称	相关内容解读
2016.2	中国人民银行、发展改革委、工业和信息化部、财政部、商务部、银监会、证监会、保监会	《关于金融支持工业稳增长调结构增效益的若干意见》	意见中指出大力发展应收账款融资,推动更多供应链加入应收账款质押融资服务平台,支持商业银行进一步扩大应收账款质押融资规模。推动大企业和政府采购主体积极确认应收账款,帮助中小企业供应商融资
2016.11	商务部、发展改革委、工业和信息化部、财政部、国土资源部、农业部、人民银行、税务总局、工商总局、质检总局等10部门	《国内贸易流通"十三五"发展规划》	规划中提到产业跨界融合发展的新趋势,产业与金融结合更加紧密,供应链金融快速发展。加大财政金融支持,稳步推广供应链金融的保障措施
2017.1	商务部、发展改革委、国土资源部、交通运输部、国家邮政局	《商贸物流发展"十三五"规划》	规划中提到要加大财政金融支持力度。扩大融资渠道,推广供应链金融
2017.3	中国人民银行、工业和信息化部、银监会、证监会、保监会	《关于金融支持制造强国建设的指导意见》	意见中提出要大力发展产业链金融产品和服务,并明确依托人民银行建设的应收款融资服务平台有效满足产业链上下游企业融资需求
2017.5	人民银行、工业和信息化部会同财政部、商务部、国资委、银监会、外汇局联合印发	《小微企业应收账款融资专项行动工作方案(2017—2019)》	方案中提到动员更多的小型微型企业、供应链核心企业、金融机构、服务机构等主体注册为平台用户,打通小型微型企业通过平台实现融资的"入口",在线开展应收账款融资业务。完善平台对接供应链核心企业管理系统的功能,方便供应链核心企业在平台上及时确认账款

续表

发布时间	发布机构	政策名称	相关内容解读
2017.10	国务院办公厅	《关于积极推进供应链创新与应用的指导意见》	意见特别提到要积极稳妥发展供应链金融,推动供应链金融服务实体经济。推动全国和地方信用信息共享平台、商业银行、供应链核心企业等开放共享信息。鼓励商业银行、供应链核心企业等建立供应链金融服务平台,为供应链上下游中小微企业提供高效便捷的融资渠道
2018.9	广东省人民政府	《广东省降低制造业企业成本支持实体经济发展若干政策措施(修订版)》	鼓励银行、商业保理公司、财务公司等机构为制造业核心企业产业链上下游中小微企业提供应收账款融资,对帮助中小微企业特别是小微企业应收账款融资的相关企业择优进行支持
2019.1	深圳市金融办	《关于促进深圳市供应链金融发展的意见》	深圳率先出台了国内首个专门促进供应链金融发展的地方性文件,覆盖了供应链金融的各类主体、全链条、全周期
2019.2	中共中央办公厅、国务院办公厅	《关于加强金融服务民营企业的若干意见》	第十二条指出:减轻对抵押担保的过度依赖。商业银行要坚持审核第一还款来源,把主业突出、财务稳健、大股东及实际控制人信用良好作为授信主要依据,合理提高信用贷款比重。商业银行要依托产业链核心企业信用、真实交易背景和物流、信息流、资金流闭环,为上下游企业提供无需抵押担保的订单融资、应收应付账款融资
2019.5	上海市商务委、上海市发改委、上海市经济信息化委、上海市工商联	《上海市鼓励设立民营企业总部的若干意见》	"支持民营企业总部开展供应链金融"的相关政策得到了单独列出。支持民营企业总部开展供应链金融,对经认定的民营企业总部,可加入中征应收账款融资服务平台
2019.7	银保监会	《中国银保监会办公厅关于推动供应链金融服务实体经济的指导意见》	意见要求,银行保险机构应依托供应链核心企业,基于核心企业与上下游链条企业之间的真实交易,整合物流、信息流、资金流等各类信息,为供应链上下游链条企业提供融资、结算、现金管理等一揽子综合金融服务。鼓励银行保险机构将物联网、区块链等新技术嵌入交易环节……提升智能风控水平

续表

发布时间	发布机构	政策名称	相关内容解读
2020.1	商务部、发展改革委、教育、工业和信息化部、财政部、人力资源社会保障部、海关总署、税务总局等8部门	《关于推动服务外包加快转型升级的指导意见》	将企业开展云计算、基础软件、集成电路设计、区块链等信息技术研发和应用纳入国家科技计划(专项、基金等)支持范围。鼓励企业特别是国有企业依法合规剥离非核心业务,购买供应链、呼叫中心、互联网营销推广、金融后台、采购等运营服务

目前,供应链金融的发展呈现出以下几个特点:

(1)供应链金融主体规模扩大。传统供应链金融模式以银行及核心企业为中心,将核心企业的高信用传递到供应链上下游的中小企业。随着云计算、大数据、物联网和区块链等技术的发展,供应链金融模式得以创新,各类型企业如第三方支付企业、电商平台、供应链管理服务公司、物流公司和互联网金融平台等纷纷开展供应链金融战略布局,成为供应链金融市场的出资方或主要参与商,推动各种供应链金融新商业模式的形成。在市场条件和国家政策的支持下,我国各类型供应链金融服务主体数量分布如图10-6所示。截至2019年11月,核心企业、金融机构、供应链金融平台服务方(包括供应链管理服务公司、物流公司、电商平台)以及金融科技服务提供商成为供应链金融新生态中主要的供应链金融服务提供者,其中供应链金融平台服务方数量合计占比达54.8%,核心企业数量合计占11.1%,金融机构和金融科技服务商数量分别占24.4%和9.7%。

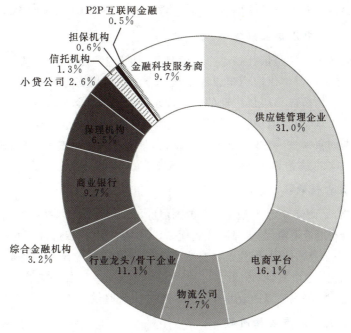

图10-6 中国各类型供应链金融服务主体数量占比(截至2019年11月)

(2)融资渠道多样化。中国供应链金融服务主体开展供应链金融业务的资金较多来源于银行和自有渠道。2019年,中国有85%供应链金融服务主体开展供应链金融业务的资金来自银行,63%供应链金融服务主体开展供应链金融业务的资金来自企业自身或股东。部分供应链金融服务主体的融资渠道包含保理公司、资产证券化、互联网金融机构和其他非银行金融机构。从资金成本角度分析,银行资金和企业自有资金的成本较低,用于开展供应链金融业务可获得较好的息差。其余融资渠道资金成本较高,且存在一定融资风险(如小额贷资金、P2P资金等)。从资金组合角度分析,单一的融资渠道难以满足复杂的供应链活动融资需求,供应链服务主体需通过多样化的资金渠道为客户提供金融资产组合,满足不同客户对金融资产的需求。此外,多样化的融资渠道,有利于降低供应链金融服务主体对单一融资渠道的依赖,保证资金供给稳定,亦可通过资产组合降低融资风险。

(3)供应链金融服务涉及领域逐渐拓宽。供应链金融服务主体除提供传统大宗商品、生产设备、物流行业的供应链金融服务外,还将业务逐步拓展至快消、农业、环保等非传统供应链领域。2018年中国有20.8%供应链服务主体为客户提供消费品领域的供应链金融服务,分别有6.2%和5.4%的供应链服务主体尝试发力环保和餐饮领域。但环保、餐饮的供应链金融业务发展年限较短,截至2019年11月,其服务年限仅为4.8年和4.5年,与整体供应链金融平均服务年限6~7年相比,存在一定差距。中国供应链金融行业仍处于发展初期,服务领域仍有待供应链金融服务主体开拓与深耕。

10.1.4 供应链金融的行业痛点

供应链金融主要是由供应链上下游的全量业务数据驱动进行风险评估,数据流的透明度与流畅性是供应链金融发挥作用的重要基础。在供应链金融业务实际运行过程中,往往存在数据信息不对称以及交易信息伪造问题,此外还存在业务操作风险,具体表现如下:

1. 信用难以传递,中小企业融资难、融资贵

供应链金融的重要作用是依托核心企业的信用,服务上下游中小企业。在多级供应商模式中,一级供应商之后的其他供应商难以获得核心企业的信用支持,导致此类中小企业仅靠自身的信用难以融资。为解决多级供应商的融资需求,基于核心企业付款承诺的应收账款凭证多层流转模式开始出现,但金融机构对供应链金融平台上核心企业应付账款确权信息和应收账款凭证流转数据的真实性、有效性不能充分信任,导致供应链上持有应收账款凭证的中小企业难以获得金融机构的融资支持,融资难、融资贵的问题未能有效解决。

2. 贸易背景真实性审核难度大

供应链金融整合了商流、物流与资金流等数据信息,金融机构通过对供应链上的历史交易数据进行分析,以此来分析商业逻辑,制定风险控制模型,为供应链客户核定合理的授信额度。虽然供应链金融是基于核心企业的信用,但为了核实贸易背景的真实性,金融机构仍会投入大力的人力、物力,多维度验证上述信息的真伪,降低了供应链金融的业务效率。如果能够实现供应链历史数据全程可视并且不可篡改,将大幅降低金融机构的尽调成本,提升供应链金融业务的整体效率。

3. 供应链平台数据的有效性问题

目前越来越多的金融科技公司依托互联网技术,为核心企业、供应商、经销商以及金融机构提供线上供应链金融服务,一旦出现交易纠纷,需要进行责任划分。因此,需要确保原始交易记录的全生命周期可追溯,保证原始交易数据未被篡改。平台为提高数据的权威性,通常需要借助公证处这类第三方权威机构进行见证,但这种模式必然会增加交易成本、影响效率,可操作性不强。实践中，需要一种安全、高效、便捷和低成本的多方存储解决方案，确保各方都完整保存了数据信息，同时保证数据的安全性、真实性和可靠性。

4. 供应链系统中心化架构，存在安全隐患

目前多数供应链金融平台采用中心化 C/S 或 B/S 架构，供应链金融平台的系统应用、交易数据、账户数据采用中心化存储，由企业独立维护。中心化存储模式有较大的数据安全隐患，容易出现数据丢失或被攻击造成整个平台瘫痪的风险，影响系统服务的连续性和可靠性。而分布式存储的优势在于每一方都保存了完整的交易信息，不依赖某一个"中心"机构保存信息，相对更加安全、不容易篡改，而且信息的查询和交易理论上都能以更低的成本进行。

5. 多方系统对接，费时费力，效率较低

供应链金融的开展主要基于核心企业的信用，需要技术手段把供应链中的信息流、物流、资金流进行整合，实践中多采用系统直联的方式，实现数据交互，涉及核心企业 ERP、银行供应链前置系统、供应商 ERP、供应链服务平台等。由于各参与方之间非统一的数据标准，实现系统直联需要各参与方进行系统改造，耗费大量的人力、财力。实践中，也有部分核心企业出于系统安全的考虑，不愿意开放 ERP 系统，导致无法共享数据。在系统直联的方式外，亟待新的技术解决方案，以实现更经济、更高效地共享数据。

10.2 区块链提升供应链金融活力和效能

在供应链金融领域，基于区块链账本记录的可追溯和无法篡改性，整合供应链上下游企业的真实背景及贸易信息，有利于提高供应链金融行为的安全审计和行业监管效率，降低监管成本。此外，区块链技术在供应链金融领域的应用能够对企业进行增信，有助于企业降低融资成本。区块链去中心化网络结构，开放化、透明化、可视化应用模式可有效解决传统供应链金融中存在的诸多痛点，助力供应链金融突破瓶颈、创新发展。

10.2.1 区块链解决供应链金融痛点

区块链技术突破了供应链金融的瓶颈，其核心功能就是构建信任，构建可信的多方协作环境。区块链技术本质是多方共同维护一个不断增长的分布式数据记录库，这些数据通过密码学技术保护内容和时序，使得任何一方难以篡改、抵赖、造假。借助区块链技术，供应链金融平台解决了资金和资产对应匹配的唯一性和真实性等问题，能够真实有效地控制供应链物流、资金流、信息流，使得虚拟世界具有客观存在的真实性，有助于释放、传递核心企业信用，优化融资成本和效率，从而降低产业成本。区块链技术可有效解决传统供应链金融平台的诸多痛点，主要体现在以下方面：

1. 区块链构建"技术信任"

传统供应链金融企业融资依靠的是核心企业的控货能力和销售调控能力，银行只信任核心企业的一级供应商，导致供应链上中小微供应商的融资需求得不到满足，其根本问题是银行与中小微供应商无法建立信任体系。供应链金融平台的出现，能够对接银行、保理公司、核心企业、中小微供应商等企业，利用平台的公信力和业务能力为中小微企业信任背书，其实质仍是为供应链金融上下游企业建立信任体系，即对供应链金融公司、平台及其相关背书企业的信

任。但这种信任是脆弱的,没有技术支持的信任。随着供应链金融平台的对接企业不断增多,平台业务量和交易金额不断上升,这种基于企业或平台的信任体系极易崩塌瓦解。

区块链技术采用多方维护共同写入的分布式账本技术将供应链上的合同、单据、发票等多种信息分享给具有权限企业,利用P2P网络将核心企业及上下游企业、金融机构等连在一起,解决了供应链金融信息无法传递、数据无法存证鉴权问题。密码学技术的引入使得每个参与者都具有各自的身份证书,且区块链账本中的内容可追溯但不可篡改,使得任何有权限的参与者对账本的操作都会记录在案。共识机制能够确保链上共同协作的节点达成安全、有效、民主的一致性认识,从而代替或升级传统的供应链金融平台,并通过区块链建立基于技术的多方的信任供应链体系。

2. 区块链解决票据难以分割流转问题

供应链金融本质上是为中小微企业提供快速灵活的贷款服务,中小微企业之所以出现融资难融资贵的问题,其原因在于上游供应商及核心企业之间的合同及债权难以拆分,供应商没有得到应收账款凭据且自身又缺少可用于抵押融资的资产,导致来自核心企业的信任无法沿供应链链条传递到末端,而包括银行在内的金融机构受政策限制及风险控制等因素影响,对供应链金融中小微企业贷款也存谨慎态度,经常以较高的利率和复杂的审核机制来降低信贷风险。传统的供应链金融平台可以依靠自身有限的公信力实现债权拆分,为供应商提供融资凭据,但随着供应链条的延伸,这种信任度将加速下滑。尤其对于中心化的信息平台,还存在数据篡改、数据泄露等问题,难以自证清白,更增加了银行信贷风险。

区块链的引入能够完全解决现有债权凭据拆分问题,且基于区块链技术的信任可以沿供应链条做无衰减的传播。首先,区块链采用P2P网络结构,任何有权限的节点企业均可以获得与其相关的完整账本信息,实现多方参与,共同管理,避免传统中心化系统数据篡改、数据泄露等问题。其次,核心企业产生的债权凭据可以在区块链上按不同的应收账款额度灵活拆分,任何拆分行为都会通过有效的共识、全网广播后记录在链上且不可篡改,银行可以完全信任链上业务数据。最后,区块链具有严格的身份认证体系和权限隐私体系,链上所有节点和用户均具有相对应的身份标识,不可抵赖不可篡改,核心企业及其供应商不必担心其商业数据在链上被公开,区块链将限制账本访问权限并维护交易人的隐私,即在链上,某节点只能看到与其业务相关的业务信息及其他节点允许其看的信息。

3. 区块链提高供应链金融业务效率

供应链金融相关业务大部分涉及多方协同处理,如合同签订、数据审批、融资申请、企业担保等业务,线下审核机制严格、流程复杂,同时由于必须由信任机构完成相应的认证和账务处理,资金通常至少要耗费数周时间才能到账,且手续费用昂贵。即使是采用供应链金融平台,也多需要线上申请、线下审批,数据跑在人后面,大大降低了业务处理效率。

可以将联盟链看作是"跨企业的业务协同办公系统",区块链共识机制会将上链数据按照一定的规则进行同步,且确保链上内容不可篡改、可追溯,在办理供应链金融相关业务的时候可以灵活快速地获取账本中相关的证据,避免了传统业务流程线上申请、线下审批的烦琐流程,可以以较高的效率处理业务。此外,利用区块链特有的智能合约功能,银行、保理公司等金融机构可以在满足融资要求的前提下做到实时放款。例如,在一个融资流程中,从申请融资到资料审核,如果完全满足智能合约的约束条件,即刻触发智能合约的放款命令,这一过程中减少了办理者的信息审核、身份核验和放款流程的办理时间,大大提高了业务办理效率。

4. 区块链降低供应链金融信息系统扩建成本及复杂度

传统的中心化供应链金融信息系统在发展到一定阶段后,需要与银行、保理公司、核心企业、券商等企业进行业务对接,一方面能够扩大系统业务范围,另一方面也会增加系统的公信力。但这一对接过程较为复杂,尤其针对银行、券商等金融机构,数据对接更为困难,且这一过程中产生的成本较高,大部分为重复工作。区块链采用 P2P 网络结构,系统的对接只需将该企业以节点的形式纳入区块链网络中,如需要还可为其开发上层去中心化应用程序。区块链与供应链金融的结合能够有效降低与第三方系统交互的复杂度,且提供多种数据共享模式,规范数据共享接口,节约现有平台业务扩展成本,为数据真实性提供保障。

5. 区块链增强供应链金融平台安全性

传统的供应链金融平台是由企业独立维护,采用中心化 C/S 或 B/S 架构,而供应链金融数据中心化存储,带来了较大的数据安全隐患。采用区块链技术后,具有权限的链上节点均按照一定规则参与维护各自账本数据,数据的分布式存储可以降低单一节点数据丢失或被攻击所造成的平台瘫痪和经济损失,若某个节点出现宕机状况,数据不会轻易丢失。此外,区块链数据存储的特点能确保账本数据的不可篡改和可追溯,结合完整的时间戳机制也能够确保数据的连续性,这对于后续平台进行大数据分析、人工智能等拓展应用,提供了有力的数据支持。

6. 区块链技术解决供应链金融风险控制难题

供应链金融风险难把控。我国尚未形成既权威又健全的企业信用资信系统,部分供应链金融业务(如保理业务)也没有建立起一套完整规范的法律体系。供应链金融业务的多样性、灵活性和复杂程度也增加了风险控制难度,金融机构在对客户进行信用风险识别、评估与防范、追究法律责任时,均存在一定困难。

区块链技术使多家机构共存于互相协作、相互监督的场景下,避免了传统供应链金融模式下的私下串通行为的发生。在公开透明的机制下,机构的信用情况会获得所有参与者的一致认同,连续的交易也使得各类单据无须重复地进行真实性查验。交易行为的互相印证,将产生传统信用技术与交易模式难以产生的"信用自证"和"信用自增",也即区块链具有为供应链金融增信的作用。区块链技术有助于形成公正、客观、可信的交易环境,降低了"不信任"所带来的交易摩擦和金融成本,有助于票据、资产、交易、回款等一系列风险点得到有效管理。

10.2.2 区块链在供应链金融中的应用场景

供应链金融利用区块链去中心化、信息高度透明化等优势构建开放式、共享式的信用框架,可全方位、多层次、各角度跟踪供应链金融系统中利益相关主体的实时信用变动轨迹。区块链在供应链金融中的典型应用场景有反向保理、保兑仓融资、应收账款融资以及 ABS[①] 融资等。区块链模式下的供应链金融系统如图 10-7 所示。

1. 反向保理

反向保理是指保理商与规模较大、资信卓著的高质量买方达成协议,为向该买方供货的供应链上的中小企业提供保理融资的服务。传统保理模式下,贸易凭证只能在核心企业和一级

---

① 指资产证券化,即 asset-backed security。

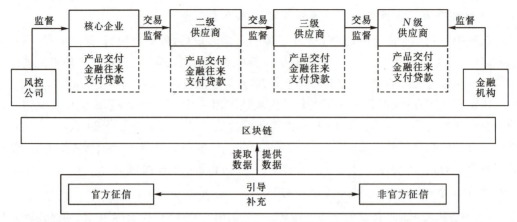

图 10-7 区块链模式下的供应链金融系统

供应商间传递,多级供应商共享凭证,缺失有效的融资支持。在区块链模式下,核心企业可向一级供应商开立电子凭证,代替传统的纸质商票。电子凭证可拆分,各级供应商均可获取并转让持有的电子凭证用于贴现、融资,缓解因上游企业赊销带来的资金短缺问题。此外,电子凭证代替传统的线下纸质票据,有利于提高融资效率。区块链模式下的贴现可实现即时审核、即时贴现,而一般的线上电子凭证贴现审核时间需 12~24 小时,传统的纸质票据审核时间长达 3~5 天。可见,区块链模式的应用可大幅缩短融资方的融资周期,减少等待时间。区块链模式下的反向保理如图 10-8 所示。

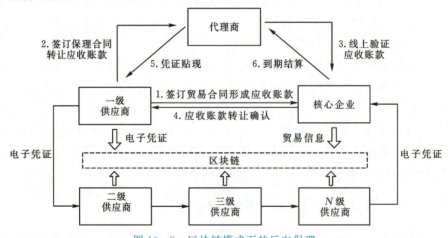

图 10-8 区块链模式下的反向保理

2. 保兑仓融资

保兑仓融资适用于卖方承诺回购条件下的采购。在核心企业承诺回购的前提下,经销商或融资方向银行申请贷款额度,以核心企业在银行指定仓库的质押物为质押,由银行控制提货权。保兑仓融资业务以核心企业承诺回购为信用背书,使经销商能够在银行获得资金支持,过程中涉及多方企业提供的信息,若加入区块链系统,利用区块链难以篡改的特性保证链上数据真实可信,可增强银行对各方数据的信任度,降低经销商或融资方向银行申请贷款的难度。区块链模式下的保兑仓融资如图 10-9 所示。

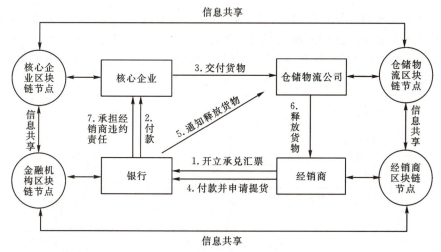

图 10-9 区块链模式下的保兑仓融资

3. ARIF[①] 融资

在存货或应收账款融资模式下,引入区块链技术,可降低仓单造假风险。区块链系统以电子凭证代替纸质票据,利用 RFID、AGV、视频分析等监控手段,实时监测商品出入库信息,并将信息录入区块链系统,且带有时间戳的信息难以被篡改,可保证仓单信息的真实性。供应链上的中小微企业通过区块链系统记录的真实贸易信息,向银行申请贷款,银行可有效查证,使中小微企业更容易获得银行信用,进而获取应收账款或存货项下的融资。区块链模式下的 ARIF 融资如图 10-10 所示。

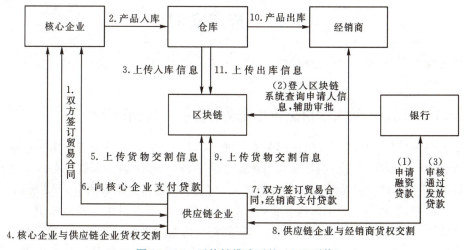

图 10-10 区块链模式下的 ARIF 融资

4. ABS 融资

ABS 融资模式是以项目所属的资产为支撑的证券化融资方式。利用区块链技术可以将

---

① 指应收账款和存货融资,即 accounts receivable and and inventory financing。

大型项目相关材料进行存证，同时将保理公司、券商囊括在整个联盟链生态圈里，通过链上的业务互通形成核心企业—保理公司—券商—供应商的 ABS 融资生态，提高协同业务效率。利用区块链技术，在确保项目数据和资产真实透明的情况下，还可以延伸至证券评级测算、资产流转及监控等业务。区块链模式下的 ABS 融资如图 10-11 所示。

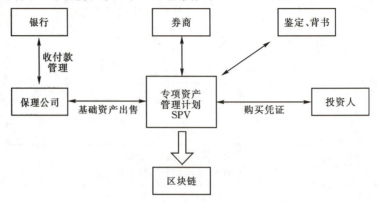

图 10-11 区块链模式下的 ABS 融资

以供应链金融中保理商、银行、券商、鉴定机构及背书企业为基础形成了保理 ABS 融资业务。在 ABS 融资中，保理商扮演发行者身份，SPV[①]（专项资产管理计划）负责筹划管理发行计划，这期间将受到券商、鉴定机构和背书机构的监管，银行则负责管理保理公司收付款。在进行 ABS 融资过程中，所产生的购买合同、管理单据、委托凭据、应收应付款管理凭据均写入区块链账本中，实现了透明化和公开化监督和管理。

10.3 应用案例

区块链技术应用于供应链金融领域的实践案例较多，主要在应收账款融资、库存融资等方面取得了应用。

10.3.1 海尔：一站式信用流转与变现平台——"云单平台"

海尔金融保理基于区块链式的信用生态发展，针对供应链伙伴量身定制出一站式信用流转与变现平台——云单平台。相比于其他产业金融平台，云单平台的所有服务操作全部基于线上，可以轻松服务产业链上遍布全国的数以万计企业，其运营架构如图 10-12 所示。

不难看出，海尔云单平台上的核心企业可以向大量的上下游供应商发布云单。云单具有很高的灵活性，可以进行转移和拆分。同时，需要资金的企业也可以直接在云单平台上实现融资。这大大缓解了中小企业的现金问题，有利于投入更多的资金来实现可持续发展。云单业务是对现有保理和票据业务的改进，通过系统高效的在线运营，节省时间和精力，达到降低整个流通环节成本的目的。事实上，云单最大的特点就是通过分拆的方式来运营整个业务。每一个一级供应商，包括一级、二级和三级等都可以将云单保持到成熟，并让核心企业来处理它；也可以根据自身需求将云订单的 1000 万转移为 500 万、300 万、200 万，并支付给更高层次的

---

① 指特殊目的的载体，也称为特殊目的的机构/公司，英文翻译为 special purpose vehicle。

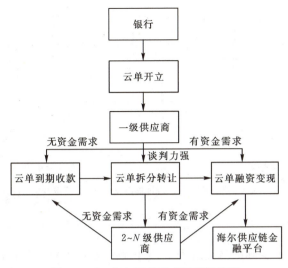

图 10-12　海尔云单平台运营架构图

供应商,实现债务转移。

在实际操作中,一级供应商往往规模较大,因此他们可能以较低的成本相对方便地获得一些资金支持。资本需求的主要来源是从二级到三级再到更多一级的供给者。从国家供应链金融引导的角度来看,供应链金融和供应链技术的目的都是实现协同、智慧和服务。最重要的一点是提升整个供应链的价值,这也是做供应链金融的意义所在。在海尔云单平台上,可以让用户实现供应链金融的持续信用流通和互动信用增值,将数据转化为信用,实现增值,满足全产业链的融资需求。同时,坚持产业链的整体容量,整合产业链中的小数据和流动数据进行风险评估,增强企业的信用,以增加中小企业的信用,缓解融资难的问题。

10.3.2　蚂蚁金融:以核心企业应付账款为依托的"双链通平台"

依靠核心企业的应付账款,并依托于真正的产业链参与者之间的贸易,蚂蚁"双链通平台"使核心企业的信用转移到区块链存储的信用块中,所以给更多小微企业、上游供应链提供了平等和高效率的普惠金融服务。此外,对于许多中型企业来说,蚂蚁"双链通平台"可以作为一种很好的方式来协调和管理应收账款,来应对这项复杂而烦琐的工作。对于应收账款过多、经营风险较大的企业,可以通过区块链获取信誉良好的大型企业的应收账款凭证,这对提高企业的经营稳定性有很大帮助。蚂蚁"双链通平台"的运营架构如图 10-13 所示。

从图 10-13 中可以看出,核心企业是蚂蚁"双链通平台"最重要的合作伙伴。在这些合作伙伴中,不仅有与蚂蚁"双链通平台"合作的核心企业,还有它们的关联金融公司、保理公司、信托公司,甚至是它们自己的银行。这些子公司也可以成为"双链通平台"区块链的关联成员,打包核心企业的业务。同时,针对链条上没有自己发展业务体系的中小企业,"双链通平台"提供了一个轻量级的业务平台,帮助中小企业直接在线交易。蚂蚁"双链通平台"具有较高的网络公信力,并正在引入审计和监管机构的参与,值得中小企业信任。另外,银行和金融机构都可以成为该区块链联盟的成员,在平台上进行网上银行、身份认证、会计核算甚至资金结算。对于更高层次的服务商和合作伙伴来说,依托核心能力可以为蚂蚁"双链通平台"客户提供更多与供应链合作和供应链管理相关的能力。这样,双链可以与所有的客户和合作伙伴建立一个

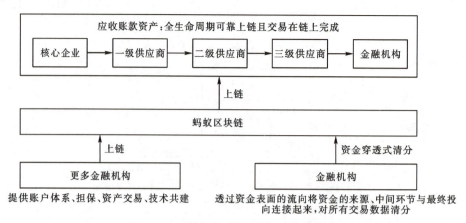

图 10 - 13　蚂蚁"双链通平台"的运营架构

良好的合作生态系统。在实际的试点过程中,经由蚂蚁双链通供应商通过层层流通,获得了从未见过的上游供应商的付款承诺。对于应收账款过多、经营风险较大的企业,可以通过区块链获取信誉良好的大型企业的应收账款凭证,这对提高企业的经营稳定性有很大帮助。对于需要融资的企业,可以通过区块链轻松便捷地在网上对应收账款进行融资。

10.3.3　平安银行:供应链应收账款服务(SAS)[①]平台

2017年底,平安银行"供应链应收账款服务(SAS)平台"正式上线,为参与供应链金融业务的核心企业及其上游的中小企业提供应收账款管理、交易等服务,其平台的运营架构如图 10 - 14 所示。

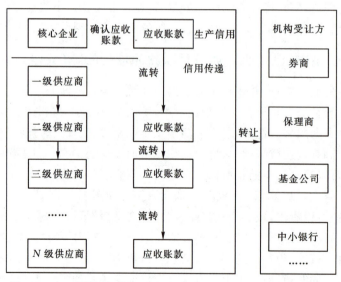

图 10 - 14　平安银行供应链应收账款服务(SAS)平台的运营架构

在应收账款到期日前,核心企业保证准备金账户已全额支付,并授权平安银行在到期日前

[①]　即 supply-chain account receivable service,简称为 SAS。

将应收账款支付到相应的应收账款最终持有人指定的账户。SAS平台作为一个提供网上应收账款转账和管理的平台,有以下三个亮点:

(1) SAS平台搭载了超级账本的信息记录和交互功能,应收账款周转率链接自动确认收到通知债权的转让,大大解决了离线手工操作和真实性验证的难度,并且极大地降低了原始确认收到转让通知应收账款风险成本和劳动力成本。

(2) 在SAS平台的交易过程中,各参与方均需要建立私密的分布式账本,解决了传统中小微企业融资过程中,交易各方处于破碎的交易环节,信息无法共享和传递,深层次融资需求无法解决的问题。

(3) 从实际应用层面来看,SAS平台得益于区块链技术的加持,超级账本可以完成信息记录全过程,自动转让和确认应收账款流转的债权,解决线下人工操作真实性的难题。对于SAS平台的各参与方来说,在交易过程中可以建立独立的分布式台账,相互验证,保证核心企业信用的有效传递;SAS平台的资金提供者在收到应收账款时,可以依托超级账本记录的交易信息流追溯至相关核心企业,进一步强化信用背书。

10.3.4 浙商银行:基于区块链技术的企业"应收款链"平台

浙商银行针对供应链条内中小企业现金短缺、融资难等问题,独辟蹊径,于2017年8月16日推出业内首款基于区块链技术的企业"应收款链"平台。"应收款链"平台采用的是金融科技新手段,解决企业应收账款的真实性确认、快速流转等问题。浙商银行"应收款链"平台的运营模式如图10-15所示。

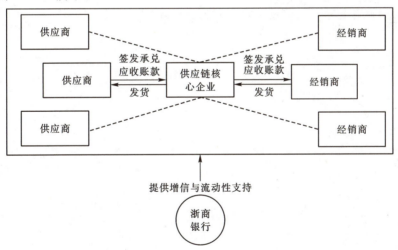

图10-15 浙商银行"应收款链"平台的运营架构

为解决企业应收账款的痛点和难点,浙商银行创新开发了一个采用区块链技术的企业与银行合作平台,专门用于企业应收账款的发行、承兑、支付、质押、履约等模块用途,最终实现无资金交易,降低整体供应链及产业链的成本。在浙商银行的"应收款链"平台中,首次运用了区块链技术,其上面的交易数据在区块链上密钥一经生成后不能更改,任何第三方均无法篡改应收款交易信息,而且区块链采用分布式账本技术记录应收款信息,改变传统应收款依赖于纸质或电子数据的局面,从而最大程度保证应收款信息安全。此外,企业可以通过"应收款链"平台发行和接收应收账款,将账面上的应收账款转化为安全、高效的支付结算工具,从而活跃应收账款,减少外部负债。在产业链周围,银行机构为应收账款流通提供信贷支持;上游企业在收到应收账款后,可以直接支付在平台上购买商品的款项,也可以将应收账款进行转让或质押,激活资金,方便企业对外支付和融资。

本章小结

供应链金融在解决中小企业融资难、融资贵、风险高等问题上具有天然独特的优势,并且能够在一定程度上打通核心企业与其他中小型企业的地位壁垒,有效解决融资难问题。但是,随着大数据经济体制的发展,目前的供应链金融模式已无法适应人们日趋多元化的需求,而且我国区块链技术在供应链金融领域仍处于初级阶段,所以加快区块链与供应链金融相互结合仍是当前的主要任务。为进一步发展我国供应链金融,占据行业龙头地位,我国商业银行可以通过强化区块链跟踪、加大区块链与供应链金融结合的研究力度,逐渐形成属于自己的业务创新能力与风险管控能力,为应对当前数字时代变革增添强而有力的筹码。

思考与练习

1. 什么是供应链?什么是供应链金融?供应链金融产生的基础及核心功能是什么?
2. 供应链金融的发展特征有哪些,随着实践的发展出现了哪些痛点?
3. 供应链金融的主要模式包括哪些?
4. 区块链在供应链金融中应用有哪些优势?
5. 请简述区块链在供应链金融中的主要应用场景。

第 11 章　区块链+资产管理

引例

2020年4月初,媒体披露了一则消息,受疫情影响,中小企业流动性面临困难。亚夏控股通过发行债券获得了较好的财务流动性,然后向其上下游的一大批中小建材供应商、建筑施工单位及时伸出了援手。其具体做法就是,运用浙商银行提供的"应收款链"平台,亚夏控股的供应商采购时,通过在线签发区块链应收款偿付货款。供应商收到区块链应收款时,即可在线实时转让给浙商银行获得流动资金。而浙商银行将这类基于区块链的应收款打包成理财产品,出售给理财客户。浙商银行的区块链应收款产品,实际上开启了基于区块链的数字资产交易的新模式。不同于过去"加密货币"先发币交易,再找资产的程序,很容易造成"空气币",浙商银行的模式是先锚定资产,再交易,不但服务了实体经济,还保护了交易对手方。

资产管理,作为实体经济的支持者,作为财富管理的受托者,作为混业经营的前驱者,在提升资本市场效率、助推经济转型、保护金融投资者权益、服务普惠金融等方面具有独特的意义。有数据显示,直到2004年我国才推出银行理财产品,而2012年资产管理规模就已达27万亿元,到2016年,这一数字则是116万亿元,年均复合增长率高达43.97%!2018年4月,《关于规范金融机构资产管理业务的指导意见》落地,中国资产管理行业迎来了全新的发展阶段。

然而,快速发展的背后也带来一系列问题,由于各类金融机构倾向于通过规避投资范围、杠杆约束等监管条件而非提升自己的专业能力来谋求利益,市场上出现金融产品嵌套层数过多、期限错配、杠杆过高和资金池运作等乱象,同时也限制了资产管理机构的定价能力,这些都是困扰管理者的难题。随着金融科技的发展,区块链技术逐渐被认识并应用到资产管理行业,区块链的公开透明、不可篡改等特点赋予资产管理行业无限的可能性。通过去除无效数据,改善数据源,区块链技术可以提升资产管理机构的定价能力;借助区块链技术的高安全性有效降低了融资主体的信用风险,从而提高资金流动性;同时,区块链技术的高透明性有助于实时穿透式监管督促资产管理机构创新而不是钻法律漏洞。本章将介绍有关资产管理的基本概念以及产品分类,让读者对资产管理行业有个初步认识,然后通过分析资产管理行业面临的问题来探讨区块链技术赋能资产管理行业的可能性。

11.1　资产管理相关定义及分类

11.1.1　资产管理

资产管理是指资产的委托人将其资产托付给受托人(资产管理人),由受托人按照与委托人签订的合同,以约定的方式、条件对被委托的资产进行运作与管理。其中,资产管理人主要包括银行、信托、证券、期货、基金、保险等金融公司,为客户提供金融产品的管理服务。委托人资产主要包括动产、不动产、股权以及其他的资产(见图11-1)。

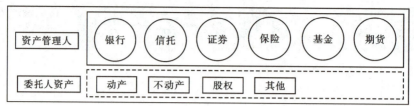

图11-1 资产管理人和委托人资产

依据募集方式的不同,资产管理主要分为三类:定向资产管理、集合资产管理和专项资产管理(见表11-1)。

表11-1 资产管理分类

类别	客户数量	认购起点(人民币)	规模要求
定向资产管理	单一客户	100万元	100万元起,一般不低于300万元
集合资产管理	多个客户	限定性集合资产管理:5万元;非限定性集合资产管理:10万元	不低于1亿元
专项资产管理	多个客户	单个客户不低于100万元;客户人数在200人以下,但单笔委托金额在300万元以上的客户,人数不受限制	3000万元~50亿元

(1)定向资产管理:受托的资产管理公司与某单一客户签订定向资产管理合同,在合同约定的范围内进行投资。定向投资的特点是需要在资产管理合同中约定具体的投资方向,按照约定方向进行投资。

(2)集合资产管理:投资者集合一部分客户的资产,对该资产进行统一管理。集合资产管理是资产管理公司针对高端客户开发的理财服务创新产品,主要将集合的资产投资于业绩优秀、成长性高、流动性强的股票等权益类证券以及股票型证券投资基金。

(3)专项资产管理:投资机构针对客户的特殊要求和资产的具体情况,设定特定的投资目标,为客户提供特定的资产管理服务。专项资产管理要求投资机构应当在合同规定的时间内经常与客户沟通。

11.1.2 资产管理行业各类产品分析

1. 公募基金产品

公募基金是指按照《中华人民共和国证券投资基金法》的要求,由中国证监会批准的基金公司为基金份额持有人的利益,进行证券投资活动而公开发行的受益凭证。为了保护公众投资者的利益,公募基金需要受到法律的严格监管,有信息披露、利润分配、运行限制等行业规范。

按照是否允许投资者随时申购与赎回,公募基金可以分为开放式基金和封闭式基金。依据投资范围的不同,公募基金又可分为货币市场基金、股票型基金、债券型基金、混合型基金和公募FOF(fund of funds,基金中的基金)(见表11-2)。依据投资策略不同,股票型基金又可细分为价值型基金、成长型基金和平衡型基金。依据股票、债券投资比例以及投资策略的不同,混合型基金又可以分为偏股型基金、偏债型基金、配置型基金等。

表11-2 公募基金产品

项目	股票型基金	债券型基金	混合型基金	货币市场基金	公募FOF
主要投资范围	80%以上的基金资产投资于股票	80%以上的基金资产投资于债券,主要是国债、金融债和企业债	投资于股票、债券、货币市场工具或其他基金份额	投资于短期货币工具,如国债、商业票据、银行定期存单、政府短期债券、企业债券	80%以上投资于中国证监会依法核准或注册公开募集的基金份额
投资门槛	认购门槛较低,一般1000元,定投方式可最低100元起				
风险收益特征	股票型基金风险较大,收益较高,其次是债券型基金,货币市场基金风险较小,混合型基金的风险和收益介于股票型基金和债券型基金之间				风险较小,收益较低
期限特征	一般没有期限,在约定的建仓期过后,可以随时申购或赎回				FOF投资其他基金时,被投基金不少于1年
代表企业	天弘基金、易方达基金、南方基金、博时基金、嘉实基金				

2. 私募基金产品

私募基金主要包括私募证券投资基金和私募股权投资基金,此外还有少量的创业投资基金和其他私募投资基金(见表11-3)。依据中国相关法律,在中国境内设立的私募投资基金管理机构可以采取股份有限公司、有限责任公司、普通合伙企业、有限合伙企业等组织类型。

按运作形式不同,私募证券投资基金主要是契约型基金,其基金数量和管理资产规模均超过90%,此外,还有合伙型和公司型基金。

按投资对象不同,私募证券投资基金主要有股票类基金、债券型基金、混合类基金、货币市场基金以及基金中的基金(FOF),此外还有上市公司定向增发基金、期货期权衍生品基金、资产证券化投资基金和其他类型证券投资基金。

按产品类型不同,私募证券投资基金主要有成长基金、并购基金、夹层基金、房地产基金、基础设施基金等。

表11-3 私募基金产品

项目	私募证券投资基金	私募股权投资基金	创业投资基金
主要投资范围	投资于流动性较强的证券及其他金融衍生工具,如股票、股权、债券、期货等	投资于非上市公司股权、权益性投资方式	投资于未上市创业企业股权,投资的权益可以使用普通股、可转换优先股等
投资门槛	100万元	100万元	100万元

续表

项目	私募证券投资基金	私募股权投资基金	创业投资基金
风险收益特征	股票型基金风险较大、收益较高,量化中性策略的股票型基金风险水平低于股票基金,收益率也相对较低	高风险、高收益	
期限特征	募集期1~3个月,封闭期6个月至1年,封闭式基金存续期至少5年	中长期,5~10年	中长期,7~10年
投资者要求	合格投资者,包括个人和少数机构,以个人投资者为主	特定的机构和个人,主要是有长期资金的机构投资者	
代表企业		真格基金、华夏基金、汇添富基金、国泰基金	

3. 基金公司专户产品

基金专户资产管理业务即特定客户资产管理业务,是基金管理公司向特定客户募集资金或者接受特定客户财产委托担任资产管理人,运用委托财产进行投资的一种活动。其主要包括普通专户、管理社保基金和管理企业年金三部分,其中普通专户又包括"一对一"专户产品和"一对多"专户产品。

基金专户的对象主要为大中型企业和高端个人投资者,委托投资单个资产管理计划初始金额不低于100万元,且能够识别、判断和承担相应投资风险的自然人或法人依法成立的组织(见表11-4)。

表11-4 基金公司专户产品

项目	单一客户资产管理计划	特定客户资产管理计划
主要投资范围	投资于银行存款、股票、债券、证券投资基金、央行票据、非金融企业债务融资工具、资产支持证券、商品期货及其他衍生品等	
投资门槛	初始资金不低于3000万元人民币	委托投资单个资产管理计划初始金额不低于100万元
业务类型	可以是管理人主动管理型,也可以是被动管理即通道型	只能为主动管理型,禁止通道业务
规模需求	3000万元人民币以上	不低于3000万元人民币,不超过50亿元人民币
代表企业	中海基金、南方基金、工行瑞信	

4. 保险资产管理产品

保险资产管理公司一方面受托管理母公司、其他保险公司企业年金等第三方资金,另一方面也可以自行设立资产管理计划募集资金进行投资,如各类债权投资计划、股权投资计划以及资产支持计划(见表11-5)。

表 11-5 保险资产管理产品

项目	定向资产管理计划	集合资产管理计划	资产支持计划
主要投资范围	投资于银行存款、股票、债券、证券投资基金、央行票据、非金融企业债务融资工具、资产支持证券、商品期货及其他衍生品、信贷资产支持证券、基础设施投资计划、不动产投资计划		按照约定从原始权益人受让或者以其他方式获得基础资产,以基础资产产生的现金流为偿付支持
投资门槛	面向单一投资人,不低于 3000 万元	面向多个投资人,人数不超过 200 人,单一投资人不低于 100 万元	
风险收益特征	债券投资计划风险较小、收益率低,不动产投资计划收益较高,证券类资产管理产品收益类受资本市场影响较大		
期限特征	期限固定,可根据计划类型、特点决定		可以采取一次足额发行,也可以采取限额内分期发行的方式
代表企业	中国人寿、中国人民保险、太平洋保险、中国平安		

5. 券商资产管理产品

"券商",即证券公司。券商资产管理公司是经中国证监会(以下简称"证监会")批准,依法登记注册,受托管理投资者资金的金融机构。投资者将资产托付给券商资产管理公司,券商资产管理公司按照与投资人签订的合同,以约定的方式、条件对被委托的资产进行运作与管理。在券商资产管理中,投资者资产是以现金为主的高流动性金融资产。

证券公司定向资产管理计划主要是通道类业务,大多投向各类"非标"资产,如信托贷款、委托贷款、各类资产收益权等,也有一些主动管理类业务投向了债券、股票和信托计划、同业存款、基金、证券公司资产管理计划等。集合资产管理计划主要投向各类标准化证券以及其他金融机构发行的资产管理计划;专项资产管理计划一般用于资产证券化业务(见表 11-6)。

表 11-6 券商资产管理产品

项目	单一客户定向资产管理计划	集合资产管理计划	专项资产管理计划
主要投资范围	主要投向各类"非标"资产,如信托贷款、委托贷款、各类资产收益权等	股票、债券、股指期货、商品期货等	商品未通过证券交易所转让的股权、债券及其他财产权利
投资门槛	不低于 100 万元	3000 万元以上,50 亿元以下,单个客户不低于 100 万元	单个客户不低于 100 万元
风险特征	不同产品差异较大	风险较低、收益较低	不同产品差异较大
期限特征	固定或不设存续期		固定存续期,2~5 年
代表企业	中信证券、华泰证券、广发证券、中国银河证券		

6. 期货资产管理产品

期货公司资产管理业务包括单一客户资产管理计划和特定多个客户资产管理计划,主要投资于期货、期权类产品。期货资产管理在资产管理行业中体量最小,业务范围也最狭窄(见表11-7)。

表11-7 期货资产管理产品

项目	单一客户资产管理计划	特定多个客户资产管理计划
主要投资范围	期货、期权及其他金融衍生品、股票、债券、证券投资基金、央行票据、短期融资等	
投资门槛	100万元	
托管制度	可托管,也可免于托管,但免于托管时应在资产管理合同中明确约定关于保障资产管理计划委托财产安全的制度措施	应交由具有基金托管业务资格或私募基金综合托管业务资格的机构进行托管
备案要求	应通过中国证券投资基金业协会私募基金登记备案系统进行备案	
代表企业	申银万国期货、中信建投期货、永安期货、光大期货	

7. 信托产品

根据中国原银监会于2007年发布的《信托公司管理办法》,除资金信托外,信托财产可以分为动产信托、不动产信托、有价证券信托等财产权信托。因此,根据委托财产形式的不同,信托可分为资金信托和财产权信托(非资金信托)。

资金信托是指委托人以资金为信托标的设立信托,由受托人对信托进行管理。根据委托人的数量,资金信托可细分为单一资金信托和集合资金信托,单一资金信托是指委托人为单个自然人或机构的信托产品,集合资金信托的委托人为多个自然人或机构。相较单一资金信托,集合资金信托通常是信托公司自主开发的主动管理型产品,信托公司在整个交易安排中起主导作用。财产权信托,即受托资产为非资金财产的信托,只要受托标的能够以货币的方式计量,以便信托实现保值、增值的目的,均可作为信托财产进行委托,如房产、股权、债权等(见表11-8)。

表11-8 信托产品

项目	单一资金信托	集合资金信托
主要投资范围		主要投资于股票、债券、期货、债券逆回收及基金、受托人管理的其他信托产品、银行理财产品、境外投资品种等
投资门槛	单个客户不低于100万	单个信托计划自然人人数不超过50人,合格机构投资者数量不受限制。单个客户不低于100万
风险特征	风险较大	风险较小
期限特征	无限制,通常1年以上	不少于1年
投资者类型	通常为机构投资者	个人投资者和机构投资者
代表企业	中信信托、华润信托、资金信托、安信信托	

8.银行理财产品

银行理财是中国商业银行在法律法规核准的范围内,利用银行在金融市场上的投资能力,按照既定投资策略代理投资者进行投资的行为。

银行理财业务产品根据客户获取收益方式不同,可分为保证收益类理财产品和非保证收益类理财产品(见表11-9)。

表11-9 银行理财产品

产品类型	产品特点	风险承担主体	预期利率	代表企业
保证收益类	保本保收益	银行	利率在4.0%左右,最高不超过6.0%	中国银行、中国建设银行、中国农业银行、中国工商银行
非保证收益类	保本浮动收益:保本金,不保收益 非保本浮动收益:不保本金,不保收益	银行只承担本金风险,投资者承担所有风险	利率在8.0%以下	

(1)保证收益类理财产品。银行按照约定条件向客户承诺支付本金和固定收益,由银行承担对应产生的投资风险,或银行按照约定条件向客户承诺支付最低收益并承担相关风险,其他投资收益由银行和客户按照合同约定分配,并共同承担相关投资风险的理财计划。

(2)非保证收益类理财产品。非保证收益类理财产品分为两种:①保本浮动收益类,是银行根据约定条件向客户保证本金兑付,依据实际投资收益情况确定客户收益,本金以外投资风险由投资者自行承担。通常,商业银行通过购买零息票据或期权等保本工具来实现保本,再将剩余的钱用于其他类型投资获得收益。②非保本浮动收益类,银行根据约定条件和实际投资情况向客户支付收益,不保证本金安全,投资者自行承担投资风险。

11.2 资产管理行业发展现状及面临的挑战

11.2.1 资产管理行业发展历程

与欧美等发达国家相比,中国的资产管理行业起步较晚。中国的资产管理行业共经历了四个发展阶段。①萌芽期:从1998年开始,中国第一次发行了首批公募基金,市场上仅有少数的资产管理机构;②发展期:2008—2011年,银信合作和环球股灾推动了资产管理行业的发展;③爆发期:2012年以后,牌照逐渐放开,行业门槛解除,各资产管理机构间竞争、合作增多,资产管理行业飞速发展;④2017年以后,中国资产管理由于《关于规范金融机构资产管理业务的指导意见》的严监管进入了调整期(见图11-2)。

1.第一阶段:萌芽期(2007年以前)

2007年以前,中国的资产管理行业以公募基金作为主导,投资标的主要以权益市场为主,只有一些少数的金融机构可以提供资产管理服务。

2.第二阶段:发展期(2008—2011年)

在此时期,中国的资产管理行业进入了第二阶段。2008年的环球股灾发生之后,许多投

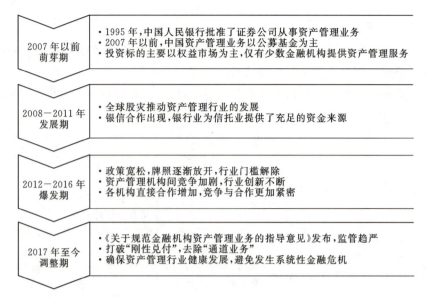

图 11-2　中国资产管理行业发展历程

资者在股市中投资失败,这些投资者逐渐意识到自己对于金融体系、金融产品的了解较少,投资者更倾向于把资产交给专业的资产管理机构进行管理,而银行作为投资者最信任的资产管理机构,在这个阶段大量吸收了投资者的资金,银行充足的资金为资产管理的发展奠定了基础。作为与银行联系最紧密的信托资产管理,在此阶段借助银行充足的资金迅速发展,逐渐打破了之前公募基金"一家独大"的局面。

3. 第三阶段:爆发期(2012—2016 年)

2012 年,中国证券监督管理委员会陆续颁布了《证券投资基金管理公司子公司管理暂行规定》《证券公司定向资产管理业务实施细则》《证券公司集合资产管理业务实施细则》,这些政策的发布标志着中国资产管理行业政策体系的初步确立,为行业发展奠定了良好的基础,是中国资产管理行业迅速发展的重要时期。

2012 年下半年开始,资产管理行业进入了腾飞期,行业的门槛解除,政府颁发的牌照逐步放开,宽松政策使得整个资产管理行业内各大企业竞争合作关系更加密切,行业之间的创新不断,进而促进了行业整体的蓬勃发展。同时,在此阶段,银行凭借着规模大、渠道广的优势迅速占据市场,在资产管理市场占据了优势地位。

4. 第四阶段:调整期(2017 年至今)

粗放的发展方式促使中国资产管理行业之前存在的问题在此阶段集中爆发。虽然在此之前资产管理行业极大程度促进了金融业的市场化,增加了居民的财产性收入,但刚性兑付、影子银行、杠杆放大风险等现象陆续出现。针对上述问题,央行、银保监会、证监会、外汇局联合发布发布了《关于规范金融机构资产管理业务的指导意见》《关于进一步明确规范金融机构资产管理业务指导意见有关事项的通知》等政策,旨在加强对于资产管理行业的监管。同时,本轮监管明确打破了刚性兑付,要求资产管理的金融机构不得向客户承诺保本保收益,并且强化外部审计机构的审计责任等,推动行业进入长期健康、稳定的发展阶段。

自 2017 年以来,中国资产管理行业进入严监管阶段,行业增速放缓。截至 2017 年末,中国资产管理行业总规模达到 119.7 万亿元,同比增长 7.4%,连续两年同比增速大幅下降(2016 年同比增速为 30.0%,此前四年平均增速则高达 50.0%)。2018 年,中国资产管理市场规模为 124 万亿元,行业在政策严监管的背景下呈现缓慢增长的态势。《关于规范金融机构资产管理业务的指导意见》发布后,各资产管理机构均进入调整阶段,资产管理的各子行业,如银行理财、保险、基金、信托的增速也呈现放缓趋势,在目前的资产管理行业中,银行理财和信托仍占据主导地位。《关于规范金融机构资产管理业务的指导意见》的严监管,短期内会导致资产管理业务收缩,各资产管理机构仍需调整业务以适应新规严监管的市场局面。

11.2.2 传统资产管理行业面对的挑战

近年来,中国的资产管理行业发展迅猛,已经成为发展最快的金融细分领域之一,但资产管理行业在蓬勃发展的同时也存在一些风险隐患。2018 年《关于规范金融机构资产管理业务的指导意见》(下面简称为《资管新规》)的正式出台是中国资产管理行业的一个分水岭:首先,《资管新规》统一按照募集方式和资金投向分类,统一监管标准,大大压缩通道型机构的监管套利空间;其次,《资管新规》明确提出要打破刚性兑付,并且确定四类刚兑行为,若发生刚兑行为,会区分存款类金融机构和非存款类持牌金融机构加以不同的严惩;最后,《资管新规》明确要求去通道化,禁止开展规避投资范围、杠杆约束等监管要求的通道业务,消除多重嵌套。同时,《资管新规》还对投资者、金融机构等市场主体提出了相对严格的要求。《资管新规》的提出表明监管者亟须改善资产管理行业,但是《资产新规》的实施并不能立刻起作用,资产管理行业仍旧存在以下难题:

(1)资产管理机构亟须准确把控风险,提升产品定价能力。《资管新规》出台之前,中国金融机构的资产管理产品主要是预期收益型产品,与银行表内负债实质上并无差别,金融机构出于对自身声誉和提高机构竞争力等方面的考虑,倾向于维持刚性兑付。对投资者而言,此类资产管理产品有固定期限和固定收益率,收益稳定且高于一般的存款,因此成为投资者的一条重要投资渠道。正因为有着"类存款"的性质,各个金融机构所提供的资产管理产品本质上并无太大区别,产品的收益率几乎成为各机构竞争的唯一标准,金融机构无须根据所投资的资产、面临的风险暴露等状况对资产管理产品定价,只需要根据市场上其他同质产品相应提高自身产品收益率即可提高自身竞争力、吸引投资者。在《资管新规》出台之前,资产管理产品的盈利模式是投资者享有固定的预期收益,超额的部分由金融机构留存。刚性兑付实质上将投资人本应承受的所投资项目的风险转移到了金融机构,违背了资产管理行业"受人之托、代人理财"的目的。在《资管新规》要求打破刚性兑付之后,投资者将不能仅仅通过考察资产管理产品的"期限"和"收益率"来选择投资的资产管理产品,而是需要通过比较产品的净值来做出选择。因此,如何能够更好地为资产管理产品定价成为金融机构新的竞争点,而金融机构目前的业务模式仍基于旧的监管制度,落后于新的监管形势,相应的人才培养、产品设计、管理理念等方面还存在明显不足,限制了资产管理行业的进一步发展。

(2)资产管理产品嵌套层数过多,真实信用风险难以识别。为了在市场上吸引更多的投资者、应对刚性兑付所带来的压力及满足自身的盈利需求,各金融机构不得不选择配置高收益的资产,但是市场上优质的高收益资产并不能满足所有金融机构的投资需求,因此势必有一部分资金流向了期限较长或者风险较大的资产领域。但是在监管规则的制约下,出于对流动性指标、杠杆率指标、投资范围限制、投资者限制等因素的考虑,许多金融机构的资产管理产品不可以直接投向一些非标资产,因此就出现了银证信、银基信等众多合作交易的模式,包括证券公司、基金子公司在内的金融机构成为资产管理产品新的通道。经过多层嵌套,底层资产很难穿透,风险难以辨别,不仅给监管机构增加了管理难度,也使得资金在金融机构里空转,风险逐渐累积、蔓延到相关金融机构中。多层嵌套的业务模式将多个金融机构的资产端和负债端联系起来,因此对其进行监管要综合分析考量,对此《资管新规》中指出:监管要实现向下穿透到底层资产,向上穿透到投资者。穿透监管的监管方式要求监管机构对资金从负债端流向资产端的整个过程加以把握,打击资产管理机构的违法违规行为。随着《资管新规》的逐步落地,资产管理行业普遍存在的多层嵌套现象难以为继,通道业务规模将会大大缩水,要求监管机构提高自身识别风险的能力,肃清监管行业原有模式的弊端。

(3)资产管理行业内存在期限错配、增加杠杆和资金池运作等乱象,流动性风险凸显。资产管理机构采用的资金池运作模式,有滚动发行、集合运作、分离定价的特点,助长了金融机构的发短投长,期限错配现象严重,使产品资金的来源和资金的流向不明,流动性风险加大。由于资产管理产品普遍存在刚性兑付的特点,市场上一旦出现流动性不足的情况,金融机构承压增加,为满足流动性需要,风险迅速传递到表内,进而引发金融风险。《资管新规》中指出,资产管理机构需要针对每只产品单独建账、单独管理、单独核算,确保资产期限与资金期限相匹配。面对新的监管要求,金融机构需要提高资金的稳定性,寻找更多的长期资金、稳定资金。在《资管新规》之前,资产管理机构募集到的资金期限较短,多集中在一年以下,甚至有一部分资金的期限在三个月以下,与资产端的久期明显不匹配。为了降低流动性,风险资产管理机构需要延长负债久期或者缩短资产久期。未来资产管理机构想要投资非标资产,就要挖掘更多长期资金并且培育良好的风险控制能力,以顺应市场资金流向有更高风险管理能力的金融机构这一大势。

(4)既有的通道业务使交易结构繁复,拉高交易成本的同时增加了操作风险。中国原有的监管模式是"机构监管",由于监管机构之间的掣肘会出现同质产品未能统一监管标准的现象,金融机构监管套利现象频发。为了规避监管,金融机构为资产管理产品设置了种种通道,除了银证信、银基信合作交易模式之外,还存在其他种种模式,如银证委托贷款模式,即某银行委托证券公司成立定向计划之后再委托另一银行向融资方发放贷款,证券公司可从中赚取通道费,风险较小且可以获取收益,因此通道业务的规模逐渐扩大。银行出于信贷额度约束、风险管理指标等因素的考虑,很难通过表内信贷满足一部分缺乏有效抵押物的企业和个人的融资需求,而资产管理产品可以为其融资开辟一条新的通道,使得金融机构的资产管理业务成为部分企业和个人获取融资的重要途径。对于融资方来说,层层通道的设计提高了交易成本,使融资成本上升,但由于自身对于资产管理产品的高度依赖,对于资产管理产品有刚性需求,不得不以一个较高的成本实现融资的目的。而《资管新规》的逐步落实限制了金融机构设置层层通道实现监管套利的行为,原有的通道业务被大大限制,规模大大缩水。整体来看,未来金融机构仅仅通过提供通道赚取通道费的模式的生存空间变得狭窄,这要求资产管理机构转变发展模式,提升主动管理能力;为挖掘自身的竞争优势和匹配合格投资者,未来的资产管理产品将会呈现出个性化、定制化的特点,各类资产管理产品将会专注于不同的细分领域,资产管理机构的专业化程度会大大提高。

(5)资产管理产品关联性较强,系统性风险较高。据统计,各资产管理产品在资产配置上有很强的同质性,资产管理产品通过层层通道的违规设计流向了房地产、地方融资平台、"两高一剩"等限制性行业和领域，一方面，资产管理机构出于收益率方面的考虑倾向于配置高收益的资产，而地方融资平台等存在隐性的政府担保，从而加大了对资产管理机构监管套利的激励，随着政府提出取缔对地方融资平台等的隐性担保，资产管理机构的风险敞口大大增加；另一方面，提供通道业务的金融机构未掌握业务的完整信息，同时也缺乏主动进行风险管理的积极性，整个链条上的风险管理严重缺位。

一旦所投资产出现风险，不仅会波及提供通道业务的证券公司、基金子公司等金融机构，还会使配置相同资产的其他资产管理机构出现流动性危机，系统性危机通过交易链蔓延至整个金融行业。随着监管环境的变化，资产管理机构的资金流向会逐步纳入监管框架之中，资金大量流向限制性行业和领域的现象很难再次出现。为满足资产管理的需要，资产管理机构需要提高自身的风险管理能力，在技术创新的基础上引导资金流向高效领域和产业中，提升资源优化配置的能力。

(6) 同业理财在银行理财资金来源中比重较高，流动性风险急剧膨胀。当银行维持刚性兑付有困难、面临流动性压力时，发行同业理财可以在一定程度上缓解银行的流动性压力，激励银行继续发行资产管理产品吸纳市场资金，因此银行越来越依赖同业，使同业理财成为银行理财负债端的重要资金来源。同业理财客观上打破了银行理财资产端和负债端的界线，银行从市场上获取大量资金后将资金投向金融市场获取收益，一旦流动性收紧，银行从同业处难以获取资金，将迫使银行抛售资产，加大流动性风险。针对流动性风险，《资管新规》明确了针对开放式公募产品，要明确流动性风险管理要求并进行流动性风险压力测试，这对资产管理机构自我管理的框架设计提出了更高的要求。

11.3 区块链推动资产管理升级

由上节可知，资产管理行业主要面临着同业理财在银行理财资金来源中比重较高及资金池运作等所带来的流动性风险，通道业务使交易结构繁复所带来的操作风险，资产管理产品关联性强所带来的系统性风险，以及资产管理行业内存在期限错配、增加杠杆和资金池运作等乱象带来的信用风险。随着金融科技的发展，区块链技术的优势逐渐被人们认识到，并被应用到资产管理行业，区块链技术为化解这些难题带来了曙光。

运用区块链技术可以提高透明度，有效解决通过中介交换价值而产生的信息不对称的问题，缓解投资者担忧的信用风险。链式结构与时间戳使得每一笔交易可追本溯源，万一出现纰漏，可及时弥补损失。非对称加密机制加强了交易的安全保障，防范系统受黑客攻击导致的个人信息泄露。P2P 网络使金融机构可注册成为区块链上的节点，众多参与主体看透底层资产，共享公开透明的信息，此外，还可以通过区块链设计事后点评的智能合约，将所有实名交易记录记载在区块链上。如果资产管理中出现了违法违规行为，可以通过智能合约发布资产管理机构事先用私钥签名含有赔偿、道歉等具体内容的声明，这样的技术手段可以真正做到由投资者而非中介来直接掌控交易信息，大大降低投资者所面临的信用风险。

高透明度与较低的交易成本会鼓励市场主体参与，有利于减少流动性风险。一方面，每一笔交易公开透明减少了信息不对称，时间戳带来的追本溯源及智能合约的事后保障，使市场主体面临的信用风险减少，会增加市场主体交易的倾向；另一方面，区块链技术支持端对端实时支付，无须中间支付清算系统，结算效率大大提高，且省去中介费用，缩减交易成本，给市场主体带来了较大的便利,有利于增加交易数量。反过来,交易数的增多有利于改善数据源,进一步加强增值客户服务,如分析和实时报告,进一步减小市场主体担忧的信用风险,鼓励更多市场主体交易,形成一个良性循环。

区块链的去中心化和智能合约有利于减少成本及操作风险。一方面,借助智能合约功能可以实现款项自动划拨、收益自动分配及违约自动赔偿等功能,从而有效降低操作风险和出错率,同时显著提升管理效率。另一方面,从多个方面减少成本。人力成本方面,智能合约的应用可以智能化执行合约与修正数据,无须或较少需要人工介入;监管成本方面,监管机构可实时获取信息,实现穿透式监管;征信成本方面,由于区块链技术具有自动账本同步的功能,参与方无须花费大量时间、精力做繁重的对账工作,大大降低征信成本。

高透明度有利于穿透式监管,有效把控金融杠杆,防范系统风险。由于区块链的分布式结构及平等公开的特性,市场主体可注册为区块链上的节点,当然也包括金融监管机构,因此金融监管机构可以挖掘市场上被有意隐藏的信息,实时获得更全面有效的信息,真正实现穿透式监管,从而有效地限制金融机构使用金融杠杆及开展一些违法违规的业务,有效防范系统性风险。

11.4 应用案例

11.4.1 京东资产管理科技系统——JT2 智管有方

2019 年 2 月 6 号,京东数字科技正式推出"JT2 智管有方",这是国内首个一站式、全方位、智能化的资产管理科技系统,为机构投资者提供产品设计能力、销售交易能力、资产管理能力和风险评估能力等四大能力。

京东金融的资产云工厂业务实现了区块链资产管理系统的部署,系统设置了三个验证节点,底层资产池中每笔贷款的申请、审批、放款等资金流转都将通过区块链由各个验证节点共识完成。

在底层资产生成过程中,资产方、资金方(京东金融)、SPV 方(信托公司)各掌握一把私钥,一旦一笔借款通过京东金融的投资决策引擎审核,交由京东支付完成放款后,京东支付就会实时返回交易流水的唯一凭证,并写入区块链中,即完成了一笔贷款资产的入链。

京东金融的资产云工厂业务如图 11-3 所示。

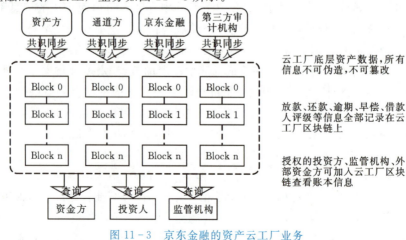

图 11-3 京东金融的资产云工厂业务

首先，在产品设计方面，"JT2智管有方"的证券化服务体系利用区块链技术，能帮助投资人穿透看清底层资产状况，提高投资效率。"JT2智管有方"利用在消费金融业务中积累的风险定价能力，分析资产生成方的资产数据，实现对底层资产穿透管理；其次，建立多方独立部署的联盟链，确保进入资产池的底层资产数据真实，现金流真实入池参与分配；最后，在产品发行后，"JT2智管有方"还能够运用舆情监控和信用分析工具，持续追踪发行主体信用状况和资产池状况，降低投资人投后管理的成本。

在标准金融产品的场外交易中，"JT2智管有方"的FICC（fixed income、currencies & commodities）智能销售交易一站式解决方案可以将报价、询价、聊天工具集合在同一界面上，助力机构打通内部系统与外部网络，提升交易效率，降低合规成本。

一方面，FICC解决方案通过提供聊天网络API（application programming interface，应用编程接口）接口SDK（software development kit，软件开发工具包），经由完备的数据加密安全机制，让客户通过内部系统可以直接发起对外部聊天网络的询价，也能将网络中的询价结果或招投标信息直接接入内部系统。同时，整个询价议价过程中的信息可以自动留痕，满足客户的合规风控需求。

另一方面，FICC解决方案运用NLP（natural language processing自然语言处理）技术，将聊天网络中的信息结构化，并提供价格分析。目前"JT2智管有方"的现券报价NLP识别率超过97%，每日识别上万条报价信息，为业内首创且实现商用。FICC解决方案自2018年推出后，已有东海证券等20多家基金和券商机构签约使用或试用。

投资的智能化是未来资产管理行业发展的重要趋势之一。"JT2智管有方"通过将京东数字科技独有的大数据分析能力与机器学习技术等有机整合，构建了自我迭代升级的智能研究体系、资产评价工具和基于算法的FOF及MOM的投资配置体系。

智能研究体系包括指数研究产品、周期策略工具和资产价格预测工具。以指数研究产品为例，目前"JT2智管有方"提供的指数产品主要有：覆盖12个一级行业、73个二级行业、143个三级行业国内线上销售情况的消费大数据指数；监测企业景气度的中小微企业地区发展指数；对酒类、家电等21个消费品行业进行ESG（环境责任、社会责任、公司治理）行业评估的ESG行业系列指数。目前消费大数据指数已服务于70余家金融机构，以其为支持工具的东方红京东大数据和前海开源裕源混合（FOF）两支基金，同期业绩表现均领先同类基金。

以信用风险为例，"JT2智管有方"的"固定收益基本面量化分析系统FIQS（fixed income quantamental solution）"运用大数据、AI等技术，综合企业所属行业周期、资产负债、财务造假、公司治理、股权关系以及舆情变化等多维度建立了严谨的评分体系，通过对超过9000家发债公司过去10年的基本面指标进行量化分析，对发债主体的信用情况给出客观评价，为投资者的投资管理提供专业意见。目前，首批FIQS试用合作伙伴覆盖国有大行、股份行、城商行、基金与券商等各类金融机构20余家，试用机构资产管理规模超过8万亿。

11.4.2 数字资产管理平台OldDriver

资产管理的透明、去中介化一直都是投资者关注的问题。在互联网时代，这一切并没有太大改变，包括股权的风险投资也是如此，一直不能改变这种状态，很难透明。不仅是"古典"风险投资如此，连数字货币的投资也存在同样的问题，一些项目方募集资金，通过代理机构进行募集，有层层的中介，最后导致"割韭菜"非常严重。然而，基于区块链账本记录的透明、不可篡改、去中心化的特点，同时通过智能合约控制资金的流向，它有机会形成一个真正的没有任何主体控制的资产管理平台，任何投资者和基金管理者都可以在平台上实现最短路径的合作，从而为双方带来最大的价值。

1. 成立背景

OldDriver 主要是针对数字资产的投资，目前整个数字资产市场在短短几年内增长了几百倍，从 2013 年 10 多亿美元，到目前超过 3000 多亿美元。很多早期进入这个行业的投资者，获得了巨大的收益。

投资数字资产的难度正在逐步增大，首先区块链项目本来就很难懂，涉及了一般人难以理解的账本技术、密码学、点对点通讯、共识机制、智能合约等，不仅如此，还有 token 的设计机制，有社会学、经济学的原理在里面，比如说，有项目可能本身很有价值，但由于 token 是用途 token，用户担心波动或者其他问题，根本不想持有，这会导致流通的速度很快，没有升值的空间。

这里面有太多的东西需要抽丝剥茧去搞清楚，以及认识到项目本身的价值。但对于非专业投资人来说，根本不可能有这么多的时间、精力，以及利用很重要的知识储备和思辨能力去分析项目的价值。在早期投资的时候，我们往往可以看到，很多项目能够获得用户支持，是因为营销概念做得好，善于包装，甚至还有圈钱项目。这容易让普通投资人损失巨大。以上是第一个 OldDriver 试图要解决的问题。

第二个 OldDriver 试图要解决的问题是公平和透明的问题。在区块链技术诞生之前，针对这个问题，虽然大家有解决的想法，但没有解决的办法。区块链账本的公开、透明、不可篡改以及智能合约技术，让这一切成为可能。OldDriver 希望把所有的投资操作都记录在链上，所有的行为都是公开透明的，同时有了智能合约，可以实现资金的募集、投资、分红的自动执行。同时，可以实现资金合约托管，任何人都不能挪用资金，即使是资产管理人也只能做投资决策。所有的投资收益，都可以通过智能合约自动执行，也不用担心任何资金退出回报的事情。

甚至，通过智能合约还可以产生更多的流动性的投资机制，比如根据投资管理人的业绩，可以自动增加投资额或减少投资额。可以预想，未来会有更多流动性的投资机制诞生，这将产生前所未有的投资管理关系。

第三个 OldDriver 试图要解决的问题是投资的合规性问题。对于投资市场来说，涉及很多法律和合规问题。通过这样的平台，从一开始，就可以对投资的流程、智能合约的模板进行合规化。比如基金经理必须提供合规的信息，获得投资管理人资格之后，合约必须获得监管方批准，才可以进行资产募资和管理等。

OldDriver 区块链数字资产管理平台的诞生，也有利于净化一级市场投资乱象，比如所有的合规项目方可以通过 OldDriver 平台向资产管理人或者有合格投资人标准的普通用户进行资金的募集，让项目方和投资者直接达成联系和交易，减少投资中介费用，让投资者和项目方都获益。投资者可以拿到更好的价格，项目方也减少了破发的压力，获得更多社区粉丝的支持，这对于项目长期发展有好处。

2. OldDriver 的三权分立

OldDriver 作为去中心化的区块链资产管理平台，它最核心的关注点就是风险管理。风险除了投资的风险，平台方更关注的是管理模式的风险。

OldDriver 目标是形成一个安全可依赖的投资管理平台。如何来实现这一点？它提出了一个三权分立的治理概念。首先是项目方，也就是平台方，只提供区块链的基础服务。其次更重要的是各种主体，包括基金经理或机构决策人、操作执行人、监管者、投资者都能够有明确的界限，有明确的权利和义务。OldDriver 的三权分立包括了决策权、经营权和监管权的分立。

其中，决策权是指投资决策的权力。比如资产配置策略，每个数字资产投资的占比，什么时候购买什么币种，购买多少量，什么时候退出等。决策权经理可以根据自己的专业能力，进行投资策略的调整。不过，决策权经理只有决策权，不接触任何资金。

在理想情况下，如果平台后续跟交易所打通，所有募集的资金最终通过智能合约锁定。平台方、资金管理方都无法直接挪用任何募集的资金。所有的资金募集、投资、退出都是通过智能合约来执行。当然，这个需要一个过程，比如如何设定更合理的智能合约机制等。另外，早期还是需要操作人进行投资操作，这是一个逐步迭代的过程。

所以，这里就涉及了经营权，也就是根据决策经理的投资策略进行实际资金操作的权力。由于资金存储在智能合约中，故资金的经营权由第三方投资代理执行。投资代理可以是自动化的交易所 API 接口、跨链交易的智能合约，也可以是通过审核有合格资质的投资机构。投资代理会根据决策者的要求完成实际的买卖操作。

监管权是指监督和管理基金运作的权力。引入监管权的主要目的是防范风险。比如第三方的监管方发现基金运作出现异常，比如操纵市场或者其他恶意行为，可能会给投资者造成损失、给整个市场秩序带来负面影响，在这种情况下，作为监管方有权力对基金实施管理，比如冻结资金、冻结账号或冻结基金。

OldDriver 试图通过三权分立的方式降低基金运行中的风险。由于未来投资可以通过智能合约来执行，因此随着投资业务的成熟，可以设计出越来越贴近现实的智能合约模版，让投资者能够在提高收益的同时，尽量降低风险，同时可以创造出多种灵活的基金产品。

在整个投资管理服务的过程中，OldDriver 是平台方，也是投资服务的基础服务提供方，它本身不参与资金的管理，不涉及资金的沉淀、管理，只是提供技术和服务的支持。由于它未来会朝去中心化的平台方向发展，故一旦三权分立的产品架构和逻辑完成，所有的执行都是通过智能合约来完成，同时数据和内容的存储都在分布式的服务器上，没有人可以关闭它，可以实现自运行的投资管理服务。

理念的实施离不开产品的落地，最终来说，它还是一个需要系统的架构和产品的流程。那么，OldDriver 的三权分立的管理模式如何落地呢？

3. OldDriver 的落地实施

首先，来看它的宏观系统，它的用户端包括了投资者、资产管理者和监管者的界面（见图 11 - 4）。

用户的任何前端操作都记录到链上。不管是投资者购买或赎回的操作，还是资产管理者投资策略的调整及执行，以及监管方对基金的审查或冻结等，这些操作最终来说都会记录到链上，可通过区块链浏览器进行查询。

资产管理最核心的部分是通过智能合约来进行各种资产产品的管理，针对不同的资产产品类型，通过智能合约来定义不同的条件。每个基金都有部署到区块链上的智能合约，通过智能合约定义好募资、投资决策、退出等业务流程。

在早期，OldDriver 提供指数型基金和量化型基金的业务。不过，区块链的智能合约和数

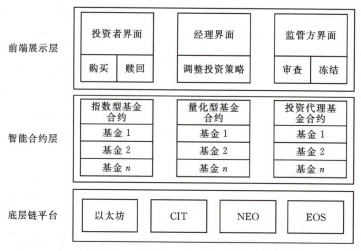

图 11-4 OldDriver 三权分立的实现

字货币的投资有自身的特点,随着业务的开展,平台的智能合约可以提供更多更灵活的投资产品供投资者来选择。比如投资的期限是不是可以更灵活,一旦达成多少收益启动退出等。所有这一切都可以通过智能合约的设置来完成。预计随着业务的深入,未来会诞生出跟传统的资产管理完全不同的产品模式。

OldDriver 的智能合约层包括了一类特别合约——投资代理基金合约,由第三方提供,具备跨链交易服务能力。

最底层的是支持智能合约和前端运行的区块链系统,负责数据存储、交易执行等。所有的数据都会保留到区块链上。OldDriver 从它的规划中,可以看到一开始是建立在以太坊区块链上,后续会支持 NEO 和 EOS 等系统,同时也有计划开发投资管理行业公链 CIT 链。CIT 链主要是从业务场景、安全、性能方面考虑。

其次,从具体的投资产品来看它的逻辑。目前 OldDriver 有指数型和量化型基金。

指数型基金是针对数字资产的走势调整资产比例,获得行业优质资产整体上升的收益。指数型基金属于低频交易,对于性能要求不高。通过智能合约,投资者、投资管理决策者、投资操作者、监管方都可以完成各自的操作。指数型基金的架构如图 11-5 所示。

比如对于投资者来说,只需选择资产管理人,购买份额即可,然后根据智能合约获得收益回报。对于投资决策者来说,他的核心任务就是研究整个市场的动向,调整投资策略。对于投资操作者,也就是投资代理来说,只需负责投资执行即可。对于监管者来说,根据异常,可以随时启动监管合约,对账户实施冻结等。

由于以上的操作都是记录在区块链上的,包括投资份额、投资记录等,因此参与的各个主体无须担心任何暗箱操作。同时,智能合约还可以进行价值计算,计算基金当前的市值、收益。此外,智能合约还能根据收益情况,实现退出和清算。

图 11-6 是量化型基金的架构,它的运行逻辑与指数型基金有所不同。量化型基金主要是投资人投入 BTC,购买量化基金的份额。量化基金经理用募集到的 BTC 进行量化投资交易。投资者根据份额分得投资收益。整个过程,由智能合约进行资金的募集、投资。

跟指数型基金不同,量化型基金交易性更强,是高频交易。目前的区块链平台性能无法满足高频量化的基金的需求。为了解决这个问题,OldDriver 前期采用一个平衡的做法,一方面是中心化的服务器,满足效率和性能的需求;另一方面是去中心化的智能合约,保证透明和资金安全。后续一旦区块链性能可以达到百万级事务处理系统(transaction processing systems,TPS)之后,可以实现完全去中心化的解决方案,交易会更安全,实现自运转。

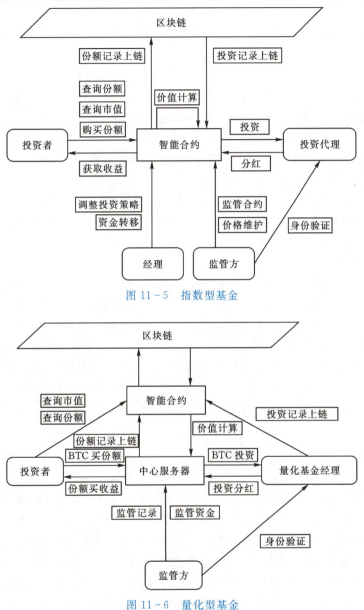

图 11-5　指数型基金

图 11-6　量化型基金

从图 11-6 也可以看出,OldDriver 的量化型基金模式是通过中心化的服务器进行资产管理。它的管理包括了 BTC 的购买、投资、分红等。投资者通过中心服务器提供的接口购买基金份额,基金的份额记录上链,份额的收益由智能合约计算,中心服务器通过调用智能合约来获得收益。

BTC 的投资则由中心化的服务器将募集的 BTC 转移给签约的量化基金经理,转移记录信息上链。最后投资分红,是由量化基金经理通过接口向中心化服务器返回投资收益。

以上提到了很多中心化服务器的管理，这对于很多区块链投资人来说，可能会存在信任问题。那么，智能合约的记录管理就变得更加重要了。智能合约是去中心化的，通过智能合约可以查询份额、持有的比例，可以获得价值结算结果，查询市值等。同时，份额和投资记录都是上链，不可更改的。

同时，中心化服务器是要被监管方监管的，监管方可以随时监管资金流向和基金经理的身份。

由于性能问题，量化型基金基本上采用了中心化和去中心化混合型的做法，投资的操作和流程还是采用传统的中心化方式进行，而投资记录上链，同时通过智能合约进行价值计算等。

当然，一旦涉及中心化的人为操作，这中间的安全和风险会增加。比如，监管方和操作方是不是可以合谋？另外，资金的流向还是由基金经理来掌控，基金经理是不是可信？相对于传统的基金操作，量化型基金有了更透明的记录，有很明显的进步，不过距离完全去中心化的完全可信任的数字资产管理平台还有一定的距离。

当然，这也跟现状相关。未来的去中心化的量化基金操作，可以完全通过智能合约来托管，不管是基金管理人、平台方、监管方都无法动用资金，资金由智能合约锁定，通过跟交易所打通，资金管理人可以设置智能合约来达成资产的买卖和退出。

在达成完全去中心化的资产管理平台之前，OldDriver设计了一系列的安全机制来降低风险，包括策略安全、架构安全和智能合约安全。其中，策略安全是通过事前预防、事中监测和事后审计来进行的。采用事前预防，比如设立三权分立管理模式、监管方通过token机制赋予经理发布或冻结基金的权限。事中监测则是监管方可以随时监测基金经理投资过程中的所有操作，发现异常即可通过智能合约冻结账号、资金、合约。事后审计通过公开的数据建立评价体系。架构的安全，比如智能合约代码公开，用户可以通过合约检查基金收益情况。在投资期间，智能合约根据操作者上传的投资记录和监管方上传的数字资产价格自动计算基金份额的价值。智能合约的安全则通过学术机构审计、代码开源等方式来实现。

4. 结语

OldDriver最核心的是通过区块链技术来实现资产管理的透明化，通过透明化带来真正的行业改变。这些改变具体如下：

（1）从投资者的角度，一是重构了信任关系，投资者再也不用担心自己的资金流向、资金回报。所有基金经理和资产管理人的所有投资操作都在链上公开记录，所有资金都由智能合约来托管，资金管理人不能随意挪用，充分保证了资金的安全。所有的回报都通过智能合约自动执行，排除人为的因素影响。当然，早期由于性能问题，会有一个迭代过程。

二是给予投资者更多的选择权。由于所有的基金经理和资产管理人的业绩都是公开透明的，没有人可以作假，所有的业绩都清清楚楚，用实力说话，这样对于投资人来说，很容易看到谁更厉害，谁可以真正获得最高的收益。

（2）从资产管理人的角度，不管是投资经理还是基金经理，也可以通过区块链清晰记录自己的投资轨迹，随时总结，以做出更好的决策。另外，他们也可以从其他的投资管理人那里学习，形成良好的竞合关系。最终来说，具有更强学习能力的投资管理人会有更大的概率获得更好的回报。

也就是说，未来的投资收益更多取决于能力，而不是信息和资源的不对称，比如早期不少数字货币投资者获益是因为刚好跟项目创始人认识，从而获得更多的收益。到后来，大家都在同一竞技场,比拼的是速度、信息整合能力、决策力等综合能力。

(3) 从监管者的角度,不管是投资者的投资还是资产管理人的管理,所有都是清晰可见的,对于管控金融风险更加方便。

OldDriver 想做的就是这样一个透明化的资产管理平台,未来的数字资产投资和管理都能够在平台上通过代码和合约的信任达成,所有人只需要做好自己的工作,不用担心交易成本或者其他事情,最终来说,这是一个全新形态的资产管理关系。

OldDriver 如果结合区块链把数字资产管理这条路打通了,会对整个资产管理市场带来巨大的冲击,并成为未来数字资产管理的标准和方向。这是一条非常有意思且会带来真正改变的道路。当然,前期的实施过程中,也需要克服不少障碍,比如目前的区块链性能还无法满足需求,无法把所有高频量化操作上链,不过,可以通过混合的平衡方式逐步过渡,朝最终目标推进。

本章小结

本章对资产管理的基本概念和产品分类作了概要介绍,资产管理主要分为三类:定向资管、集合资管和专项资管,资产管理行业产品主要包括公募基金产品、私募基金产品、基金公司专户产品、保险资产管理产品、券商资产管理产品、期货资产管理产品、信托产品以及银行理财产品。通过梳理资产管理行业的发展历程,对传统资产管理行业发展面临的信用风险、流动性风险、操作风险以及系统性风险等问题做了详细阐述,并分析了运用区块链技术助力资产管理升级的优势。区块链技术可提高透明度,缓解信用风险,高透明度与低交易成本又有利于减少流动性风险;区块链的去中心化和智能合约有利于降低成本及操作风险;高透明度有利于穿透式监管,有效把控金融杠杆,防范系统风险。

思考与练习

1. 什么是资产管理?依据募集方式的不同,可将资产管理分为哪几类?
2. 2012 年以来,银行、信托、证券、保险、基金等各类金融机构纷纷瞄准资产管理业务,推出的产品可归结为哪几类?
3. 简述中国资产管理行业发展的主要历程。
4. 简述中国资产管理行业在发展进程中面对的主要问题。
5. 简述区块链技术应用在资产管理行业的优势。
6. 区块链技术应用于数字资产管理所面临的挑战,不同于传统资产管理之处体现在哪些方面?

第 12 章　区块链+证券

引例

2017年5月,百度金融与佰仟租赁、华能信托等合作方联合发行国内首单区块链技术支持的 ABS 项目,发行规模 4.24 亿元。公开资料显示,这一产品的基础资产为个人购车债权。这是国内首单以区块链技术作为底层技术支持,实现 ABS"真资产"的项目。同年8月,百度金融发布的"百度-长安新生-天风 2017 年第一期资产支持专项计划"获得上交所批准,意味着中国首单基于区块链技术的交易所资产证券化产品落地,也是当期发行利率最低的产品。据了解,百度金融自 2016 年 10 月开展场外 ABS 业务以来,主要发力消费金融市场。随着区块链 ABS 业务不断迭代与升级,度小满金融在 2018 年、2019 年连续两年获得了学院派肯定。2018 年 7 月,百度金融区块链 ABS 入选北大光华管理学院案例库,成为该院首个以区块链技术为蓝本的课堂教学案例。之后,在宾夕法尼亚大学沃顿商学院中国中心举行的"YUE 管理"颁奖典礼上,百度金融区块链 ABS 案例,获得了《哈佛商业评论》2019 年度"卓越实践奖"。

证券行业作为资本市场的重要参与者,是资金直接融通的枢纽,对我国经济发展具有重要意义。2016年以来,我国证券行业场内场外市场并举,随着科技进步、业务创新逐渐深化,多层次资本市场得到更加充分的发展。在经济转型的大格局下,证券业在服务实体经济、行业发展方面也面临新的机遇和挑战。特别是当前,证券行业正面临着行业同质化严重、外资银行开放进入、合规风控能力亟待提升以及新冠肺炎疫情影响冲击等挑战,但随着数字化转型和金融科技的发展,区块链等一系列新兴技术的崛起,证券公司纷纷在布局优化客户体验、提升员工协作效率、优化运营流程、变革产品和服务等方面发力,利用金融科技赋能业务,着重打造定价能力、风险评估、风险决策、风险经营等,提升风控水平,形成核心竞争力。本章通过梳理证券行业特别是资产证券化领域发展进程中面临的困境,探讨区块链赋能证券行业的优势。

12.1　证券行业发展面临的困境

12.1.1　证券行业的发展特征

目前,电子信息技术是证券业发展的重要支撑。自 20 世纪 70 年代起,信息技术助力证券业逐渐实现电子化、网络化的交易结算体系,有力地推动了多层次资本市场的快速发展和市场各参与主体的信息化建设。近年来,证券业务逐步向移动互联网方向转移,进一步降低了证券机构的运营成本,提高了运行效率。

一是计算机的出现促进证券市场的无纸化。证券业务发展到今天,可以根据证券登记交易模式分为先后三个阶段:直接交易、托管交易、账本交易。17 世纪,在荷兰阿姆斯特丹出现了第一个证券交易所,证券市场登记发行的股票通过在实体纸质材料上记录相应权益,投资者直接持有纸质股票,交易时交易双方按照市场价格互换股票和货币。后来,托管业务的出现提高了证券市场效率,投资者不再直接持有纸质股票,由证券公司代为处理有关证券权益事务。1968年,美国出现了纸上作业危机,大幅增长的交易量使证券公司陷入海量文件整理和数据核对计算工作之中,低效的手工操作制度造成大量经纪业务交易失败,给投资者带来不必要的成本,几乎使证券业陷入停顿。为了提高效率、降低风险,美国设立了中央证券存管机构美国存管信托和结算公司,通过全国性清结算系统集中管理股票,证券登记和过户不需要任何物理上的移动工作,只需中央证券存管机构更新账本,股票所有者不再直接持有纸质股票,股票也不再是上市公司登记发行的纸质凭证,成了上市公司在中央证券存管系统的电子账目,实现了证券登记与交易无纸化。

二是互联网、移动互联网提升证券行业服务能力。信息技术自从诞生以来就对证券行业产生了影响,从早期的以储存和信息传递为主到现代计算机技术、通信技术与证券业的全面结合。近年来,随着移动互联网、智能终端、大数据、云计算等一系列战略性ICT技术从趋势走向主流应用,使得移动互联网从一种技术演变为人们生活的环境,人们希望便捷、快速、无缝地获得针对自己的个性金融产品,享受全天候服务。越来越多的投资者有通过手机、平板电脑等移动终端随时随地接受金融理财服务的需要。如今,股民网上炒股、手机炒股普及率大幅提高,绝大多数证券公司网络开户占比超过九成,部分证券公司互联网平台佣金占比超过一半。伴随移动互联网技术的发展和应用的普及,这一比例在全球范围内还将继续提高。客户资产的"碎片化"、交易的"高频化"、券商营销服务的"离散化",成为当前移动互联网证券业务呈现出的新特征。

三是在大数据分析、机器学习等创新技术应用的基础上,证券行业在客服、交易、咨询、风控等流程的智能化程度不断提升,智能投顾(robo-advisor)模式在国内外市场蓬勃兴起。除了字面意思上的投资建议功能之外,广义上的智能投顾还涉及投资组合管理服务,结合客户风险偏好和预期收益目标等信息,通过算法实现对客户资产的配置、管理和优化,部分智能投顾还可进行交易执行,是一种综合性、自动化、定制化的投资理财资产管理服务。智能投顾服务模式诞生于2008年,自2011年开始,在美国等市场上发展速度显著加快。通过智能投顾开展投资管理是财富管理市场的重大突破。与传统投顾模式相比,智能投顾具备透明度较高、投资门槛和管理费率较低、用户体验良好、个性化投资建议等独特优势,对于特定客户群体吸引力较高,呈现出用户数量和市场规模不断增长的趋势。

12.1.2 证券交易过程存在的问题

证券交易过程大致可以从交易前、中、后三个环节进行区分。交易前环节,包括认识客户、反洗钱、信息披露等;交易中环节,包括股票、债券、集合债务工具、衍生品的发行和转让;交易后环节,包括登记、存管、清算、交收、数据共享、股份拆分、股东投票、分红付息、担保品管理等。本小节将从证券交易的主要环节入手来解析证券行业中存在的主要问题。

1. 证券发行

证券发行一般指发行人通过向投资者销售股票、债券等证券筹集资金的活动。以首次公开发行股票(IPO)并上市为例,其目前的主要程序包括:企业股份制改造,保荐机构开展尽职调查与上市辅导等活动,会计、评估等中介机构提供专业服务、出具专业报告,监管部门进行辅导报备、辅导验收、上市审核，通过核准后进行询价、定价、申购等活动。在这一过程存在以下主要问题：

一是信息不对称容易滋生欺诈行为。发行人相对于投资者拥有信息优势，而投资者是发行企业的外部人士，并不完全掌握风险情况，难以监督发行人。因此，如果监管不严，容易滋生欺诈行为。

二是若一家证券公司同时担任股票保荐机构与承销机构，则存在潜在的利益冲突。承销机构的目的是销售证券，实现利益最大化；而保荐机构的目的是督导发行人规范运作、履行信息披露等义务。承销与保荐的目标存在冲突，为证券公司参与发行人造假埋下了隐患。

三是 IPO 信息的展示不完整。IPO 从启动到完成融资的环节多、历时长，过程信息如工作底稿可能残缺，难以完整留存；IPO 信息系统由各市场主体独立建设，缺乏统一的工作平台对各方数据进行集中管理使用，数据可能并不一致。同时，部分数据由于缺乏佐证信息可能会成为孤立数据，给 IPO 数据造假留下了空间。

2. 证券登记与存管

证券登记是指记录证券的所有权并编制证券持有人名册，对证券持有人持有证券的事实加以确认。证券存管是指专门的机构对证券进行保存和管理。我国的存管制度包括证券公司托管与中央证券存管机构（central securities depository，CSD）存管，即证券公司对各自客户的证券进行分散保管，再由中央证券存管机构（CSD）对证券公司的自有证券和证券公司客户的证券进行集中保管。

历史上，境外证券市场的自发演变给证券登记存管带来了一些问题：

一是分散登记保管，无集中统一的登记保管机构。发行人自行维护和保管股东名册，证券经纪商或托管银行自行保管客户的证券等情形长期存在，没有一个集中统一的机构负责某个市场的证券登记保管工作。

二是证券实物化，没有电子化账本或数据库。一笔证券交易的登记过户必须要进行实物交付，这导致负责登记保管过户的后台工作非常繁重。

三是证券登记过户依靠人工操作，效率低下，在交易规模不断扩大的情况下，已不能适应市场的需要。这些问题在 20 世纪 60 年代愈演愈烈，导致美国爆发了"纸上作业危机"：1967—1968 年，纽约证券交易所甚至不得不压缩交易日内的交易时间，以便后台部门能完成处理登记过户业务的工作。该期间，破产或被收购的美国证券经纪商超过了 100 家。此后，美国反思"纸上作业危机"教训，逐步推动证券登记托管的集中化、非实物化、非移动化和电子化。其主要做法包括：一是由法定的中央证券存管机构（CSD）负责证券登记，纸质证券虽然依然存在，但逐步被电子簿记代替。二是建立了美国存管信托和结算公司（Depository Trust & Clearing Corporation，DTCC）来统一存放和管理证券。

欧盟也要求由法定机构负责证券登记，发行人自行登记因此逐步减少，证券的登记托管也变得相对集中，但分散性问题仍然存在。以英国为例，一是英国证券市场实行的仍是分散登记，并未要求集中登记；二是英国上市公司可以自行维护股东名册，也可以指定一家服务提供商为其提供登记服务；三是为伦敦证券交易所上市公司提供证券登记服务的机构也并非一家，主要的三家是 Equinit、Capita 和 Computershare UK。

3. 证券清算与交收

证券清算是指按照事先确定的规则计算交易双方证券和资金的应收应付数额的过程。其结果是确定交易双方的履约责任和交收义务。证券交收是指根据清算结果,交易双方通过转移证券和资金来履行相关债权债务的过程。只有完成交收之后,一笔证券交易才算真正实现。证券清算和证券交收是根据成交结果确定和履行交易各方权利义务的过程,属于证券交易后环节,和证券交易同等重要,是交易目的达成的必要条件。清算与交收可以统称为结算。中国的清算交收系统已经发展相对规范、统一,从国际上看,传统的证券市场的清算交收环节存在以下不足:

一是证券清算交收周期冗长、环节复杂。以美国的证券清算交收为例,股票、公司债券、共同基金、市政证券等的交收周期是 $T+3$ 日,上市期权、期货期权等的交收周期是 $T+1$ 日。根据美国证监会发布的最新规定,已把前述 $T+3$ 日的周期缩短为 $T+2$ 日。澳大利亚股票清算交收周期是 $T+2$ 日,其流程如图 12-1 所示,较为复杂。

二是清算交收环节出现差错需要人工干预。当一笔交易涉及多个参与方时,每个参与方都须保存各自的交易记录,而各个不同交易记录版本可能会导致误差或不一致,如交易方向、头寸、到期日等。为统一各个参与方对交易的确认意见,往往需要对交易记录进行人工核对和调整。

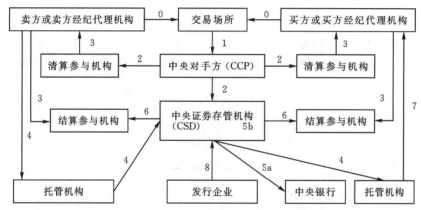

图 12-1 澳大利亚股票清算交收一般流程①

三是成本巨大。根据环球同业银行金融电讯协会的研究,全球金融市场每年用于证券清算交收、担保品管理、托管业务的费用高达 400 亿至 450 亿美元。截至 2014 年,美国证券存托清算公司提供托管和服务的证券市值高达 37 万亿美元,每日处理 140 万笔与交收有关的业务(含国际市场的业务),对美国市场股票清算业务的平均成本为每笔 1 美分。可见,借助区块链技术降低单位成本,将换来显著的规模效益。

四是清算交收集中统一度不高。如英国的登记、清算、交收等业务分散在不同机构,虽然各项职责、业务比较清晰,细分程度也高,但这种模式容易导致金融市场基础设施的碎片化,各

---

① 澳大利亚股票清算交收步骤如下。步骤0:买方及其经纪代理商、卖方及其经纪代理商分别向交易场所发送交易指令。步骤1:交易信息从交易场所发送到中央对手方,由中央对手方核对、确认买卖双方的交易指令后,进行净额清算。步骤2:中央对手方向清算参与机构、中央证券存管机构通知交易信息。步骤3:清算参与机构通知交易双方及其经纪商,交易双方再通知结算参与机构。步骤4:卖方或其经纪代理商向托管机构发送交易托管指令,托管机构向中央证券存管机构发送相关托管信息。步骤5:(a)在交收日,银行资金进行过户;(b)同时,在中央证券存管机构,卖方的证券过户给买方,实现货银对付。步骤6:中央证券存管机构向结算参与机构发送结算指令。步骤7:证券从卖方转移到买方。步骤8:当新的证券发行后,该新证券纳入中央证券存管机构托管,以便未来进行交易。

机构之间的多层连接也会影响市场效率。

12.1.3 资产证券化的发展及存在的问题

资产证券化(asset-backed securities,ABS)是以基础资产未来所产生的现金流作为偿付支持,通过结构化实现信用增级,并以此为基础发行可交易证券的一种融资方式。近几年我国在资产证券化市场稳步发展的同时,在监管措施、科技、参与机构以及基础资产等多方面取得了明显的进步。通过查询中国资产证券化信息网的数据可知,2019年资产证券化产品一共发行了1439单,规模合计2.33万亿元,发行数量增长了51.47%,发行规模增长了15.65%。其中,信贷产品发行181单,发行规模9499亿元;企业产品发行1006单,发行规模1.09万亿元;资产支持票据发行252单,发行规模2915.75亿元。在资产证券化市场蓬勃发展的背后,市场中仍存在着很多问题,比如市场的机制不健全以及二级市场流动性差等,这些问题在很大程度上限制着资产证券化市场的可持续发展。

1. 资产证券化的相关概念

资产证券化的本质是基于"资产"所产生的"现金流"为支持,通过对资产池现金流进行重新分配重组以实现风险隔离、信用增级,之后在公开市场发行,以此为企业进行融资。ABS的核心交易结构如下:基础资产(现金流)支持SPV①(专项计划、信托计划,并由管理人、受托人设立管理),融资人通过SPV增信,最终投资者由SPV收获证券,如图12-2所示。

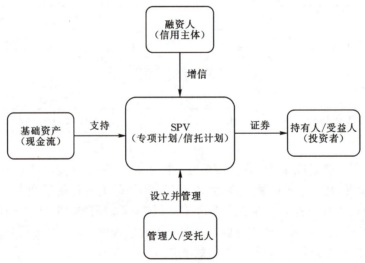

图12-2 ABS的交易结构图

(1) ABS交易流程。发起者可以将未来可预期资产作为基础资产进行融资,受托者如信托机构设立并管理SPV,SPV则将此现金流转化为证券形式去吸引人来投资,来投资的人就叫作持有人、受益人,之后SPV根据原有约定的价格,将所得资金交给发起人。其中发起人可以是信用主体,它可以通过外部和内部增信两种方式实现增信。外部增信即找担保人;内部增信可认为是发起者买来所发证券,如若亏损,便从他自己开始亏,他所持证券具有劣后性。

---

① 指特殊目的载体,英文翻译为special purpose vehicle,简写为SPV。

（2）ABS 的两个基本特点。一是风险隔离，资产证券化将发起人和资产的 SPV 发行人的风险进行了隔离，因此当发起人或发行人破产时，其本身及其债权人不能对证券化资产进行追索，当基础资产出现损失时，投资者也只能追索资产本身，而不能追溯至资产发起人和发行人；二是信用增级，资产证券化可以提升基础资产的信用水平，使发行债券具有较高的信用评级，或帮助企业获得比主体信用级别更高的债券融资，降低融资成本。

2. 资产证券化的发展及存在的问题

1990—2001 年，我国的资产证券化进入雏形阶段，主要选择跨国发行，代表性的项目是 1992 年的三亚地产投资证券。亚洲金融危机后，由于商业银行的不良资产问题引起关注，部分企业对不良资产证券化项目进行了尝试。2005—2008 年，依托相关政策的出台，加上当时市场处于培育期，首批 ABS 产品（2005 年第一期开元信贷资产支持证券由国家开发银行于银行间市场发行）成功发行。但是，由于 2008 年美国爆发次贷危机，不少企业银行倒闭，我国监管部门为防范资产证券化产品风险和维护国内金融环境安全，停止审批发行各类资产证券化产品，我国资产证券化进入停滞阶段。2012 年，随着部门规范性文件陆续发布，资产证券化的业务主体、基础资产范围进一步丰富，SPV 的法律地位得以明确，资产证券化业务稳步发展。国内资产证券化通过完善制度、简化程序、加强信息披露和风险管理，自 2014 年进入快速发展阶段，2014 年发行数量达 27 单，比 2013 年增长近 230%，之后几年更是成倍增长，2015 年发行 199 单，2016 年发行 385 单，同时发行规模也在不断扩大。2016 年底，中国银行间市场交易商协会发布了《非金融企业资产支持票据指引（修订稿）》，表明我国正通过简化程序、完善制度推动资产证券化的发展。近几年，我国政策利好，资产证券化市场进一步繁荣，2018 年我国资产证券化市场规模继续保持快速增长态势，全年共发行资产证券化产品 2.01 万亿元，同比增长 36%。

随着我国资产证券化业务的不断发展，入池资产的种类和交易环节的不断增加，使得交易结构的设计趋于复杂化，资产证券化产品中包含错综复杂的资产信息和交易链条。同时金融体系中传统金融服务基础设施提供的资产证券化业务管理能力无法满足该业务的飞速发展需求，直接导致了各交易方和各交易环节被隔离，信息不对称、信任度低和监管低效等问题凸显，二级市场的投资者冷淡，资产证券化业务面临巨大瓶颈。总之，资产证券化独特的融资逻辑造成的交易结构和业务实施复杂度较高的特征，使得目前传统的业务操作流程还存在诸多问题，主要体现在以下几个方面：

1）资产证券化产品设计的发行和存续期管理效率不高

资产证券化业务的参与机构众多、交易结构繁杂、操作环节繁多、数据传输链条冗长并且后续管理事项烦琐，其具体流程如图 12-3 所示，借款者向权益人借款形成基础债权资产，权益人明确进行资产证券化操作的资产，设立特殊目的载体（SPV），资产方将资产转移或出售给 SPV，由资产方或者第三方机构对转移的资产进行信用增级，再经过信用评级机构进行信用评级，并由会计师事务所提供会计审计服务、律师事务所提供法律服务，最后由承销商销售给投资者。随着资产证券化的不断创新，交易结构复杂化和结构化手段的不断叠加，将使得信用中介链条和利益链条也随之拉长。同时，资产证券化产品都具有基础数据规模庞大的特征。资产证券化业务这些特征导致其在产品设计和发行、证券存续期管理等各个环节的操作效率不高。

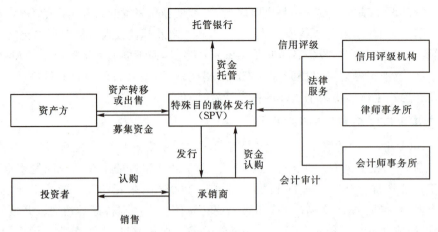

图 12-3 资产证券化的流程

2）交易结构复杂，基础资产不透明

资产证券化特殊的业务逻辑，不可避免地导致其基本交易结构较为复杂，使得资产证券化产品的基础资产不易被穿透至实际的底层资产，造成基础资产的不透明。另外，基础资产的产生来源于多笔资产打包重组形成的资产池，资产池里面的资产并不同质，而是良莠不齐，质量不一。基础资产的不透明和难以准确评估导致投资人难以看透底层资产的质量和风险水平，这种信息不对称将导致投资者因为对产品的不了解而不敢投资，进而影响产品的发行和二级市场转让流通，最终造成企业融资成本较高。

3）监管的透明度问题

资产证券化底层资产的复杂和不透明以及业务链条长的特征，也同样带来了监管难点。当底层资产状况出现信用风险时，监管无法实时穿透层层包裹的产品结构和业务链条，无法在第一时间发现和掌控最底层的风险源头，导致风险失去管控并不断积累。另外，不完善的信息数据披露机制和缺乏信息共享系统也是监管层面临的问题之一。

随着近年来资产证券化需求的与日俱增，传统模式的资产证券化暴露出诸多风险与不足，如征信体系不完整，整个发行存续周期较长，缺乏精细化风险管理，整体结构较为复杂，资产评估非标准化等。同时，整体的现金流管理、底层资产的透明度与交易效率等问题也都亟待解决。

12.2 区块链技术在证券行业的应用价值分析

12.2.1 区块链技术对证券行业的价值及意义

区块链技术对金融机构传统业务经营模式的冲击已初步显现，而且能够解决原有金融模式信息不对称带来的代理成本问题。区块链技术对证券行业的积极效应表现在以下几个方面：

一是有助于降低证券业经营成本，提升效率。传统券商业务需要大量人工操作环节，成本高，又可能产生操作风险，而区块链技术通过多重签名等技术实现信息共享，服务流程电子化、自动化，降低了多方沟通成本，提升了业务协作效率。更重要的是，运用区块链技术可以优化证券公司经营管理模式,简化业务流程,降低交易成本,提升决策效率。如利用区块链技术将证券登记信息、权属变动信息等保存在总账本上,由全链公证,能够降低传统登记机构因分散而产生的证券登记和存管成本。可见,区块链技术可以节约证券交易及合规产生的成本开支,对我国证券公司控制运营成本具有现实意义。

二是可以优化证券公司风险管理机制,降低风险。由于区块链技术不可篡改的特性,使每个节点都能验证交易的真实性,确保交易的真实性和可追溯性,交易确认即完成清算和结算,且通过减少信息不对称,降低了交易对手风险和信用风险,提升了资源配置效率。同时,区块链技术的自动化将交易过程数字化,且完整记录,实现数据实时监控,降低了操作风险和道德风险,进而提升了证券公司内部控制能力。

三是能够激励证券公司的创新动力。基于弱中心化的特点,区块链技术能够促进传统证券经营模式转型。如证券公司可针对拥有区块链系统客户端的人群开发有针对性的金融产品,以扩大客户范围。此外,区块链技术的包容性鼓励创新,通过源代码的开放,促进不同开发人员与机构间的合作,推动共享金融的实现。

12.2.2 "区块链 + 证券"模式带来的变革

1. 创新证券交易模式

在传统证券交易市场,证券交易需要通过大量中介机构完成,必须要经历开户、委托、配对成交、清算结算这四个阶段,涉及银行、证券公司、投资人、证券登记结算机构等众多主体,各机构需协调配合才可促成每一笔交易的完成。以我国二级市场的股票交易为例,投资者首先需要在银行和券商开户,将开户的银行和券商绑定起来,此后的股票买卖必须委托证券公司进行。投资者委托证券公司后,证券公司会将指令发送到交易系统,系统按照价格和时间自动成交。在成交后的清算结算阶段,证券交收实行 $T+0$ 或 $T+1$,资金交收实行 $T+1$。在这种交易模式下,基于人的利己性,证券交易总处于一种不信任的状态,加剧了道德风险和信息不对称问题,且使得整个交易过程程序烦琐,效率低下,成本较高。而在区块链技术中,证券和资产以数字形式出现,可以使交易双方通过智能合约和加密技术实现自动配对,无须中央机构的参与,能够简化、自动化传统证券交易冗长的交易流程,实现投资者与证券发行方的直接交易,节省大量人力和物力成本。区块链让更多的可信节点参与到交易确认的过程中去,针对区块数据的有效性和一致性达成共识,并完成券款的交易与证券的交割,大大缩短了交易确认时间与清算时间,并通过加密技术降低了结算风险。区块链加密技术实现的"去中心化"削弱了交易系统中心机构的控制作用,智能合约可实现实时自动建立信任,完成交易、清算、结算等一系列程序,使"交易即结算"得以实现,大大提升资产的流动性,可提高交易效率,降低交易成本。此外,由于区块链交易数据难以修改,且交易数据公开透明,可杜绝交易欺诈,降低交易风险。

2. 改善证券市场结构

证券市场是区块链技术天然适合的应用领域,两者的契合度非常高,证券市场的各个领域,包括证券的发行与交易、清算结算、股东投票等各流程、各环节都可以通过区块链技术被重新设计和简化。首先可应用区块链技术提升现有系统的效率,降低数据存储风险,之后可利用区块链技术改善结算清算流程,改革注册制证券发行,利用智能合约构建自动化证券应用,最终重构证券行业架构。我国场外交易市场分散，缺乏统一的组织和章程，不易管理和监督，其对于降低成本、减少风险、加强区域间协调有强烈需求，是区块链技术实际发展应用的首选领域。由于场外市场的管理相对较为宽松，一旦发生违约行为，监管机构很难评估整个场外交易系统的市场风险，而区块链技术可承担数据中心职能、信用担保职能、强制执行职能。在区块链证券交易系统中，由于交易数据不可撤销且能在短时间内公示到所有节点，因此交易的发生和所有权的确认不会有任何争议，且结算清算机制还可降低交易主体可能发生的违约风险，使违约风险不会扩散到整个市场。

建立多层次的证券市场体系，选择多家交易所并存，多层次交易所同时发展的道路在业内已成为共识。中小微企业融资难、融资贵是长久以来我国金融发展过程中需要解决的问题，可通过区块链技术建立起发行模式多样化、监管方式差别化的证券发行模式，吸引更多的中小企业发行证券并进行交易。利用区块链技术，可针对不同发展阶段、发展规模的中小企业以公开透明、主体匿名的方式记录、保存企业证券发行信息，改变现有单一的发行审核制度，逐步构建包括私募发行豁免、小额发行豁免在内的多层次证券发行制度。

3. 具体应用场景

由于区块链技术目前并不完全成熟，存在诸多技术、法律上的缺陷，故其在证券行业的应用前景是一个循序渐进的过程，早期应探索区块链核心底层技术，提升现有系统功能，保障数据存储安全，逐步探索交易后结算清算流程，降低结算成本，再结合智能合约开发实时智能证券，重构证券行业基础设施和核心竞争力。从作用路径和落地领域看，场外发行交易、资产证券化、股权融资以及证券交易与清算等是区块链技术在证券行业应用和实施的渐进式可行路径，其中，场外发行交易和资产证券化（ABS）是目前最为可行的区块链技术应用重点。

1）场外发行交易

相对场内市场，场外市场存在股权登记流程复杂、股权确权难、交易对手方风险高和产品缺乏标准化等问题，而区块链技术可以通过较低成本实现"实时交收"，减小交收风险。区块链中的私钥是股权所有者的凭证，股权的登记、确权和交易无须第三方参与，能以低成本实现股权变更，保障场外交易的真实性、完整性，且交易不会被篡改，能够追踪，可确保交易双方履约能力，降低对手方信用风险。基于区块链构建的去中心化平台可以为场外市场提供记账系统，实现高效的数据共享。

证券发行是区块链应用的重要领域，尤其是场外投业务是区块链技术在我国证券行业应用的首要选择。区块链技术有数据保真、不可篡改和高度安全等特性，在证券承做、存续期管理等环节都可以落地应用。运用区块链技术建立起发行方式多样的场外证券发行体系，可针对不同阶段、规模的中小企业建立一本账，通过智能合约设定证券公开、非公开的发行方式，逐步建立起包括私募发行、小额发行豁免制度在内的场外证券发行体系。基于区块链的智能合约可以用在场外非标准化合约的组合投资和自动化交易等方面。可见，区块链以其独有的技术特性，最有可能在场外发行、场外股权交易市场、券商柜台市场、区块链股东投票等领域取得突破。

2）证券登记与存管

登记存管体系的分散问题是区块链能够得到应用的客观基础。具体而言，区块链上的证券登记不再依赖于传统的登记机构，而是保存在区块链这本总账上，由全链进行公证证明；证券权属变动将在全链进行传播和更新，确保与区块链总账保持同步。除登记业务外，股份拆分、权益分派、股票质押、股东投票等基于登记而派生的业务，都可以借助区块链及智能合约实现。证券登记存管部署在区块链后，将衔接起证券发行、证券清算交收等流程，实现证券区块链的有序运行。传统登记机构的作用将因此被弱化，甚至被区块链替代，从而可为投资者节约相关费用。

3）证券清算与交收

为提升清算交收效率、降低业务成本，一些主流机构已着手进行应用区块链的研究探索。欧洲证券与市场管理局预计，证券清算交收环节可能率先实现区块链应用；高盛判断，区块链带给美国股票市场最大的影响在于可改善证券清算交收环节；欧清集团和司力达律师集团认为，区块链可以减少证券清算交收的迟延，降低操作和存管风险，提升证券发行的透明度，弱化中介机构在证券保管方面的作用，并能增强数据的安全性；澳大利亚证券交易所通过测试发现，利用区块链可大幅简化和加快清算交收业务处理，能够在当天甚至近乎实时完成结算。

通过区块链进行证券清算交收，可带来以下效果：

首先，证券交收和资金交收被包含在一个不可分割的操作指令中，交易同时成功或失败，实现货银对付并降低因一方违约另一方受损的风险。违约风险的减少，也会降低其他风险出现的可能。

其次，证券结算不再完全依赖中央登记结算机构，每个结算参与人都有一份完整的账单，任何交易都可在短时间内传送至全网，分布式账本可以保证系统的安全性，降低操作风险。

最后，区块链技术将减少中介，简化结算流程。图 12-1 中的证券经纪代理机构、托管机构、清算参与机构、中央证券存管机构、中央对手方等都可能被代替，直接实现交易各方的对接，进而提升清算交收效率，实现交易及结算的 $T+0$ 模式。

4）资产证券化（ABS）的应用

区块链技术在资产证券化市场有广阔的应用空间，借助区块链技术如智能合约等重新设计券商资产证券化产品的发行、交易、结算等环节，可以提高效率。ABS 适合区块链技术，同时区块链可以联结基础资产与 ABS 产品，借助智能合约使得 ABS 自动履行，且分布式账本与 ABS 的整个过程有机结合，可以作用于贷款发起、贷款服务、证券发行、评级监测及二级市场交易各环节。区块链技术可以将 ABS 基础资产的交易记录和风险变动公开、更新和传播，便于对基础资产的监测，且 ABS 存续期内的风险点可以被提前预警，可有效降低风险。值得注意的是，利用智能合约功能可实现款项自动划拨、资产循环购买和自动收益分配。

12.2.3 区块链技术应用于证券场外业务的优势分析

从落地领域来看，我国场内市场在交易环节涉及比较复杂的时序逻辑关系和匿名的交易对手方，在清算环节涉及中央对手方净额担保交收制度，还涉及复杂的即时行情披露，流动性好，对实时性、系统可用性要求高，对全局性风险的容忍度极低；相对而言，场外业务以其"小生态、全链条、报价驱动、低流动性"等特性，对于降低成本、规避风险、提升系统安全性、区域间协调有强烈需求，是推进我国区块链技术应用的首选。区块链以其独有的技术特性，最有可能在场外市场如区域股权交易市场、机构间市场、券商柜台市场等领域的应用中取得实质性突破。

1. 区块链可有效降低场外交易风险

相较于场内市场而言，由于事先交存证券及资金制度相对较为宽松，场外交易的证券交割及过户风险也相对较大,且由于场外创新产品具有一定复杂性,违约风险较难防控。一旦违约行为发生,监管机构一般很难估计整个场外交易的市场风险和最大损失,极易引发系统性风险。区块链技术可较好地实现类似于中央证券机构承担的数据中心职能、信用担保职能、强制执行职能,并且可缩减执行上述职能需要的成本,有效控制风险。在区块链证券交易系统中,由于录入区块的数据不可撤销且能在短时间内被拷贝到每个数据块中,录入区块链上的信息实际上产生了公示的效果,因此交易的发生和所有权的确认不会有任何争议。撮合成交的交易双方通过加密后的数字签名发布交易指令,通过加密算法验证数字签名、数字交易有效性及交易方账户资金偿付能力,此后交易将被记录到共享账簿当中,并加盖时间戳。区块链机制保证了交易的真实性、完整性,交易不会轻易被篡改,便于确认和追踪,由此实现了数据中心、信用担保职能。任何市场参与者可能的违约风险,均能够被结算清算机制消化,而不会扩散到整个市场。区块链的交易"保真"可建立一个高透明的权益市场,由于参与交易的双方都有完整的交易记录副本,篡改交易或者伪造交易记录的行为几乎不可实现,交易的不可篡改和不可取消性保证了证券和资金的有效交割,降低了系统性风险,承担了强制实行的职能,保证了金融体系稳定和场外业务的健康发展。

2. 区块链可简化场外发行和交易流程,提升交易效率,创造价值

我国建立多层次证券市场体系的观点已成为社会各界的共识,然而一个完整意义的多层次证券市场体系也应包括证券发行市场的多层次化。为满足不同资质企业多元化融资需求,运用区块链技术建立起发行方式灵活多样、监管模式差别有序的证券发行市场体系,吸纳更多的初创公司挂牌发行证券并进行交易,更有利于我国多层资本市场的健康发展。利用区块链技术,可针对不同发展阶段、发展规模的中小企业建立一本账,以全网透明、主体匿名方式记录、管理和保存企业证券发行的相关信息,通过智能合约设定证券公开、非公开的发行方式,并设立监管节点进行不同主体的差异化监管,有利于改变当前单一的发行核准制度,逐步建立起包括私募发行、小额发行豁免制度在内的多层次证券发行体系,改变我国目前证券发行流程长、环节多、耗时长的现状,整体上加速证券发行流程。

在证券交易中,区块链所需的时间远远少于当前耗时。传统的证券交易程序,经历开户、委托、成交和结算四个阶段,涉及银行、券商、投资者、结算机构和交易机构等相关方,每一笔交易发生时,信息需要经过各相关方的往来交互和协调才能撮合完成,而成交完成后还要经历交易确认、清算、交收等环节,需要各相关方及金融中介机构的通力配合,完成相应的交易确认、记账等工作,存在较长的时滞,且不能在交易当日完成实时结算的制度给资本也带来了潜在的风险。区块链能够简化、自动化这一冗长的交易流程,实现证券发行人与投资者的直接交易,减少前台和后台交互,节省大量的人力和物力。交易一旦确定并进入总账,各节点即通过共识机制确认交易的真实有效性,并完成资金的划拨以及证券的交割,整个过程可缩减至数分钟,大大缩短了清算时间,减少了结算风险。区块链加密技术实现了证券的清算与结算的"分中心化",省略了交易系统中的后台系统,且由于区块链技术能够近乎实时地自动建立信任,完成交易、清算和结算,使得"交易即结算"变得非常现实,大大提升了资产的流动性。

3. 区块链可解决场外分散交易市场信息化建设和运营的困境

我国场外市场分散性、区域性、参与主体规模趋同等业务特性限制了其市场功能的发挥,各地股权市场割裂严重,场外交易市场的活力还未真正体现。引入区块链技术可构建区域股

权市场间联动机制,通过分布式、全网互联、数据共享、多中心化的技术体系,打破各个区域股权市场之间的数据孤岛问题,充分发挥区块链的开放性、共享性、匿名性,实现高效征信,对参与交易的各相关方的身份、信用状况、投资经理、风险承受能力等进行信息可追溯性管理,从而打破各地股权市场割裂的格局,加强区域间股权交易市场的流通性,增强其运作效率和活力。

4. 区块链可有效补充场外交易监管制度,提升监管手段和效率

利用区块链构建系统中特殊监管节点,将针对不同的交易主体、交易级别、融资和交易规模等因素,设置不同的监管方式和手段,使得监管层对于市场的交易动态和整体状况能够及时把握。区块链技术可以将证券实物以数字证券形式在系统中流通,证券每一次过户登记信息皆记录在案并经全网证明,区块链这个公开透明的数据库包括了过去所有的交易记录、历史数据及其他相关信息,而这些信息被安全地分布式存储在一串使用密码学方法产生的数据块中,可清晰绘制交易标的全生命周期的持有和交易过户的信息流图,任何组织和个人无法篡改,从而使整体交易流程的监管自动化,同时也有助于提升交易自律性,改善场外交易秩序。

12.2.4 区块链技术应用于资产证券化

1. 优势分析

基于区块链的核心技术,与传统记账系统相比,区块链呈现出了去中心化、无须信任系统、不可篡改和加密安全性的特征。资产证券化从资产的转售交割、现金流打包—分割—重组—分配到证券登记结算流通,都依赖于中介机构的信用,后期的现金流管理以及相应信用机制的触发也让产品后期管理需要非常多的人工投入。依赖人工处理的交易信息经过多道中介的传递,使得信息出错率高,且效率低下。在一个中介权威机构中,通过中心化的数据传输系统收集并保存各种信息,然后集中向社会公布的传输模式同样使数据传输效率低下。而区块链通过数据的分布式存储和点对点传输,打破了中心化和中介化的数据传输模式,无疑可以深入应用到资产证券化的不同环节。应用区块链技术,传统的资产证券化业务模式可以被重新设计和定义,能有效解决资产证券化中存在的环节多、流程复杂、底层资产透明度差等问题。基于区块链技术的 ABS 具有以下优势:

1)基础资产真实性得到提高

从底层资产形成角度看,ABS 原始权益人可以将分布式账本作为数据承载平台,按照数据披露以及信息披露要求连接权益人及相关服务主体,将底层交易信息及资产信息储存至区块链平台,通过多方验证进行公信后,记录在分布式账本上。由于储存于分布式账本上的原始信息一经记录难以篡改,且由各方共同认可维护,为后续产品发行提供了可靠性较高的存证信息。另外,基于底层资产评级,也根据分布式账本记录的原始信息进行,从而使得整个现金流将被直接写入区块链,参与方均能同步保留经各方认证的底层资产数据,从而解决底层资产的真实性问题。

2)信息流转和处理效率得到提升

在产品结构机制设计方面,智能合约可通过条款设置,将 ABS 各流程节点如信用增级、金融资产结算清算、物理资产确权等纳入其中,经智能合约各方达成共识后入链,一旦满足条件,自动执行。由于链中成员所共享账本的数据特性使得机构间的操作更为透明化,由此信任得以增强,整体效率也因此得到提高。区块链技术绕过中间支付清算系统,实现数据的实时同步更新,避免了参与主体系统对接问题,降低了信息失真程度,从而大大提高了数据流转效率。

3) 管理及监管的智能化

在资产证券化产品存续期间,利用智能合约实现 ABS 关键业务流程如基础资产现金流回收、分配等操作的自动执行,降低人工操作失误的可能性,使得 ABS 全业务流程得以有效管理,减少各环节造假的可能,在一定程度上降低了事中风险。监管机构也可作为节点加入,获得账本完整数据,缩减中间环节,提高智能化监管能力,确保监管者、投资者可通过联盟链实现实时穿透监控、监测基础资产现金流回收情况,确保现金流清偿条款按约执行,使存续期管理变得更加透明。

4) 交易便利化程度得到提高

在资产证券化的二级市场交易环节,利用区块链架构模式,使得参与各方享有平等地位,降低了因信息不对称造成利益损失的风险。投资者可通过直观地基于区块链各方数据获取基础资产现金流情况,对 ABS 进行更为准确的估价定价。另外,通过智能合约安排可自动执行发行人及投资者间交易,自动变更证券所有权变动情况,简化权属变更及流程记录。

2. 应用方案

区块链技术与资产证券化结合的方案分为两步:第一步是各参与方共建 ABS 区块链联盟;第二步是在此联盟基础上,把区块链技术应用于资产证券化的全部流程。

1) 共建 ABS 区块链联盟

相比私有链,联盟链运作空间更大;相比公有链,联盟链安全性更高。所以,目前联盟链是最实用的区块链,各个机构可以注册为联盟链上的一个或多个节点。这些机构包括资产方(抵押贷款、票据等)、pre-ABS 投资人、SPV(信托)、管理人(投资银行)、中介机构(评级机构、会计师事务所、律师事务所)、托管银行、ABS 投资人(券商、基金、银行等)、交易所等,它们参与链的管理运作,其核心业务包括资金交易管理、智能 ABS 工作流、数据信息记录验证公布等,这些数据在联盟链可以自由互相传输。为了确保数据的安全性和隐私性,采用公私钥的机制,各参与方只有通过对方授权的配对的密钥才能看到相应的数据。

2) 区块链技术可以与资产证券化全流程结合

如图 12-4 所示,区块链技术可以和资产证券化全程结合,下面具体到资产证券化项目的不同阶段来看。

(1) 发行前底层资产形成阶段:区块链有利于提高整个业务的信息交互效率,现金流和信息流实时入链且被永久记录,无法篡改,并由其他专业投资机构监督,有效防范数据风险。此外,智能合约起了很大作用,一方面可以自动生成尽职调查报告、资产服务报告;另一方面可以在权益主体更新数据时进行自动审核,必要时可由人工确认。

(2) 产品设计和发行阶段:评级公司和券商在达成共识后会把交易结构和评级结果的信息打包到区块中。投资者认购一定份额后,其身份及认购份额信息也将传输到区块链上,各大交易所可以直接从链上获取关于申报的所有信息,审核之后把审批结果信息发送共享。

(3) 存续期管理阶段:资产证券化业务存续时间一般较长,智能合约可以对上链的资产实时管控,杜绝数据造假行为。此外,借助智能合约可判断资产循环购买计划是否符合条件,可便于管理存续期间的现金流等,简化了流程,从而减少操作风险。

(4) 发行期:智能合约有助于多个环节实现自动化管理,包括投资人认购信息登记管理自动化、基金业协会备案流程自动化、中证登登记流程自动化及交易所挂牌流程自动化。

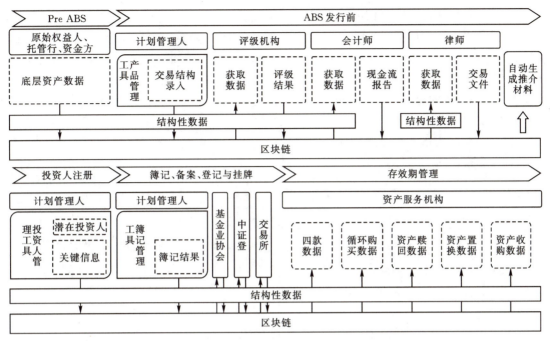

图 12-4　区块链应用 ABS 全流程图

（5）二级市场交易阶段：一方面，全透明的信息有助于交易双方进行实时估价；另一方面，智能合约可以撮合交易，在链上完成证券所有权的转移。

（6）投资后：结构化、全透明、基于多方信用的数据丰富优化了数据库，极大便利了投后分析。

综上所述，从投资方的角度看，区块链的信息全透明、可追溯，大大降低了资产证券化产品对应底层资产的信用风险，智能合约的应用减少了投后管理的成本；从资产方的角度看，区块链的分布式技术将各个主体紧密联系在一起，进一步拓宽了融资渠道，且智能合约技术降低了融资成本和风控运营成本，促进了信贷业务管理流程标准化，缩短了融资交易周期；从服务方的角度看，投后管理人力成本大大减少，从而使得资金分配流程愈加合理高效。

12.3　应用案例

在当前证券市场中应用区块链技术，关键在于应用场景的选择，并应充分考虑对现有业务模式和监管规则的适应性。实际上，即使从全球视角来看，这个领域的成功案例也并不多，尚未对现有的证券市场技术体系形成冲击。要在"证券+区块链"领域取得突破，核心是借助区块链技术来构建新型的市场信任机制，提升信用的可量化性和透明性，从而降低市场交易成本，同时做到更富效益的穿透式监管。

12.3.1　百度-长安新生-天风 ABS

资产证券化业务具有参与方多、交易结构复杂、操作环节多、数据传递链条长、后续管理事项多等特征，传统业务模式在流程和数据处理方面存在局限。一方面，基础资产质量难以保证、真实性水平较低,投资人和中介机构难以穿透底层把握风险,信息不对称矛盾突出;另一方面,各参与方之间的数据流转低效,涉及各参与方多个业务系统的对接,交易过程中的资金清算和对账问题繁复,各参与方系统间账目难以统一。针对ABS业务难点,业界积极探索将区块链技术应用于该领域。本小节以百度-长安新生-天风ABS为例进行分析,该产品是国内首单基于区块链技术的交易所ABS产品,底层资产包含6千多笔汽车消费贷款,数量大且透明度差。该ABS产品的发行和运营使用了百度的联盟链技术,按照事先设置的权限让相关方上链和披露信息,以有效保证信息安全。项目中的各参与方作为联盟链上的参与节点,写入数据,其应用模式如图12-5所示。

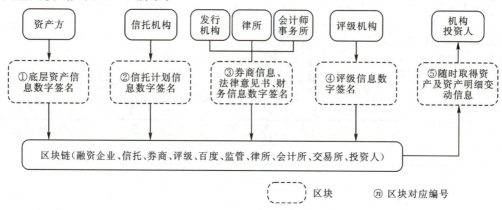

图12-5 ABS业务区块链应用模式

该区块链平台主要由两个子系统组成:AaaS(analysis as a service,分析即服务)和BaaS(blockchain as a service,区块链即服务)。AaaS系统为各参与方提供了基于区块链的信息共享操作平台,包括信息披露、资产监控等,如图12-6所示。BaaS系统负责提供区块链的技术服务平台,建立了支持ABS业务的区块链底层架构,包括开放平台Web端、客户操作端、开放接口等。

图12-6 AaaS-信息共享操作平台

首先,在设立阶段,由投资者与原始权益人签订智能合约,其中包括制定的专项计划书,然后通过信托账户向专项计划监管账户划付专项资金。

其次,在放款申请阶段,借款者在区块链上发出借款请求,相关原始权益人共识确认消息后将放款数据递交给相应的投资者,投资者在区块链的黑名单库中寻找有无该借款者,确认无误后把放款数据传递给原始权益人。

再次，在放款阶段，原始权益人向第三方支付平台发送含有密钥的放款指令后，该平台传播该消息至监管行，监管行会从专项计划监管账户划付放款资金至第三方支付平台的备付金账户，再从备付金账户划付至各借款者账户。

最后，在回款阶段，借款者将还款划付至第三方支付账户，同时向原始权益人发送含有密钥的还款信息，第三方支付于 $T+1$ 日将回款划付至专项计划监管账户并将信息发送给原始权益人，原始权益人收到后会把信息传播给投资人进行核实。

百度-长安新生-天风 ABS 实现了资产证券化全流程数据的实时上链，各参与方都可以对现金流、信息流进行实时监控，解决了各方信息不对称的难题，提高了存续期的管理效率。

12.3.2 纳斯达克股票交易系统 Linq

2015 年末，作为全球最大的证券交易所之一的纳斯达克推出区块链私募证券交易平台 Linq，用于实现资产交易和私人股权管理。区块链创业公司 Chain 已成功使用 Linq 平台为新的投资者发行了公司的股票，从而成为第一家使用 Linq 来完成并记录私募证券发行的公司。基于这种模式，私营企业可在证券的发行、交易、登记管理方面享受平台所提供的端对端的服务。同时，Linq 也为资产发行方和资产投资者之间的关系处理带来了便利。

截至 2019 年，证券的登记还未完全脱离纸张作业，现存的纸质证书系统存在诸多不便，如信息丢失或被人为篡改、由于证书的更新而使相关信息过时或失效、记录出现错误或延迟等，而 Linq 平台所利用的区块链技术可以有效解决以上问题。

第一，区块链上每个节点都存储了所有的历史交易信息，且时间戳机制可以追溯所有信息的源头，再加上篡改数据的代价十分沉重，所以 Linq 平台可为用户提供不可篡改的历史记录和永久保存的数据链。Linq 的分布式存储、加密认证和全网共识机制大大提高了数据的安全性和可追溯性，使私人股权登记机制更加严密，同时还提供了不可篡改的保管链，大大增强了创业公司股权的透明性与可审计性。

第二，Linq 利用区块链的分布式架构实现了点对点的交易模式，在未来规模化的基础上极有可能实现完全无纸化的股权交易。基于区块链技术的 Linq 作为私人股权交易平台的优势能得到充分发挥，可有效提高股权登记效率，同时智能合约还可以提供智能化的登记流程，以大大减少登记失误。此外，Linq 为双方提供双方不需要基于信任即可进行股权交易的交易平台，有利于缩短交易时间、提高交易效率，大大提高了私募股权的流通性，有效解决了私募股权流通性低的痛点。

第三，Linq 平台所使用的区块链电子投票系统能帮助投票人远程参与投票活动，也可方便股东实现委托投票。持有公司股份的股东可通过 Linq 平台获得相应的代币，代币在股东同意后可转让给其他人代替股东进行投票，而该投票活动会在系统上进行记录和存储，从而可约束代理人遵从股东的真实意愿、代替股东有效行使投票权。

第四，通过智能合约直接实现后台资产转让契约可进行实时结算和交割，从而可有效避免此前所暴露出的前台和后台分离所造成的业务对接成本高昂和其他方面的风险隐患，并且能有效实现结算的高效性，使得产品价格更能反映市场真实的供求状况，为用户提供实时的交易信息。

第五，Linq 平台可以有效整合信息，为用户提供全面真实的交易信息。发行人可通过 Linq 平台提供的管理估值的仪表板，对每轮融资的发行价格及股权期权比例进行管理。

Linq 平台为用户提供的权益时间轴以不同的颜色分别代表特定的发行资产列表及其现有状态,资产类别包括股权类型等信息,可由发行人自行规定,从而可为交易者以可视化的方式展示股份的转移和划分,交易者可通过该时间轴具体查询到融资轮次、股份类别等信息。

此外,投资者还可以通过该权益时间轴查询发行给投资者个人的股权凭证,既包括了资产 ID 和股价等有效的证明信息,也包括了资产已无效的证明信息,权益时间轴上以不同的可视效果代表有效或无效的资产证明;投资公司通过 Linq 平台可具体查看资产证书的发行日期、最多或最新的资产证书、所有的股份所有权及持有该公司最多股份的投资者等。此外,该时间轴实时更新数据库,与全网账本的信息变化保持一致,投资者可通过其时间轴实时查看全网信息,从而真正实现信息的透明化。

利用区块链技术进行证券登记的交易所并非只有纳斯达克,澳大利亚证券交易所和加拿大证券交易所也正积极筹备基于区块链技术的交易系统,其中澳大利亚证券交易所利用区块链技术与银行账户连接,从而使买卖股票后资金可实现迅速到账。中国工业和信息化部发布的《2018 年中国区块链产业发展白皮书》亦指出:各类资产,如股权、债券、票据、收益凭证、仓单等均可被整合进区块链中,成为链上数字资产,使得资产所有者无须通过各种中介机构就能直接发起交易。可以看出,区块链技术在证券登记的过程中可有效解决诸多现实的复杂问题,而且随着未来区块链技术应用的不断深化,未来的证券发行、交易和登记管理等活动必将更加快捷透明。

本章小结

本章通过梳理证券行业的发展特征,总结在证券发行、证券登记与存管以及证券清算与交收三个环节存在的主要问题,并对资产证券化的发展及其存在的问题做了详细阐述。在此基础上,本章分析了区块链技术应用到证券行业的价值及意义。区块链技术能创新证券交易模式和改善证券市场结构,在场外市场、非集中托管登记、股权融资及证券交易与清算等环节具有相对优势,目前应用环节主要集中于私募股权等场外市场证券发行和资产证券化。特别是在中国资产证券化市场中区块链技术的应用存在巨大潜力,资产证券化的各个领域,包括证券化产品的设计与发行,证券交易、清算结算等各流程和各环节都可以通过区块链技术被重新设计和简化,从而带来一系列潜在优势,包括基础资产真实性得到提高、信息流转和处理效率得到提升、管理及监管的智能化和交易便利化程度得到提高。

思考与练习

1. 简述证券行业的发展历程。
2. 证券行业在交易过程的各个环节中都存在哪些问题?
3. 什么是资产证券化,其主要特点是什么?
4. 目前的资产证券化存在什么问题?
5. 区块链技术对证券行业的积极效应主要体现在哪几个方面?
6. 区块链技术在证券行业的应用场景主要有哪些?
7. 简述区块链技术应用于资产证券化领域的方案。

第 13 章　区块链＋保险

> **引例**

墨西哥公司 Saldo 推出了一款名为 Consuelo(西班牙语,意为"安慰、慰问")的微保险服务,提供健康险和人寿险。微保险与微金融类似,都是用极低的成本去做极小市场的生意。Consuelo 是基于区块链的小额保险服务,消费者可以支付低额医疗和人寿保险,其验证程序电子化,支付速度也快。Saldo 公司认为他们的产品更确切的名称应该是"无理赔人保险",他们取消了理赔过程和理赔人员。Consuelo 最特别的一点在于,它致力于为身处美国的墨西哥人提供服务。美籍墨西哥人人口基数大,由此产生的市场也是巨大的。

2014 年 8 月 13 日,国务院发布《国务院关于加快发展现代保险服务业的若干意见》,特别强调保险是现代经济中的重要产业和风险管理的基本手段。2016 年 12 月 15 日,国务院印发《"十三五"国家信息化规划》,文中在"创新民生服务供给模式"中提到了"社会保险关系网上转移接续",也在"构建现代信息技术和产业生态体系"中提到了"加强量子通信、未来网络……区块链、基因编辑等新技术基础研发和前沿布局,构筑新赛场先发主导优势"。可以看出,《"十三五"国家信息化规划》中既对区块链技术发展提出了要求,也对保险行业应用信息技术提供服务作出了重要指示。同时,监管层也多次发文鼓励科技与保险的融合。2019 年底,银保监会发布《中国银保监会关于推动银行业和保险业高质量发展的指导意见》,指出银行保险机构要增强金融产品创新的科技支撑,充分运用区块链、人工智能等新兴技术,改进服务质量,降低服务成本。2020 年 8 月,银保监会下发的《推动财产保险业高质量发展三年行动方案(2020—2022 年)》指出,鼓励财产保险公司利用大数据、云计算、区块链、人工智能等科技手段,对传统保险操作流程进行更新再造,提高数字化、线上化、智能化建设水平。到 2022 年,主要业务领域线上化率达到 80% 以上。鼓励财产保险公司通过数字化升级风险管控能力,提升风险定价、细分客户以及反欺诈等核心竞争力。

虽然我国的保险业起步较晚,但发展十分迅速。目前,我国是仅次于美国的全球第二大保险市场。但是,诚信、理赔效率低、需求多样化等问题严重制约了我国保险行业进一步快速发展。区块链技术可以在解决保险行业诚信问题的同时,提升保险行业服务效率,促进保险业务创新。

区块链与保险行业有天生的契合性。保险业是区块链应用探索的重要领域,保险的"大数法则"与区块链的集体共识具有"基因相似性",将信任视为核心价值主张的保险行业与天生携带信任基因的区块链技术就是"最佳组合"。本章将深入探讨区块链技术如何有效解决我国传统保险行业中存在的问题。

13.1 保险行业的发展现状及主要问题

13.1.1 保险行业的发展历程

保险是投保人根据合同约定,向保险人支付保险费,保险人对于合同约定的可能发生的事故因其发生所造成的财产损失承担赔偿保险金责任,或者被保险人死亡、伤残、疾病,或者达到合同约定的年龄、期限等条件时承担给付保险金责任的商业保险行为。

按照保险标的的不同,保险可分为财产保险和人身保险两大类。按照与投保人有无直接法律关系,保险可分为原保险和再保险。发生在保险人和投保人之间的保险行为,称为原保险。发生在保险人与保险人之间的保险行为,称为再保险。我国保险业经历了开端、恢复、高速发展三个阶段。

(1)中国保险业的开端。1865年,我国第一家保险企业上海义和公司保险行成立,打破了外国保险公司对中国保险市场的垄断局面。1875年,李鸿章授意轮船招商局在上海创办我国第一家规模较大的保险招商局,成为我国保险业发展的里程碑。之后,我国的保险业获得了一定的发展,到1925年,我国先后设立的保险公司达到70多家,但业务量中的80%以上又被外资在华保险公司所垄断。1949年中华人民共和国成立后,中国人民保险公司成立,受中国人民银行领导和监管。从20世纪50年代后半期起,我国保险业进入长时间的低谷状态。

(2)中国保险业的恢复阶段。1979年,国务院批准逐步恢复国内保险业务,保险业仍由中国人民银行监督管理。1992年,美国友邦保险公司把保险代理人制度引入中国,加快了我国保险业发展的步伐。1995年,我国颁布并实施了第一部《中华人民共和国保险法》,使保险业终于拥有了法制保障。同年,中国人民银行成立保险司,专司对中资保险公司的监管。随着银行业、证券业、保险业分业经营的发展,国务院于1998年批准设立中国保监会,专司全国商业保险市场的监管职能。2000年,我国保费规模增加到1595亿元,保险行业成为我国发展最快的行业之一,保险的法制建设也逐步走向了正轨。

(3)中国保险业的高速发展阶段。在我国加入世界贸易组织之后,2002年保费收入与2000年相比翻了一番,达到了3053亿元,中国保险业进入高速发展阶段。近年来,得益于经济稳定增长、社会财富持续积累、人口结构变化和政策红利等因素,消费者购买保险的能力和投保意愿不断提升,我国保险市场业务规模保持快速增长。根据国家统计局的数据,2013—2017年,我国国内生产总值(GDP)年均复合增长率为8.57%,同期,根据保监会数据,我国保险行业原保险保费收入的年均复合增长率为20.72%。单以保费收入规模计算,2016年我国保险市场已经成为亚洲第二大、全球第三大保险市场,但从全球可比口径来看,2016年我国保险密度(人均保费)和保险深度(保费/GDP)仍低于全球平均值,仍有较大的发展空间。

此外,我国保险业正处于转型发展的关键节点,产品同质化严重、渠道费用居高不下、理赔难等行业顽疾亟待解决。

13.1.2 传统保险业务发展困境

传统保险行业在发展过程中面临一些问题,这些问题若不能很好解决,行业的转型发展将遭遇瓶颈,难以突破。

1. 风险定价难以实现

保险作为一种风险管理手段，最理想的定价方式就是根据每个投保个体的风险水平制定对应的价格，但是由于传统保险公司对数据的掌握程度有限，数据缺乏更新和反馈渠道，数据孤岛现象严重等问题，真正的差别定价难以实现。

保险公司的通常做法是通过精算，针对同一保险产品制定统一的价格，这就导致了风险较小的投保人实际补贴风险较大的投保人。投保人并不能因为其良好的信誉、健康的生活习惯、安全的驾驶习惯等要素而获得保费上的优惠，从而降低了其购买保险产品的意愿。相反，出险率越高的个体购买保险产品的意向越大，这也就是我们通常所说的逆向选择问题。

2. 渠道费用居高不下

我国的保险销售可分为直销模式、代理人模式、银保模式以及近年来逐渐兴起的互联网模式。虽然互联网保险近年来增长迅猛，给传统保险销售渠道带来不小的冲击，但目前国内保险营销仍以代理人为主。2017年，保险公司代理人数继续快速增长。银保监会披露的数据显示，截至2017年底，保险代理人数806.94万人，较年初增加149.66万人，增长率22.77%。

保险行业竞争逐渐加剧以及庞大的代理人队伍致使保险行业的渠道费用一直居高不下。以车险为例，部分保险企业的渠道费用占保费比例高达15%～25%，这不仅增加了投保人的负担，而且严重制约了保险公司的盈利能力。更有业内人士表示，今天中国的保险公司，至少把三分之一的保费支付给了渠道。

3. 理赔困难影响客户体验，理赔效率低

保险市场和借贷市场的现金流的进出顺序正好相反，借贷市场出借信用更加注重事前风控；保险市场管理风险，事前风控的动力不强，往往实行事后风控。另外，保险销售环节众多、理赔流程复杂等原因也造成了保险"买时容易赔时难"的问题。

近年来，银保监会为规范保险市场秩序，出台了一系列政策措施加大监管力度，依然没有彻底解决长期存在的理赔难问题，涉及保险理赔的投诉量持续增加，这不仅降低了消费者购买保险的热情，很大程度上也影响了行业信誉。

理赔和损失处理效率是保险公司的核心竞争力，而现在大多数保险公司的理赔效率非常低，在很大程度上影响了客户满意度。出现理赔效率低的主要原因有：

(1)理赔流程复杂。投保人为了获得保险公司的赔偿，需要经过受理报案、受理立案、调查、审核、签批、通知领款环节，且很多环节主要依赖于人工。

(2)保险公司销售人员职业道德问题。有些保险销售人员迫于业务的压力，在为投保人办理保单时，对保险条款的相关规定不向客户认真解释而误导客户。出现理赔时，不仅给公司造成损失，而且降低了理赔效率。

(3)缺乏专业的理赔人员。保险理赔所涉及的面非常广，且风险成因也十分复杂。在理赔过程中，需要理赔人员具有丰富的理赔经验、较强的辨伪能力，而目前保险公司缺乏专业的理赔人员。

4. 保险欺诈

相关机构预测显示，每年约有15%～20%的财产险赔付属于保险欺诈。保险欺诈主要的手段有：

(1)出险投保。正常情况下，人们购买保险是为了弥补未来可能发生的某些事故所造成的损失,但是有人在遭遇损失以后才进行投保,通过谎报遇险时间或伪造保险日期,以获得保险公司的赔偿。

(2)隐瞒事实。根据保险公司的规定,投保人需要满足投保规定才能进行投保,如患有重大疾病不得投保。但是,保险欺诈者往往故意隐瞒病情,伪造事实真相。

(3)重复投保。在投保人遭受损失时,保险公司在保险责任范围内补偿投保人的经济损失,但投保人不会因为保险而获得额外的利益。为了获得超额的赔偿,有人同时在多家保险公司为同一保险进行投保。

(4)夸大损失。当发生重要事故时,有人通过篡改死者年龄、家庭成员等信息,从而获得更高金额的赔偿。

保险是一个覆盖口径大、关联性广的行业,如健康险涉及医疗机构。而现在的情况是,相关数据割裂在不同的管理组织中,呈现出明显的数据孤岛,特别是保险公司遵循对客户保密的商业原则,更不愿意将信息资源透露给相关服务商与行政机构,极大限制了数据资源的开发空间。

区块链技术在保险业的运用越来越广泛,其正面效益也日益突显。据普华永道估计,保险业采取区块链技术,可节省15%～20%的营运费用。当前区块链应用场景中,有20%以上涉及保险,区块链可以打通保险机构与其他相关组织之间数据共享的"最后一公里",并创造出信息资源服务公众的普惠性红利。

13.2 区块链技术在保险业的应用价值分析

区块链技术在保险行业有着广泛的应用场景,人保财险原副总裁、精算师协会副会长王和提出:"区块链能够有效解决保险经营过程中的'难点'和'痛点',同时,能够催生出全新的商业模式。"区块链技术发展至今,以其特有的数据溯源技术、广泛适应的数据结构和高效的智能合约等特性,优化保险行业的数据信息共享,激发了保险行业发展变革的强大潜力。

13.2.1 区块链改造传统保险业务环节和产品服务

当前世界各地的研究机构正在开展的区块链技术应用的场景方案探索中,涉及保险领域场景应用的方案超过20%。区块链技术在保险领域的应用场景十分丰富,运用区块链技术设计更为精准的差异化定价机制,或是针对某一特定细分的保险市场,在产品设计、理赔服务及反保险欺诈等环节应用区块链技术,都可以促进我国保险行业的转型发展。

1. 区块链技术在保险产品设计环节的场景应用

在保险产品设计环节中,应用区块链技术可以优化保险产品的差异化定价机制,尤其能够促进如农业险和品质险等具有较强定制化属性的保险产品快速发展。除此以外,相互保险也是区块链技术在保险领域中一个很好的应用场景。

1)农业险

农业险对解决我国乡村振兴战略中的"三农"问题发挥着极为重要的作用。根据中国银保监会的数据显示,2017年我国农业险已覆盖全国所有省份,实现保费收入约479亿元,支付赔款约334亿元,累计受益农户达5388.3万户次。

由于信息不对称的广泛存在,农业险的发展相对滞后,而养殖业是尤为需要保险覆盖的领域。在传统农业保险业务当中,保险公司很难精准掌握投保标的的具体信息,从而导致保险欺诈现象频繁发生。保险行业一直在进行各种尝试,如在农业险投保中采用耳标等生物识别技术,然而这些技术也存在着诸多问题。区块链技术以其不可篡改的特点,搭配生物识别技术和全网共识机制恰好可以缓解这一问题,不仅可以确保数据信息真实有效,还可以有效防范道德风险。

实际上,保险公司正在加快将区块链技术应用到农业险领域。在中国人保推出的基于区块链技术的养牛农业险项目中,利用生物识别技术获取每头牛的独特识别信息,借助加密算法将识别信息存储上链,构建出基于区块链技术的养殖业溯源体系,使各方都可以实时掌握牛的基本情况。该体系不仅可以真实记录个体识别信息,而且可以根据这些信息判断牛的健康状况,进而预测和预防病症的发生。一旦发现有患病的可能性,就可以提前采取预防措施避免不必要的损失。保险公司也不再需要进行实地查验和监督,存储在链上的信息可以清晰反映事件的每个细节,极大地简化了烦琐的投保流程,为保险公司和投保人预防风险、承保理赔提供了便利,并且节约了营运成本。

2) 品质险

产品质量保险(品质保险)是指承保制造商、销售商或修理商因制造、销售或修理的产品本身的质量问题而造成的致使使用者遭受的如修理、重新购置等经济损失赔偿责任的保险。

品质险可以在一定程度上缓解信息不对称问题,还能够有效保护用户权益。保险公司承保品质险通常需要详细考察投保公司产品质量的历史表现,并评估其品质控制流程和能力。但这些信息保险公司都很难真实获取到,从而制约了品质险的发展。此外,假冒伪劣产品的猖獗也对品质险的投保赔付造成了一定阻碍。

区块链技术集合分布式存储、加密算法和智能合约等技术,能够很好地适用于产业供应链中的产品溯源体系。基于区块链技术建立的产品溯源平台,可以有效地记录产品的生产、加工、批发、零售、购买以及投诉的详细信息,保险公司可以通过在链数据轻松追溯到事件的具体信息,从而有效判断投保公司的产品质量和品质控制能力,并设计出合适的品质险条款,在有效保障投保者权益的同时促进保险业务升级。

3) 相互保

相互保,即相互保险,具体是指具有同质风险保障需求的单位或个人,通过签立合同成为会员,并缴纳保费形成互助基金,由该基金负责对合同约定事项所造成损失承担赔偿责任的保险活动。相互保险在西方发达国家有着上百年的历史,是国际保险市场的重要组成部分之一。

2015年1月,中国保监会出台《相互保险组织监管试行办法》,并于次年4月批准同意筹建首批相互保险试点机构,相互保险发展的序幕自此拉开。相较于传统的保险公司组织形式,相互保具有公平自治、去公司化和保费低廉等优势。但由于技术的制约,相互保也面临着一些问题,如产品运作信息不透明、监管困难、虚构赔付事件欺诈等,同时资金池的管理也有着额外的风险。

相互保险的发展变迁如图13-1所示。从全球保险制度发展来看,传统相互保险是基于熟人社会的"组织"或"公社"的形式,是基于社交关系的信任模式,也是点对点(非中心化)的模式。后来随着陌生人社会的形成,逐渐发展成为公司模式的商业保险,这就需要依靠保险中介,用户需要预先向保险中介缴纳保费,再按照合同约定进行事后分摊,这是中心化模式。中心化模式存在两方面的问题:运作不透明,可能存在平台虚构互助事件套取用户资金的问题;相互保险赔付流程缓慢,效率低下。

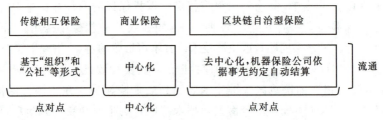

图 13-1 相互保险的发展变迁

区块链技术的出现为解决上述问题提供了方案,为构建非中心化的信任模式提供了一种新的可能。基于区块链平台开发的网络互助应用,能够最大化地保证资金、协议、信息的绝对安全,提高风险控制能力。

首先,基于区块链的相互保险平台资金流向透明。所有资金流向明细都在区块链上记录,数据不可伪造和篡改确保了数据的真实有效,所有监管单位、公众媒体、普通用户都随时可以查看和监督。

其次,区块链网络规则执行高效。当保险事件发生并满足保险合同的赔付条件时,区块链上的智能合约将自动启动赔付程序完成理赔,确保保险合同在"代码即法律"的框架下自动执行,无法进行中途干预,大幅减少了人工操作,提高了保险理赔业务效率,降低了成本。所有的资金划转按照公开的、不可篡改的智能合约执行,一旦确定就能够精确无误的执行,无法人为挪用或干预,提升了规则执行效率。

最后,基于区块链的相互保险平台的透明度提升。通过区块链的多方验证的交互式平台,能够促进保险平台提升内部监管和外部监管的透明度,交易参与者在各个节点都可以对保险业务进行参与和审批,同时,成为其中一个节点的监管者对相关技术和平台进行维护,进一步强化了监管的技术能力。

2. 区块链技术在保险销售环节的场景应用

从保险公司的角度看,应用区块链技术可以简化销售流程,节省销售成本。意愿投保人通过渠道购买保单,渠道商将投保人信息统一发送到区块链平台,平台根据分布存储的信息判断意愿投保人是否在白名单内,若符合标准,则接受购买请求,省去了以往人工传送、受理、审核、反馈等烦冗的流程。

从监管角度讲,区块链技术可以实现保险销售行为的可追溯监管,从而规范保险销售行为,维护消费者合法权益,促进行业持续健康稳定发展。保险代理人队伍庞杂,人员素质参差不齐,再加上业绩压力以及高额提成的诱惑,保险销售市场一直乱象丛生。通过欺骗、隐瞒或者诱导的方式对保险产品进行虚假宣传的现象屡禁不止。为了规范这一乱象,原保监会曾在2017年7月印发了《保险销售行为可回溯管理暂行办法》,规定保险公司和中介机构在向自然人销售相应的保险产品时需要进行"录音""录像",并对"双录资料"的保存、管理、调阅进行了相应的规定,该暂行办法自2017年11月1日开始实施。随着区块链技术的不断发展完善,完全可以将保险销售各个环节的关键动作上链,实现全流程的销售动作可追溯,这与银保监会目前的监管思路一致,可以助力监管机构实现真正的穿透式监管。

3. 区块链技术在保险理赔环节的场景应用

理赔是保险业务的重要环节,投保人希望通过保险产品来转移和分散风险,但是为了获得理赔,投保人通常需要提供一系列复杂的材料,而且要处理相当繁杂的理赔流程。在具体的保险理赔业务中,通常需要专业的理赔人员来检查索赔材料是否完整、收集具体理赔信息、确认损失范围和计算理赔金额。复杂的理赔流程不仅增加了保险公司的营运成本,还极大地影响了保险公司的理赔效率,从而影响了投保人的理赔体验。

智能合约作为区块链技术的主要特征,依靠其去中心化、不可篡改数据、自动执行等诸多优点,可以十分完美地完成保险自动理赔业务。"区块链+保险"模式通过智能合约功能可以实现对保险交易对象与交易流程进行编程控制,当所设定的条件到达时,保险公司会自动将理赔金打入投保人指定账户,同时自动消亡保险合同。将区块链技术运用到保险理赔业务中可有效降低保险公司的执行成本与监督成本,可有效减少保险理赔时间。"区块链+保险"的理赔模式全程无须人工操作,全部流程都由计算机独立完成。此外,"区块链+保险"的自动理赔应用可以提升保险公司的运行效率,实现自我管理,有效提升客户满意度。比如,将"区块链+保险"自动理赔模式应用到航空飞行延误理赔中,通过保险公司与航空公司飞行时间计划表的对接,让事先设定好的智能合约判断此次航班是否延误与延误程度,从而自发地发起理赔,而不需要投保人的主动申请。此种理赔方式将大幅度提升保险公司理赔效率,降低理赔时间并提高客户的满意度。

4. 区块链技术在反保险欺诈环节的场景应用

传统保险行业属于信息严重非对称行业,投保人与保险公司双方均存在欺诈可能。投保人在投保时有可能刻意隐瞒自身信息或者编造虚假信息以骗取保险金,对保险公司造成损失;而投保人也可能受到保险公司的虚假宣传购买了保险产品,在发生理赔时,由于保险条款的原因而无法获得赔偿,从而遭受损失。保险欺诈行为不仅可能侵占保险公司的利润,还可能损害投保人的合法权益。因此,保险行业需要建立一个具有公信力的平台,以获得保险公司与投保人双方的信任。

以区块链技术为基础建立的"区块链+保险"平台可有效解决保险双方的欺诈行为(见图13-2)。具体而言,保险公司在营业之前必须要在区块链系统中进行注册并上交保证金,遵守国家保险政策,如果产生违规情形,不仅要受到银保监会的惩罚,还会被没收保证金。同时,投保人在投保时可以在区块链系统中查询该保险公司的经营状况、信誉业绩等基本信息,以供参考。同样,"区块链+保险"平台也将与政府信用系统相连,得到潜在投保人的信用信息,以核实投保人的信息真实性。此外,区块链中的各保险公司可以组成一个区块链保险联合体,创建一个封闭性的保险生态系统,彼此监督其经营合规性,以保证保险行业的健康发展。

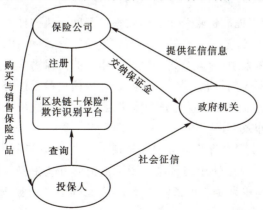

图13-2 "区块链+保险"欺诈识别平台示意图

5. "区块链+保险"构建保险行业生态平台应用

由于传统保险行业的保险产品种类繁多,即使在市场上存在众多相似的保险产品,但是其收益率、附加条款以及理赔条款等不同,使得客户难以做出购买抉择,极大地降低了客户体验,不利于保险行业的健康发展。而将区块链技术作为底层构建基础的"区块链+保险"生态平台可有效解决当前保险市场产品杂乱无章现象,提升保险行业的服务水平。如图13-3所示,各保险公司在区块链系统中注册信息,共同组建一个"区块链+保险"生态平台。该平台不仅可以为客户提供所有保险公司产品基本数据并进行对比,供客户进行选择;同时该平台还具有积分共享功能,客户的每一元钱可以代表一个积分,客户所拥有的积分可以随时进行提现、系统内转账或者赠予,方便客户的购买行为。

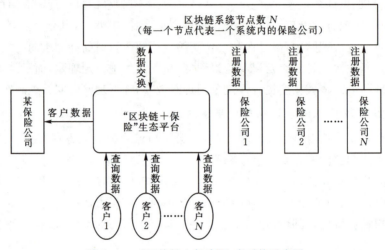

图13-3 "区块链+保险"生态系统示意图

13.2.2 区块链应用保险业的优劣势分析

对于保险行业而言,区块链技术从本质上可以解决其备份、安全、性能、存储、容灾等问题。需要注意的是,区块链技术在保险行业的应用将是一个长期的过程,区块链技术依赖于网络效应与确定的监管条件,并且需要对区块链技术在保险行业应用的优点及局限性有充分的了解。

1. 区块链技术在保险业应用中的主要优势

(1)区块链技术有助于提高保险公司运作效率。借助区块链技术中的智能合约核心技术,搭配互联网云计算技术,可以建立完全智能化的新型销售管理体系,大幅提高保险公司的运作效率。在新型销售管理体系中,保险公司的产品与用户的投保需求将进行智能匹配,通过大数据和互联网云计算技术深入剖析客户的投保需求,并为用户推荐最合适的保险产品。同时,根据保险合同条款和费率标准准确迅速地完成保费结算,彻底解决费用清算与理赔困难等问题,大幅提升保险公司的运作效率。

(2)区块链技术有助于提升保险业务的安全性。首先,区块链技术通过加密算法实现了对客户信息的保护。目前世界上使用的区块链隐私保护的方式主要有混币、环签名、同态加密以及零知识验证。零知识验证是一种密码学技术,在无须泄露数据本身情况下证明数据是真实的,以实现信息数据的交易。

其次,区块链技术可以互相串成"链条"防止数据被篡改。区块链技术的结构性特征意味着其具有防篡改和防伪造性,它的每一个节点都保存着所有交易信息的副本,如果想要修改区块链中的账本记录,需要同时修改半数以上的数据才能实现。区块链上的数据和参与者的数量是庞大的,修改的成本不仅很高,而且难度也很大。如若少数节点的信息被恶意修改了,其他节点也都具备验证账本真实性的能力,且未被共识的信息节点会自动更新和进行维护,保证信息数据的完整程度与可信度。因此,区块链数据的不可篡改性与自动修复性,能够保证保单的真实性。

最后,区块链技术的分布式存储保证账本一致性。分布式存储是指数据分散地存储在全网络的多个节点上,每个节点都是对数据完整的存储和备份。就算出现保单操作失误或者是被篡改伪造的情况,客户的保单也可以在其他节点的交易副本中进行查询。

(3)区块链技术有助于缓解保险业务的信息不对称问题。客户与保险公司之间的信任问题一直是制约我国保险行业发展的重要问题,一方面是保险公司在保险产品销售过程中容易存在销售误导、保险条款不透明以及事故发生后赔偿难等问题;另一方面是客户利用信息不对称而存在的骗保现象等。区块链技术通过数字化合同将信誉变成一个具有可管理的属性。因为区块链技术提供了公共的分类账,分散式数字存储库通过提供完整的历史记录,可以独立验证客户和事务(如索赔)的真实性,因此保险公司可以轻而易举地发现赔付过程中是否存在重复交易或者是否存在可疑交易当事人的交易。

(4)区块链技术可以使保险行业运营成本大幅降低,被称为天生的"记账专家",且赔偿标的价值可以追本溯源,并实现永久性审计跟踪。

(5)区块链可提高产品开发的广度与深度。由于区块链数据的开放性,行业间在合规的前提下,可实现数据共享、产品的快速迭代和演进。

(6)区块链可提高资金的配置效率。柔性赔付机制可以使保险公司更好地分布存量资金,提高赔付的精准度。

2. 区块链技术在保险业应用中的主要劣势

对于区块链技术的未来发展及应用,各监管机构从最初的态度暧昧到近几年来的认识普及,逐步认识到了区块链技术的价值,并在政策层面逐步引导和推动区块链技术的发展,拓展了区块链技术在保险行业的应用前景。从当前的情况来看,区块链技术在保险领域的场景应用,主要面临着以下三大痛点:

(1)专业技术人才极度短缺。世界各地的研究机构对于精通区块链技术的专业人才需求在近几年达到了爆发式增长,而人才供给却远远无法满足市场需求。一方面,目前区块链技术现有人才保有量少,而各大高校和科研机构却没有足够的专业人才输出。当前区块链技术的从业人员,绝大多数都是人工智能或者计算机开发方面的技术人员通过后续学习而来,这批人员早已被各大公司抢先聘用,市场里的剩余人才数量极少。另一方面,许多从事保险行业的区块链专业人才只是具有专业技术背景,缺乏保险行业相关专业知识和工作经验,在保险领域具体环节的区块链技术应用研发中面临着巨大的知识瓶颈。

(2)技术研发推广成本较高。区块链技术作为一种新兴的技术,在产品研发初期,保险公司由于缺少相关人才储备和技术积累,使得保险公司在建立技术研发部门、引进相关设备、开发测试平台以及培养专业技术人才等方面都需要投入巨额的资金。同时,在产品研发的过程中,保险公司可能还需要承担会发生的沉没成本和机会成本。由于新兴技术产品的研发周期长,且科学技术发展日新月异,保险公司在未来收益不确定的情况下,需要投入的研发成本极为高昂。在产品推广运营阶段,保险公司还需要借助大量宣传手段获取用户信任,引导用户接受新兴产品,由此产生的销售费用也是保险公司将要承担的额外成本。

(3)法律监管体系尚未完善。区块链技术为保险行业的转型发展注入了新的动力,但同时也带来了新的问题。区块链技术在我国保险领域的应用仍处于发展初期,相关法律体系尚未完善,行业之间缺乏统一的技术标准,技术应用缺乏有效监管。区块链技术以其去中心化特征避免了传统经济中的许多矛盾,但是也带来了主体信息不透明和不明确等问题,匿名化的技术特征极大地增加了监管审查难度。随着区块链技术不断发展成熟和去中心化技术理念广泛传播,传统保险公司与区块链技术平台之间的界限会日趋模糊,监管机构难以对其实施有效监督。区块链保险业务一旦遭到黑客技术攻击,会导致客户个人信息泄漏事件,区块链技术在保险行业的应用将会备受质疑,整个区块链技术体系也将受到较大的负面影响。

13.3 应用案例

13.3.1 民生保险理赔项目 POC

2016 年民生保险开展了区块链理赔 POC(proof of concept,概念验证)项目,如图 13-4 所示。POC 项目基于理赔理算流程及规则,模拟了基于关键假设依赖的目标理赔业务场景,验证了使用区块链智能合约和存证技术实现线上自动理赔的可能性。

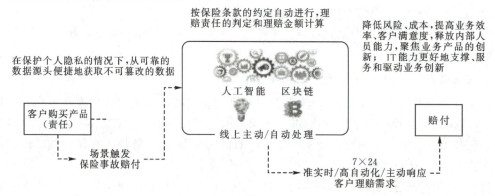

图 13-4 理赔 POC 项目的理赔场景

POC 项目主要有两个目标,第一个目标是希望客户能够清楚自己所购买的保险产品的优势,第二个目标是可以把客户的信息匿名共享,从而更有利于信息交流。

先从第一个目标说起,传统保险业的渠道主要是线下代理人,当互联网保险兴起之后,保险推销的渠道变多了,包括利用电话、微信公众号、QQ 等渠道进行销售,但是有一些人尤其是老年人并不能对自己购买的产品有一个清晰的认识,不能排除一些推销员夸大的成分,而且保险合同的内容很多人不会认真阅读,因此投保人本人对保险产品的认知可能并不全。目前 POC 项目已经研发出客户行为存证技术和分布式匿名交换技术,存证技术将互联网保险售卖过程中推销员和客户的行为数据存证上链,确保投保过程的透明和可追溯,杜绝一些推销员欺骗的现象；并且合同信息在授权后可以随时查看，还有用户对此合同的评价信息，有助于投保人分析判断，充分认识自己所购买的保险产品。

关于第二个目标，目前保险公司的保险合同保存于保险公司内部系统中，且一般情况下保险公司之间不会共享客户信息，即使共享数据也要依靠人工流程和纸质文档，环节繁多、成本高昂。POC项目可以把与保险合同相关的所有交易数据存放在一个（或多个）区块链上，只要有客户提供的密钥就可以访问客户的数据，如图13-5所示，数据交换过程是匿名的，这样可以在保证客户信息安全的情况下共享数据。

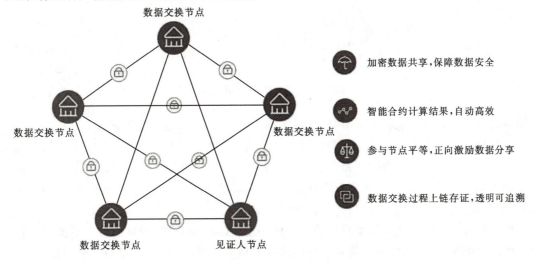

图13-5 基于区块链技术的分布式匿名数据交换方案

13.3.2 支付宝"相互保"

2018年10月，蚂蚁金服联合信美人寿相互保险社推出区块链相互保险产品"相互保"，并在支付宝页面上线。仅一周多时间，加入人数便超过千万。之所以能够取得如此高的业绩，除了支付宝带来的流量资源外，也体现出网络用户对抱团取暖、互帮互助模式的喜好。

"相互保"的规则是：假设有500万人参加"相互保"，参加的时候不用支付任何费用；每个月14日、28日为赔付日，假设某个月14日，有100人得了规定范围内的重疾病，每人赔付30万元（最高金额），需要总赔付3000万元，分摊到500万人，就是每个人6元，加上10%的管理费，每个人需要缴纳6.6元，一个月两次就是13.2元。

当"相互保"参与人数达到330万时，凭借人数基础可以实现约定互助功能。如果3个月后参与人数少于330万，项目自动终止。由此可见，该项目本来就是冲着参与者自给自足去的，其差异化优势在于利用区块链重塑信任与确权，构建公开、公平、透明的"人人为我，我为人人"的互助平台。"相互保"运作规则如图13-6所示。

从"相互保"中的实践看，区块链应用到相互保险中的优势在于以下几个方面：

一是资金流向透明。所有资金流向明细都记录在区块链上，数据不可伪造和篡改确保了数据的真实有效，监管机构、媒体、用户可随时查看和监督，避免了平台虚构互助事件套取用户资金等问题。

二是提升赔付流程效率。所有资金划转按照公开、不可篡改的智能合约执行，一旦确定就

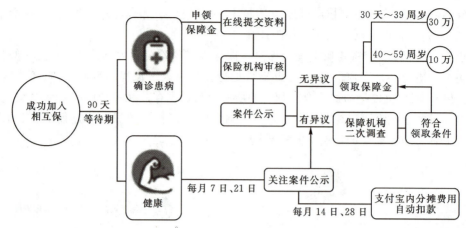

图 13-6 "相互保"运作规则

自动化精确无误执行,无法人为挪用资金或干预,从而提升了规则执行的效率。

三是提高风控水平。保险公司和投保人之间的纠纷源于对投保人信息缺乏真实可信的数据采集和存储手段。用户数据本来就是支付宝的传统优势,如果将芝麻信用评分符合要求的用户纳入"相互保",用户行为数据存储在区块链上,赋予其数字身份,加之数据真实可信,无法篡改,实时同步,终身有效,必将极大地提高风控水平。

四是提升用户体验。这是支付宝的核心优势之一,在"相互保"设计中可以看到很多注重用户体验的细节,比如保障金及管理费分摊通过支付宝自动扣款,用户无须额外充值,避免后续多次充值造成用户流失问题;零门槛加入,迅速扩大芝麻信用评分符合要求的目标客群;全流程引入区块链技术,保证了大病互助保障的透明、公正。

13.3.3 区块链保险联盟:再保险平台

B3i 全称为 Blockchain Insurance Industry Initiative,即区块链保险联盟,是 2016 年 10 月由瑞士再保险、德国安联、慕尼黑再保险、荷兰全球人寿和苏黎世保险公司联合发起的。2017 年 1 月,B3i 扩展到 15 家公司,参与成员均为保险行业和再保险行业的主要参与者,在国际再保险市场上占有超过 50%的市场份额。2017 年 4 月至 2017 年 9 月,来自 B3i 会员公司的相关人员组成了一个团队专职研发了一款产品——Property Cat XOL 合同。Property Cat XOL 合同是一种分布式智能合同管理系统,其底层技术是 Hyperledger,该平台在短期内的重点在于处理最先进的分布式账本上的再保险合同管理。

1. 再保险平台交易内容

B3i 第一阶段的区块链产品是以区块链技术驱动的再保险交易平台。针对再保行业高度中介化、运营成本高和信息无法实时更新等痛点,B3i 提出通过分布式账本技术(区块链),让再保险各个交易方维持同一本交易账本,减少交易方之间重复对账的工作以及减少保险和再保险企业对中介的依赖度,降低再保险行业的交易成本,提高再保险交易效率。仅从财务核算效率角度出发,再保险交易的财务核算一般需要 10 天以上,区块链技术能将这个时间缩短至 5~10 分钟。

在采用分布式储存技术的再保险平台中,允许分保人直接或通过经纪人在给定规格(业务类别、可扣除额度、限额、预计标的溢价、利率、最低存款溢价、分期付款计划、经纪佣金等)内请求报价。分保人、经纪人和再保险人在平台上进行交互,直至签署合同。这一过程也可用于处理后合同的结算。

另外,B3i再保险平台数据标准参照美国国际保险信息化标准协会标准,对数据结构、保险合同、再保险合同、合同实施、合同执行、信息加密等进行了详细规定。此处以创建再保险合同为例,初级保险公司(出单人)发起再保险需求分为三步。

第一步是创建再保险交易意向合同,填写基本信息。初级保险公司在创建的合同内要填写合同名称、合同的类别业务(如健康险等)、生效日期、失效日期、是否需要中介协助该再保险需求、挑选合作的再保险中介公司和再保险公司等。填写完成之后,在合同页面中会显示初级保险公司、再保险经纪公司和再保险公司的基本信息(地址、电话)。

第二步是完善再保险交易合同的详细信息。初级保险公司在创建完合同后,需要填写具体的合同条款,比如有限责任或者是无限责任、再保险的覆盖率(即每家再保险公司承担的责任结构比例是多少等)。

同时,再保险交易平台内设有标准化的费率计算模型,保险公司只需输入预计保费收入、保费的支付方式和支付比例,交易的费率就能自动计算。

第三步是审核合同信息。当合同信息填写完后,再保险交易平台会自动总结创建的合同信息,并让保险公司进行审阅和确认,具体的信息如保额、免赔额、再保公司名字、留存金等。信息确认无误后,保险公司可以将创建好的再保险合同发布到平台上。

2. 再保险平台的交易数据结构

为了防止泄露信息,B3i再保险交易平台将数据结构分成三层:完全私有数据库、加密通信数据库和主数据库(公有加密的共享数据)。每个组织都有一个完全私有数据库,用于存储他们自己的合同要素和数据。每个组织所有的私有数据信息不和第三方共享,主要涉及的是合同架构的投入和产出,如在什么情况下进行支付,不同利益方之间的详细合同条款等。所有组织还参与以下两个共享数据库:

(1)加密通信数据库。这部分数据是指经过加密通道的通信数据,并存储用于同意私人组织分类账状态的通信。只有对应的参与主体可以看到通信的内容,可能涉及具体的合约细节、定价模型等。加密通信不仅能反复地交换信息,还能实现智能化的操作。如德国安联向瑞士再保险发出了理赔指令,再保险平台系统会自动识别涉及的是什么类型的合同,在这个合同中,哪些公司是参与在内的。如果合同中包括了赔付责任,平台会自动计算各方的理赔责任金额,并发送消息提示再保险公司进行赔付。

(2)主数据库。主数据库的内容是公开共享的,会在联盟链内节点保存备份。在再保险业务执行中,参与交易的各方需要相互交换主数据,这些数据包括如何描述合同周期及合同的不同周期需要怎么分步执行,以及在不同的环节中,怎样从一个环节触发进入下一个环节。同时,公司的架构、公司的信息这些结构性的数据也包含在主数据库内。以分出人(初级保险公司)向再保险公司上报理赔要求为例,主数据的交换包含了这个保险合同是哪个合同,这笔交易的时间、合同号,以及初级保险公司是哪些保险公司等。

总体来说,整个再保险交易平台的数据结构实际上是一个分布式的总账,通过分享同一个分布式总账系统,确保数据存储的私密性,确保每一次的交易核心都得到记录,且不泄露交易参与主体的数据信息。

3. 再保险平台的功能

保险机构和再保险机构能在 B3i 再保险平台上建立初步的再保险交易电子合同,并在平台上对合同进行进一步的修改和完善。修改后的合同会自动备份到联盟的各个节点上,参与交易的各方可以第一时间看到更新后的合同。同时,参与交易的各方可以利用电子签名技术在平台上对合同进行签署,简化合同签署流程(详见图 13-7)。B3i 再保险平台搭载了区块链智能合约技术,能实现预存保费核算和理赔自动核算的功能。

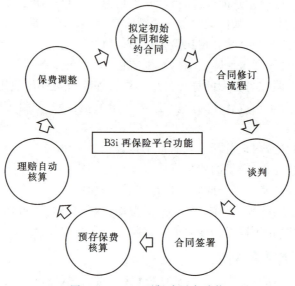

图 13-7 B3i 再保险平台功能

但是,B3i 再保险交易平台尚未实现谈判和保费自动调整这两项功能,这主要是由于谈判和保费调整需要很多保密性信息,如定价的模型、保险合同的具体条款等,同时这两个环节也涉及了很多非标准化的流程,使用智能合约技术实现交易的自动化操作还存在一定的障碍。

总体而言,区块链技术能够对所有保险企业的核心竞争力起到一个推动的作用。它是整个保险行业改变商业模式的一个触发点,这种新型的模式会给保险公司、再保险公司、保险经纪人、保险代理人等带来增值,能有效地评价风险,对风险进行定价,创造保险市场的智能产品。

本章小结

我国的保险行业经历了开端、恢复和高速发展三个阶段,目前正处于转型发展的关键节点,本章梳理了传统保险行业在发展过程中面临的困境,风险定价难以实现、渠道费用居高不下、理赔效率低及保险欺诈等问题亟待解决。而区块链技术的高效透明、安全可靠、成本低廉的特点能够在保险产品设计、保险理赔和反欺诈等环节得以广泛运用,有助于提高保险公司运作效率、提升保险业务的安全性、缓解保险业务的信息不对称、降低运营成本、提高产品开发的广度与深度及提高资金的配置效率。另外,对于保险业来说,区块链技术的应用还存在一些痛点,如专业技术人才极度短缺、技术研发推广成本较高及法律监管体系尚未完善等。未来,随着区块链技术在保险行业的应用趋于成熟,将在提质增效、降低成本、不断挖掘新市场、探索新领域等方面发挥重要作用。保险业在应用区块链技术时,既应看到区块链技术的优势,也要看到区块链技术对保险业的负面影响,尽量规避区块链技术的应用风险。随着区块链技术的日益成熟,将会有更多的技术应用到保险行业,推动保险业的发展,未来"区块链+保险"模式的发展空间巨大。

思考与练习

1. 简述中国保险行业的发展历程。
2. 简述传统保险行业在发展过程中面临的主要问题。
3. 传统保险业理赔效率低的主要原因有哪些?
4. 区块链技术对农业险、品质险以及相互保的改进分别表现在哪些方面?
5. 简述区块链技术在保险销售环节的应用场景。
6. 简述区块链技术在保险理赔环节的应用场景。
7. 简述区块链技术在反保险欺诈环节的应用场景。
8. 简述区块链技术在保险业应用的主要优势。

第 14 章　区块链+征信

> **引例**

近两年来,一种全新的"分享经济"模式——数字租赁逐渐兴起。与其他服务行业不同,数字租赁行业发展的核心是,服务商和用户需要共同遵守契约精神、保障产品质量。因此,也出现了如坏账多、获客难、资金成本高等特有的行业问题。针对这些问题,支付宝凭借芝麻信用、区块链等专有能力,以支付宝小程序为商家对消费者的载体,有效帮助服务商和商家解决了行业难点。

现代金融体系的运转,离不开信用的支撑。征信作为信用体系中的关键环节,奠定了金融信用风险管理的基础。大数据时代来临,互联网金融兴起,面临新形势,传统征信业中信用信息不对称、数据采集渠道受限、数据隐私保护不力等问题愈加严峻。区块链以分布式存储、点对点传输、共识机制与加密算法等技术,屏蔽了底层复杂的连接建立机制,通过上层的对等直联、安全通信和匿名保护,加速打破"信息孤岛"的行业坚冰,加快各行业信用数据的汇聚沉淀,加强用户数据的隐私保护,以低成本建立共识信任,以新模式激发行业新业态、新动力,在征信领域有着广阔的发展前景。但是,区块链也存在私钥丢失或泄漏,以及对用户数据"被遗忘"、现有信息系统管理建设条例和征信监管体系等不适应的问题,区块链应用于征信领域的实践之路任重而道远。

经过几十年的发展,征信活动对西方发达国家信用环境的建立起到了强有力的支撑作用。相比于西方发达国家,我国征信行业发展较晚,且我国征信行业以公共征信为主、市场化征信为辅,行业发展也存在多方面的问题。另外,发达国家逐渐形成的各种征信模式在发挥其优势的同时,也存在着一些局限和不足。在借鉴国外征信行业经验的同时,如何实现多种征信模式的优势互补、为我所用,一直是我国征信行业的热点话题。近年来,随着区块链技术的飞速发展,区块链技术为我国征信行业的业务模式优化提供了新的思路。凭借区块链技术的独特优势和发达国家的征信经验,或许在不久的将来,我国征信行业会发生巨大的变革。

14.1　征信行业的发展现状与困境

14.1.1　征信及其工作范式

1. 征信的定义

自 2022 年 1 月 1 日起施行的《征信业务管理办法》对征信业务的定义为:"对企业和个人的信用信息进行采集、整理、保存、加工,并向信息使用者提供的活动。"综合学术界对征信的定义和征信机构主要从事的业务,本书将征信定义为:"依法采集、整理、加工、存储行为主体(自然人和社会组织)信用信息,并向需求者提供信用信息查询的信用服务活动。"

2. 征信的工作范式

根据征信的上述定义和实务操作,征信的工作范式可由逻辑相连的五个工作环节表达:信息采集、信息整理、信息加工、信息存储和信息服务。

(1)信息采集,即通过各种渠道、方式和方法收集行为主体信用相关的信息。

(2)信息整理,即将采集所得信用相关信息进行分类、核实、校正的活动。

信用信息的分类,就是根据信息的共同属性或特征进行归并、区分。信用信息的分类由于依据、目的和方法不同而多种多样。按信用信息的内容性质不同,行为主体的信用信息一般可以分为身份信息、特征信息和行为信息,行为主体的信用信息主要隐含在其特征信息和行为信息中。

信用信息的核实,主要是对信用信息的真实性、准确性进行审查和求证,一般分为信息的逻辑核实和事实核实。前者以行为主体的整体信息内在逻辑及其合理性为核实依据,后者以事实调查及其结果为核实依据。

信用信息的校正,主要是对信用信息进行基于真实性和准确性的修正,一般分为数据源交叉校正和元数据校正。前者为用来自不同数据源的数据交叉比较、印证和修正信用信息,后者为借助于元数据对信用信息进行直接对照修正。

(3)信息加工。信息加工一般指对信用信息的初级加工,如对行为主体主要信用信息的汇总并出具信息报告、依据行为主体违约和守约情况对行为主体进行简单信用评价并出具相应信用报告等。有些征信机构也从事更加专业和具有深度的信用分析和评价业务。

(4)信息存储。建构、运行信用信息数据库以实现信用信息的存储和便于社会查询。

(5)信息服务。信息服务主要指为社会提供信用信息的服务,包括向社会提供信用信息的查询,出具或发布简明的信用信息报告和信用评价报告等信息共享服务。

14.1.2 传统征信模型

1. 国际征信模型

迄今为止,包括发达国家和发展中国家在内,世界范围内主要存在着三种不同的征信模式,即以美国为代表的市场化征信模式、以欧洲国家为代表的公共信用信息征信模式和在日本、巴西等国家发展起来的行业合作式征信模式。

1)以美国为代表的市场化征信模式

市场化征信模式是在征信环节以私营企业为征信主体,政府对征信业务不加干预,只负责制定相关的法律、法规和政策,让私营征信主体自由竞争,优胜劣汰。

美国消费者信用信息征信机构是向需求者提供消费者信用报告的机构,其基本工作是搜集消费者的信用记录,制作消费者信用调查报告,并向使用者有偿提供信用报告。消费者信用调查报告在金融机构对消费者授信过程中起着非常重要的作用,决定着是否向消费者提供信用支持以及以多高的利率水平提供信用支持。在信用消费非常普及的美国,消费者信用调查报告获得了金融机构和消费者双方的高度重视。

经过长时间的市场竞争,优胜劣汰,目前美国形成了三家规模庞大的消费者信用信息征信机构,即益百利公司(Experian)、全联公司(Trans Union)和艾可飞公司(Equifax)与两千多家小型消费者信用信息征信机构并存的局面,它们各自满足着不同的市场需求,共同促进美国消费者信用体系的发展完善。三家大型征信机构的信用信息全面、准确,更新及时,权威性高,衍生服务种类多,服务质量高,服务对象包括银行、财务公司、保险公司、制造商、零售商、公用事业公司及联邦政府机构等,而且三家大型征信机构的设备高端,率先尝试先进技术,尤其是与信息采集、储存、加工、传送等有关的新技术往往都很快地在征信机构中得到应用。大量的小型征信机构主要从事地方性信用事务的相关业务,通过搜集本地区消费者信用资料为本地区及外地区客户提供服务,其主要业务是向客户提供记录消费者还款历史的信用报告、来自司法机关及其他方面的公共记录、按一定规则整理的信用数据以及各类消费者的信用评分。

2)以欧洲国家为代表的公共信用信息征信模式

在公共信用信息征信模式下,信用信息的采集是由公共信用信息系统进行的。1992年,欧洲中央银行行长委员会将公共信用信息系统定义为:一个旨在向商业银行、中央银行以及其他银行监管机构提供有关公司和个人对整个银行体系负债情况的信息系统。欧洲的公共信用信息系统通常强制央行监管之下的所有金融机构必须参加,在奥地利、法国和西班牙,参加机构扩展到财务公司,在葡萄牙还扩展到信用卡公司,在德国扩展到保险公司。

欧洲各国公共信用信息系统具有如下特点:

第一,从机构组成和主要职能看,它主要由各国的中央银行或银行监管机构开设,并由央行负责运行管理,目的是为中央银行的监管职能服务。

第二,从信用数据的获取看,公共信用信息系统强制性要求所监管的所有金融机构必须参加该系统,必须定期将所拥有的信用信息数据报告给该系统,但并不搜集所有的贷款资料,而只是在一个规定的起点上搜集信息数据。

第三,从信息数据的范围看,公共信用信息系统的信用数据既包括企业贷款信息,也包括消费者借贷信息;既包括正面信息,也包括负面信息。与市场化的征信机构相比,该系统的信用信息来源渠道要窄的多,如它不包括非金融机构的信息,对企业地址、所有者名称、业务范围和损益表,以及破产记录、犯罪记录、被追账记录等信息基本不搜集。

第四,从信用数据的使用看,许多国家对数据的使用有较严格的限制,数据的提供和使用实行对等原则。

第五,信用信息透明度高。各国都通过法律或法规形式对征信数据的采集和使用作出了明确规定,一般来说,采集和共享的信息包括银行内部的借贷信息与政府有关机构的公开记录等,同时,由于信用信息包括正面数据和负面数据,各国对共享信息的类型通常都有规定,一些国家如西班牙限制正面信息的共享。

随着并购浪潮的开始,欧洲部分征信机构已开始重新洗牌。美国20世纪90年代开始的征信机构合并的浪潮蔓延到了欧洲,美国三大征信机构在欧洲进行了广泛的收购,甚至将一些全国性征信机构划归账下。因此,欧洲的征信体系越来越具备美国征信体系的特点。

3)行业合作式(industry-scope cooperative)征信模式

行业合作式征信模式有时被称为行业协会模式、行业会员模式等,主要是指采用各种形式并借助某一行业的力量,在行业内部征集信用信息,信用信息可以在会员或相关组织之间共享。这种模式主要存在于日本和巴西,是非常有特点的征信模式。

(1)日本依托行业协会的信用信息征信情况。日本征信体系及其产业的发展与日本的信用消费发展是同步的,在其发展过程中,行业协会发挥了很大作用。目前日本消费者信用信息征信体系呈现"三足鼎立"的态势,即全国银行消费者信用信息中心、株式会社日本信息中心和株式会社信用信息中心,其他征信机构的实力和规模与这三家机构相比存在着明显的差距。

全国银行消费者信用信息中心是由东京银行协会建立,按地区范围提供会员服务,后随着消费者融资市场的快速发展,其他24个银行协会也逐渐加入,最终于1988年成立了整个日本银行消费者信用信息中心,信息数据库实现统一运作和管理。

株式会社日本信息中心是由日本信用信息中心联合会管理,由作为其股东的全国33家信息中心组成,每个信息中心都是独立的公司,各地区的消费金融公司是其会员股东。该中心成立以来,为保证消费者信用信息的准确和及时,每年进行信息更新,同时还雇佣大量的调查员、分析员为客户提供电话信息咨询服务和搜集、整理官方报刊发布的破产公告等信息服务。

株式会社信用信息中心是向商业信用授信机构(赊销厂商)提供消费者信用调查的消费者征信机构,业务量在日本消费者征信体系及其产业中是最大的,其前身包括以汽车系统和流通系统的信用卡公司为中心的"信用信息交换所"和以家电系统的信用公司为中心建立的"日本信用信息中心"等,其会员主要是由各信用销售公司和信用卡公司组成。同时,与其他信用机构相比,株式会社信用信息中心在信息的管理和安全保密方面也很有优势。

上述三家机构与加盟全日本信息联盟的33个信息中心共同出资,于1987年3月建立了消费者信用信息网络系统,其目的是在不同机构间共享变动信息、公共信息和个人申告信息等的负面信息,防止发生多重借债等恶性个人信用缺失问题。消费者信用信息网络系统的建立,标志着日本形成了消费者负面信息共享机制,是日本消费者征信体系完善的一个标志性举措。

(2)巴西的信用信息征信情况。在巴西的征信体系中,西若莎(Serasa)和斯派克是两个非常重要,且极具特色的机构,也是巴西第一、第二大征信机构。其中,西若莎的模式可以称为共同持股型的行业合作模式,斯派克的模式可以称为行业协会主导型的行业合作模式。

西若莎是由巴西几乎所有银行共同参与组建的征信机构。1968年,西若莎由巴西当时的三个主要银行共同组建而成,后来,随着其业务的发展和规模的扩大,其他主要银行也陆续加入。除了法院、税务机关、出版物等常规性来源外,西若莎的主要信息来源有两个:一是持股银行直接提供的信息,二是其他信用信息数据库提供的信息。

斯派克是由巴西的零售商协会主办的一个非营利性征信机构,是由分布在全国130多个城市的基层机构联结而成的一个网络,其成员用户包括商业批发业、零售企业、制造业企业、信用卡公司、消费信贷公司等,范围覆盖全国。

负面信息共享与专业优势是斯派克的主要竞争优势,也是其开展业务的主要基础。斯派克的产品主要是信息类的,较少做深加工,这是与西若莎的不同之处,也是由斯派克的信息内容和特点决定的。信息加工程度不够使斯派克很难开发多种类的信用信息产品和服务,也影响了其发展前途。

2. 国内征信模型

十多年前,中国人民银行组织银行业金融机构建成了我国集中统一的企业和个人征信系统,在国务院发布的《征信业管理条例》中,这个征信系统被定位为国家金融信用信息基础数据库。运维这个基础数据库的实体机构是中国人民银行征信中心。目前接入中国人民银行征信中心的机构,除银行业金融机构外,还有部分证券业金融机构、保险业金融机构、融资担保机构和小额贷款公司等,基本做到了在全国范围内持牌金融机构放贷业务的全覆盖。

近些年来,国家大力支持征信业发展,形成了央行及政府平台为主导,市场化征信机构为辅高度集中化的征信体系,央行征信系统依然处于核心地位,地方性法人企业征信机构不断备案成立,"百行征信"个人征信业务牌照的授予打破了个人征信业务由政府主导的局面。目前国内主要有以下三类征信模型:

1)以中国人民银行征信中心为代表的中心化模型

中心化模型下,业务机构产生的主体信用信息主动报送数据中心,数据中心对数据合并整理后,对外统一提供数据服务。数据化中心模式主要有以下三个特点:第一,业务机构主动上报提交数据;第二,业务机构收集的是标准化、相对单一的主体信用数据;第三,数据中心一般是行政化运作、市场监管的产物。

2)以"百行征信"为代表的第三方中心化模型

以"百行征信"为代表的第三方中心化模型,充分利用其股东所掌握的消费、贷款等记录数据,进行统一管理。同时,对主体的信息进行采集、加工和整理,使用特定的模型得出主体信用,然后向授信机构提供服务。

3)以当前各互联网公司信用分为代表的中心化模型

当前互联网公司都是使用自家业务系统的数据来做评分,此种评价模型实质上是一种累加模型,其模型表示如下:$R_n = R_{n-1} + r_n, r_n \in \{-1, 0, 1\}$。其中,$R_n$、$R_{n-1}$ 分别表示用户截至第 n、$n-1$ 次交易之后所获得的信用得分。$r_n \in \{-1, 0, 1\}$ 表示{差评,中评,好评},即当用户获得"差评"时,在原来信用积分的基础上加上"-1"分;当用户获得中评时,在原来信用积分的基础上加"0"分;当用户获得好评时,在原来信用积分的基础上加"+1"分。为展现模型,此处仅以"1"来做参数值,实际模型中参数值不一。例如淘宝网中,3个好评才能抵销1个差评。

此评价模型能够较直观地呈现出交易者的信用积分并且操作起来也较为方便简单,在一定范围内为交易双方提供了信用参考。但是由于没有考虑到交易金额大小,导致用户刷信用行为泛滥,刷客可以在短时间内制造大量虚假交易,使得诚实交易者不能在一个公平的交易环境中竞争。由于刷信用、刷差评这两种行为的普遍存在,此模型很难反映交易者的真实信用状况。

14.1.3 传统征信体系存在的问题

传统的征信模式是通过若干权威征信机构搜集、处理和发布个人和企业的信用信息,这些权威机构是征信网络的中心。我国的征信体系属于政府主导型,以央行为中心的公共征信为主,以市场为导向的征信作为重要补充。我国传统的征信行业体系结构如图14-1所示。中心化的征信体系依赖大量的金融中介机构搜集信用信息,信息维护成本高、传递链条长、更新修正信息速度慢、数据冲突或不一致的概率高,具体表现如下:

1. 征信数据权属无法清晰界定

确定征信数据的权属并非易事,这其中会涉及技术标准、商业规则以及法律规定等。在征信数据产权不够清晰的情况下,拥有征信数据的主体根本没有动力将其拥有的征信数据分享出去,因为将征信数据分享出去会给其自身的利益带来损失。同时,在无法确定和保护征信数据产权的情况下,征信数据一旦被出售就立即会出现该征信数据被倒卖无限次的风险,这会使得该征信数据的市场价值随着供应量的不断上升而逐渐下降。

虽然目前信息技术飞快发展,但至今征信数据的所有权和控制权仍然无法清晰地得以界

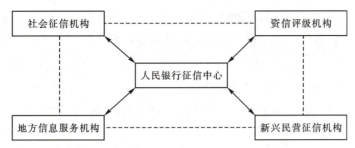

图 14－1 我国传统的征信行业体系结构

定。即使征信数据的权属目前并不能够清晰界定,但应该赋予征信数据五个最为基本的权利。第一个基本权利是征信数据的拥有权,征信数据的拥有权是指征信数据的拥有者必须享有和其他物理资产同样明确的所有权,并且该征信数据的拥有权可以在拥有者的授权下变更。第二个基本权利是征信数据的隐私权,征信数据的隐私权是指征信数据拥有者有权利规定哪些征信数据允许被披露,哪些征信数据不允许被披露,允许被披露的征信数据还可以享有规定披露到什么程度的权利。第三个基本权利是征信数据的许可权,征信数据的许可权是指征信数据拥有者有权规定哪些机构或个人有权或者无权查看其数据,同时可规定允许查看征信数据的时间段,这个权利可随时撤销或变更。第四个基本权利是征信数据的审计权,征信数据的审计权是指征信数据的拥有者也需要被审计机构监督,主要监督拥有者是否按照规范许可合法运用征信数据。第五个基本权利是征信数据的分红权,征信数据的分红权是基于数据的外部性产生的相应权利,若获得征信数据使用权许可的一方在多次使用该征信数据的过程中产生新的价值,那么该征信数据拥有者有权向数据使用者索取数据收益的分红。

2. 征信数据采集过程不当

(1)争夺征信数据源消耗大量成本。在正规化的征信市场中,采集征信数据的渠道十分有限,这导致各个征信机构在对征信数据源的争夺过程中消耗了大量的人力物力,增加了采集数据的成本。征信数据与其他行业所产生的数据有很大的区别,该区别在于征信数据涉及各个征信机构的核心利益,各个征信机构没有将征信数据放到数据交易系统中共享或者交易的动力,这使得在征信市场中能够采集客户信用信息数据的渠道十分受限。一般的征信机构主要通过自爬、与其他征信机构合作或者直接购买等各类方法,在有限的可以采集到征信数据的场景下整合信用信息数据,不断获得征信数据采集领域的发展先机。这样的征信数据采集环境使得各个征信机构对征信数据源的抢夺更为白热化,从而使各个征信机构在对征信数据的采集过程中消耗了大量的成本,造成社会资源不必要的浪费,同时征信机构势必会缩减在征信数据分析上的资金投入,在征信产品的开发上投放的资金也会大幅减少,这将直接影响征信机构所提供的相关征信产品的质量,最终会导致征信机构的权威性下降,同时信贷市场的混乱会破坏中国金融市场的健康平稳发展。

(2)征信数据采集标准不一,数据质量良莠不齐。当前,中国个人和企业征信数据采集的标准没有统一规定,同时征信产品如征信报告的模式也没有统一格式,征信机构的服务准则缺乏行业标准,这些征信指导原则的缺失直接影响征信机构采集的信用信息质量。首先,即使是同样模式的征信数据,也存在语意以及衡量度上的区别,就好像形状不一的石块很难直接垒成高楼一样,征信数据的质量会形成良莠不齐的局面。其次,原始的征信数据会存在数据缺失和数据错误等情况,更严重的会在原始征信数据中夹杂大量的无效数据甚至垃圾数据,这直接影响了征信数据的质量,所以一般情况下必须对征信数据进行筛选和清晰,否则征信数据无法正常使用。

3. 征信数据安全和隐私保护受到威胁

当前,征信的全过程越来越依赖于互联网技术,同时各类新兴信息技术的应用使得征信数据的采集量和集中度极度扩大,这必然导致对征信数据的安全保障要求更加严格,防护征信数据安全也变得十分困难,征信数据泄露的风险变大,从而使征信数据的安全和隐私保护受到威胁。而传统的征信技术框架很难解决数据安全问题,这会直接制约征信行业的健康发展。

征信数据的安全受到威胁和隐私泄露主要体现在以下几个方面。首先,在通过互联网采集信用信息、传送信用信息以及提供网络征信相关服务时,有遭到黑客攻击和电脑病毒感染的风险,此时,征信数据会被不法分子非法查询、截取甚至篡改,这将严重破坏征信机构的征信系统。如果征信数据未经允许流入征信数据交易灰色地带,会影响用户征信数据安全、征信机构安全甚至国家金融安全。征信数据被泄露反过来让更多的征信数据主体更加不愿意参与数据共享,从而使数据孤岛问题日趋严重。其次,新型信息技术使征信数据的保存方式逐渐多元化。随着大数据技术的发展,征信数据的量级呈现几何级增长,征信机构需要提高征信数据的服务器存储空间和数据处理计算能力,很多征信机构会将这些数据库扩容建设外包给技术公司,这一外包行为可能会出现外包公司的工作人员窃取泄露征信数据的风险。最后,中国征信系统的安全防护工作经验不足,征信数据泄露危机处理能力有待加强。

4. 征信数据价值无法准确衡量

在征信数据权属、征信数据安全、征信数据隐私都得以保障的情况下,征信数据才有条件被定价。

目前,征信数据已经被广泛认可为一项资产,但是征信数据的价值应该如何进行衡量和测算仍然没有定论。在对征信数据的价值进行量化时,可以从征信数据的内在价值、征信数据的绩效价值、征信数据的市场价值等多个方向进行评估,涉及征信数据数量、征信数据质量、征信数据实效、征信数据稀缺性、征信数据预期效益等多个方面,因此,可以合理配置不同维度的征信数据资产评估指标项,以达到准确衡量征信数据资产价值的目标。

5. 征信数据缺乏共享机制

数据流通不仅包括数据的交易和交换,同时也包括数据的开放和共享。征信的一个最重要的作用就是通过建立一个征信数据共享机制,以期减少信息不对称问题,从而帮助金融机构通过了解潜在借款人的信用情况来决定是否为其提供贷款。

当前我国征信行业存在征信数据缺乏共享机制问题,主要体现在各个征信机构之间没有合理有效的数据流通渠道,这导致征信机构之间信用信息孤岛问题的存在。另外,信贷机构、消费金融机构、电商平台等拥有海量信用信息数据的机构并没有发掘这些数据本身的价值。同样,金融行业之外,如法院、政府机关、电信运营商的信用信息数据也存在信息孤岛的情形。形成信息孤岛的根本原因就是征信数据的权属无法清晰界定,每个征信机构都想方设法保护自身掌握信用信息数据的安全性,所以各个征信机构没有共享征信数据的动力。同样,当前的技术水平也不能保证征信数据可以在各个征信机构之间安全的流通。所以,无论是从征信机构自身意愿还是从技术水平上,都不能满足征信数据共享的需要。

同时,我国征信系统的征信数据共享机制远远滞后于信用经济的蓬勃发展,一方面征信数据的共享深度十分不足,另一方面征信数据的共享广度也存在不足的问题。征信数据的共享深度是指借款者信用信息数据的全面性,主要包括借款者的及时还款记录、借款者的违约历史记录、借款者的信用信息来源等多个方面。征信数据的共享广度是指金融基础设施的便利性,如金融市场是否提供了征信数据流通性强、征信数据共享范围广的征信服务等。

另外,我国征信产品单一并且质量不高。目前国内征信产品认可度较高的是央行征信中心出具的个人、企业征信报告,征信产品种类单一。虽然国内企业信用评级市场取得了长足进步,但还存在较突出的问题,如企业信用评级等级虚高,评级机构评级业务拓展积极性不高,部分评级机构经营困难,信用评级结果国际认可度较低等。

目前国内征信行业持续向好发展,但目前征信体系中还是存在一些问题,这阻碍了其快速发展。而通过区块链技术与其他新技术的融合(见图14-2),在去中心化的区块链信任体系的信息安全风险将显著降低,信用信息处理成本也将显著降低,征信网络将具有高可用性、高可靠性和高稳健性。

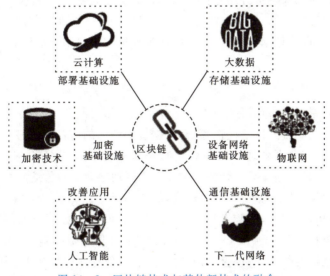

图14-2 区块链技术与其他新技术的融合

14.2 区块链在征信行业的应用优势分析

通过区块链技术提升监管机构的监管质量,同时淡化监管机构的中心作用,加强多行业间征信数据的流通,可以激发征信市场活力。基于区块链技术的征信行业体系结构如图14-3所示。

14.2.1 当前区块链在征信业中的应用场景

区块链具有去中心化、去信任、时间戳、非对称加密和智能合约等特征,在技术层面保证了可以在有效保护数据隐私的基础上实现有限度、可管控的信用数据共享和验证。针对目前我国传统征信行业现状与痛点,区块链可以在征信的数据共享交易领域着重发力,例如,面向征

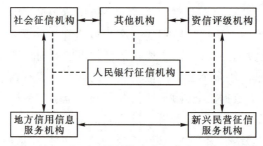

图 14-3 基于区块链技术的征信行业体系结构

信相关各行各业的数据共享交易,构建基于区块链的一条联盟链,搭建征信数据共享交易平台,促进参与交易方最小化风险和成本,加速信用数据的存储、转让和交易。

区块链技术应用于征信业的出发点主要基于两种思考:一是从线下到线上,即从当前线下已有数据库出发,利用区块链技术将数据库进行连接,从而实现数据分享,克服数据孤岛问题,属于征信机构与征信机构共享部分用户信用数据模式。二是从线上到线下,即着手建立一个以区块链技术为底层架构的新型开放式数据库,并以此创建一种新的信用生态,实现生态内信息共建共享,树立新型征信理念,属于征信机构从其他机构获取用户信用数据并形成相应信用产品模式。

1. 数据交易平台模式

数据交易平台是指各方参与者把原始数据保存在自己内部链上,自主维护原始数据,仅仅把少量的摘要信息提交到公共区块链保存,有数据查询请求的,借助区块链转发到原始数据提供方查询,这样既可以安全高效地查询到海量的外部所需数据,也不会泄露自身核心商业数据,达到双赢效果。这种数据交易平台模式主要借助区块链重要特性之一即不可篡改性,确保原始数据的可信度,形成基本的可操作的技术框架结构。

这种模式下,征信机构各方参与者是主要参与节点,既作为数据查询使用方,也作为数据提供方。具体操作流程如下(见图 14-4):征信机构 A、B 原始数据均保存在自己的中心数据库。①从中提取少量摘要信息;②通过区块链广播摘要,保存在区块链中;③征信机构 A 对用户 C 的信用数据有查询需求时,首先查询自己所在节点中公开透明的摘要信息,匹配到征

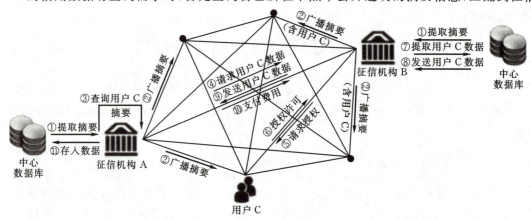

图 14-4 数据交易平台模式:征信机构间共享用户信用数据

机构 B 的摘要信息含用户 C；④查询请求用户 C 可通过区块链转发到征信机构 B；⑤征信机构 B 向用户 C 请求授权；⑥用户 C 向征信机构 B 许可授权；⑦征信机构 B 向中心数据库申请提取用户 C 的信用数据；⑧中心数据库返回用户 C 的信用数据；⑨征信机构 B 向征信机构 A 发送用户 C 的信用数据；⑩征信机构 A 向征信机构 B 支付费用；⑪将用户 C 的信用数据存入自己的中心数据库。这样，征信机构各方既可以查询到外部征信机构的信用数据，又不会泄漏自身核心信用数据。

当前，我国部分区块链技术服务公司与征信企业致力于这一模式开发，以期开拓新的征信业务。如 2016 年创建的公信宝数据交易所便是一家基于区块链技术的去中心化数据交易所，以互联网金融企业和有数据交换需求的政企部门、银行、保险、证券等行业企业为典型客户，将这些机构产生的金融履约数据作为数据交易中的主要资产，解决各个行业共享数据交换问题。同年 7 月 15 日，布比公司（区块链技术服务商）与甜橙信用（征信公司）在上海举行战略合作签约仪式，双方采用区块链技术共同打造中国首个区块链征信数据交易平台，着力解决当前在征信业中存在的数据共享不畅通、数据资源匮乏等问题。

2. 共建共享数据平台模式

共建共享数据平台是指参与者在不共享原始数据的情况下，进行多方的数据合作共建共享，将数据的潜在价值释放到最大。其中，数据都是真实有效的，无虚假记录，且无法为任何人所更改。参与者在这个平台模式下，在数据提供上实现由被动向主动转变，在主动参与中获取价值。共建共享数据平台模式中，区块链技术、分布式账本及智能合约的三位一体可以有效解决数据采集、交易达成及在区块链数据库中进行记录的问题。每个信用行为都会变成产权明晰的个人资产，个人信用信息保护问题也将以新的形式得到完美解决。同时，由于区块链天然具有的时间戳记、不可篡改等特点，不仅保证了信用记录的真实有效性，而且可以从根本上杜绝虚假、伪造信息。在此基础上，可以实现全新的信用生产及记录评估，从而建立全新的基于区块链的征信生态，甚至可以重构征信业信用评估模式。

此模式具体流程如下（见图 14-5）：①其他机构 A、B 向用户 C 请求授权；②用户 C 授权许可；③将各个环节关于用户 C 的数据进行广播并添加到区块链中，在链上显示的这些数据只有用户 C 的地址属性，并不会泄露用户隐私；④征信机构向用户 C 请求授权；⑤经用户 C 授权许可；⑥在自身节点中对这些数据进行追踪，获知用户 C 过往的贷款记录、还款记录、逾期记录、当下大致的债务情况等数据；⑦征信机构在区块链中验证得到的数据真实性；⑧返回验证结果；⑨存入中心数据库，继而对其信用状况进行分析判断。该模式中信用数据是可以多源交叉验证的，因此数据真实性有所保证，且无法被企业或者个人篡改。

目前，云棱镜在征信领域的开发逐渐得到行业认可。在 2016 年举办的微软技术大会上，云棱镜做了金融区块链应用的分享，交流了其在区块链征信业的探索经验。云棱镜将打造去中心化的征信查询、违约记录、履约情况，并提供给所有的征信用户，致力于打造全新的共享数据平台，同时，在云棱镜区块链征信系统中，个人的交易行为、信用记录、履约情况等信息通过数字加密的方式，按照生成的时间顺序形成不可篡改的记录，从而构成个人真实有效的信用凭证，用户可直接利用区块链中的真实信息进行支付交易而免于来自第三方的信用背书。

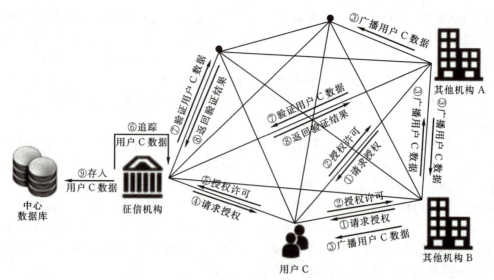

图 14-5　共建共享数据平台模式:征信机构从其他机构获取用户信用数据

14.2.2　区块链技术运用于征信业的优势分析

区块链可以帮助多家征信机构实现在数据资源不泄露前提下的数据多源交叉验证与共享,信贷客户多头负债的问题得到了根本的解决,数据交易成本、组织协作成本也将大大降低,且有利于打破行业坚冰。不仅如此,区块链基于数据确权,重构了现有的征信系统架构,将信用数据作为区块链中的数字资产,有效遏制了数据共享交易中的造假问题,保障了信用数据的真实性。基于区块链的征信数据共享交易平台,解决了传统征信业的痛点,是征信业革命性的创新。

1. 降低征信业的服务成本

通过将区块链技术应用在征信业中,征信机构采集的客户信用信息将会打破传统意义上的经济数据的范畴。在当今"互联网+大数据"的技术革新的背景下,区块链技术的出现使得征信数据被无限使用和共享。同时,区块链技术应用于征信体系还可以大幅度减少海量数据的噪声以及虚假征信数据的出现,使"互联网+大数据"下的大数据采集、保存、整理加工以及使用更加便捷,成本大幅下降,从而可以使传统征信的数据处理成本以及大数据自动化运营成本极大的降低。与此同时,区块链技术的应用与推广能够使信用评估等征信业务的全过程达到自动化运行和管理的程度,在此基础上降低了人工成本和前台后台等营运成本,而且可以使商业银行和征信机构的信用相关业务处理范畴得以扩展。

将区块链技术应用在征信业系统中,使征信机构用低成本模式扩大征信数据的采集方式,还可以减少冗余征信数据,规模化提高征信数据的有效性,而且能够删除根本没有必要存在的中介环节,提高征信行业的整体运行效率。同时,区块链还能够让信用评估全过程实现自动化管理,这可以使实体运营成本大幅降低,还可以扩大商业银行运行信用业务的规模。

2. 提高征信数据质量

区块链对数据进行注册和认证时有明确的格式要求,从而能够明确该数据的语意和度量。同时,区块链的数据溯源机制可以改善数据的可信度,让数据获得信誉。另外,多方可检验统一数据源,甚至通过给予评价来表明他们认为数据的有效性。区块链技术使数据的质量获得前所未有的强信任背书,也保证了数据分析结果的正确性和数据挖掘的效果。

3. 拓展征信产品应用场景

区块链下的可信任代码技术,让征信产品的全过程都可以动态编程,这在很大程度上提高了征信产品的创新水平,如区块链技术中的"智能合约"模式能够很好地适应各类不同的金融场景。区块链能够让征信行业深度参与实体经济的发展过程,一方面提升二者的融合度,另一方面扩展了征信产品的可应用范围,提高了征信数据资源的利用率,提升了社会的信用创造能力。

4. 实现征信数据共享

将区块链技术应用在征信业系统中能够使得各个征信机构在征信数据不泄露的基础上实现征信数据的共享,成功化解了借款者多头负债这个棘手难题。同时,征信数据交易成本会大幅减少,征信机构之间的组织协作上的资金投入会逐渐降低。另外,区块链技术应用于征信系统使得征信数据的权属得以明晰,这会重新构建起新的征信系统规则。

基于区块链的征信数据共享交易平台能帮助用户确立自身的数据主权,生成自己的信用资产。在信用确权的基础上,以用户作为数据聚合点,这些平台可连接各个企业及公共部门,进而开展用户数据授权,可以解决数据孤岛的问题,同时又确保用户隐私安全及各方源数据不对外泄露。这些平台有助于征信机构作为一个网络节点,以加密的形式存储及共享用户在本机构的信用状况,从而实现信用资源的共享共通、共建共用。

征信数据共享的实现有利于提高信用体系对金融发展的支撑作用,有利于中国实体经济的发展,减少金融体系中的违约风险和信用风险,降低全社会过度负债的程度,推动金融市场平稳健康的发展。

5. 保障征信数据安全

区块链技术的出现能够保证征信数据的安全,防止征信数据被泄露和篡改的风险。这主要是因为攻击者要攻破区块链的信息网络十分不易。区块链的各节点在全网分布式独立存在,一个节点的征信数据在受到攻击或者人为操作错误的时候不会对征信系统产生影响。只有在可以改写全网一半以上的节点的情况下,才有对征信数据篡改的可能性。所以说,一个区块链征信数据共享系统会保证全网的任何一个节点都在共同维护系统的正常运行,不会出现系统的某个节点发生异常而对整个系统产生影响的局面。只要区块链征信系统中不超过一半的节点被蓄意攻击,该区块链征信系统就能够正常运转下去。区块链技术除了可以防止征信数据被攻击之外,还可以对征信数据进行加密保护。这需要用到区块链技术中的非对称加密算法,而在征信数据储存至区块链的过程中,会经历一系列的加密算法。

14.2.3 区块链应用于征信业的道路任重道远

重构的征信系统直击传统征信业的痛点,虽然目前的应用场景主要集中在数据交易共享、打破数据孤岛方面,但是区块链在征信领域的应用前景值得期待。值得关注的是,传统征信业在征信系统和基础设施方面耗费了大量资源,传统系统与新系统的过渡和衔接存在较大的成本替代风险,区块链在征信业的实际应用也将遭遇较大的挑战。

1. 私钥泄漏或丢失将损害用户的信用资产

相比于其他技术,区块链在数据交易共享的安全性方面有天然的优势,但前提是用户私钥是安全的。与以往任何技术体系不同的是,私钥是用户自己生成并且由自己负责保管,理论上没有第三方参与。因此,用户私钥一旦丢失,便无法对原有的数字资产做任何操作。若在征信系统中遗失私钥,则用户无法为征信机构及其他机构授权,征信机构无法追溯其信用数据,也无法使用其信用数据,用户即便重新加入区块链,征信机构也无法对其之前的信用数据进行追溯,从而影响用户信用资产,造成利益损失。多重签名某种程度上能解决一部分问题,但实施起来非常复杂,而且要设计与之相配套的非常复杂的密钥管理和使用体系。

2. 用户"被遗忘"的权利与区块链无法篡改的特性存在本质矛盾

2013年3月15日实施的《征信业管理条例》第十六条规定:"征信机构对个人不良信息的保存期限,自不良行为或者事件终止之日起为5年;超过5年的,应当予以删除。"也就是说,如果采用区块链来记录个人的征信记录,也同样需要保存5年以内的信用信息,同时删除超过5年的不良信用信息。然而,区块链的结构就是依托密码学算法,实现一个环环相扣、无法删除的数据结构,这就导致了用户"被遗忘"的权利在实施过程中将遇到较大的技术挑战。因此,如何在区块链系统中确保用户不良信用信息的及时删除,仍需重点研究和实践证明。

3. 公有链的架构并不适应征信系统的等级保护规定

2013年12月20日实施的《征信机构管理办法》第三十条规定:"征信机构应当按照国家信息安全保护等级测评标准,对信用信息系统的安全情况进行测评。征信机构信用信息系统安全保护等级为二级的,应当每两年进行测评;信用信息系统安全保护等级为三级以及以上的,应当每年进行测评。"根据《信息安全技术网络安全等级保护基本要求》(GB/T 22239—2019),公有链的技术架构在物理访问控制、网络安全保障、服务性能要求、系统可靠运行等方面并不能适应国家的相关规定。从本质上说,公有链系统允许系统中的多个节点失效、退出,甚至是恶意节点的存在。因此,征信机构只能采用联盟链或者私有链的架构方式,而这两种架构方式在信任建立和模式创新等方面都有一定的权衡取舍。

4. 基于区块链的征信系统无法适应传统征信的监管体系

我国传统征信业监管体系有待完善。一方面,征信法律法规保障体系薄弱,我国征信业自2005年相继出台了《个人信用信息基础数据库管理暂行办法》《征信业管理条例》《征信机构管理办法》《征信机构监管指引》《企业征信机构备案管理办法》《征信业务管理办法》等行政法规和部门规章,虽已形成多层次制度体系,但法律效力较低,在保障和推动征信业发展方面稍显不足。另一方面,传统征信监管策略与技术管理手段落后,对征信机构监管和处罚的法律依据不足,且监管手段单一、影响力有限,已不能满足实际监管需要。而区块链匿名性与去中心化的特性也可能对传统监管模式形成一定的挑战,导致传统监管体系无法适应新形势下的监管要求。目前,可考虑将监管部门作为系统的一个节点,加入征信系统区块链中,并通过合法的手段取得监管权限,不过这种方式有待实践考究。

14.3 应用案例

目前,我国正积极将区块链技术探索应用于征信领域,包括新兴金融科技、新兴民营征信及保险在内的金融行业企业与机构,探索测试基于区块链的征信系统,意在解决传统征信业的痛点。

14.3.1 互联网金融征信平台——公信宝

1. 公信宝简介

公信宝由杭州存信数据科技有限公司开发、维护和运营。该公司成立于2016年8月,核心成员由国内外志同道合、合作多年的软件开发、互联网金融及区块链从业人员组成。公信宝于2016年将区块链技术运用到征信行业中,深度研发基于区块链技术的公信宝数据交易所。公信宝数据交易所是一个通用的数据交换平台,底层是基于区块链(公链)打造的一条联盟链,面向的典型客户为互联网金融企业、政府部门、银行、保险等。公信宝主要通过数据爬虫产品负责在用户授权下抓取用户数据,覆盖泛金融、泛电商、泛社交、个人身份等多种维度数据,为各大银行、互联网金融公司等机构提供征信基础数据服务。同时,在交易过程中,公信宝会对交易双方进行匿名处理,并实现数字资产的所有权认证以及有效遏制数据交换中的造假问题。

2. 公信宝技术结构

公信宝开发的公信链 GXChain 是一条为全球数据经济服务的基础链,旨在打造可信数据的价值网络,同时方便各类应用开发。GXChain 技术架构如图14-6所示。其数据层是区块链模型的最底层,数据层描述了区块的链式结构。GXChain 在账户模型的基础上,引入数字身份的概念,即 GXChain 上的每个账户,都可以映射到一个唯一的数字身份(称为 G-ID)上;区块、账户和数字身份,构成了 GXChain 的数据层。

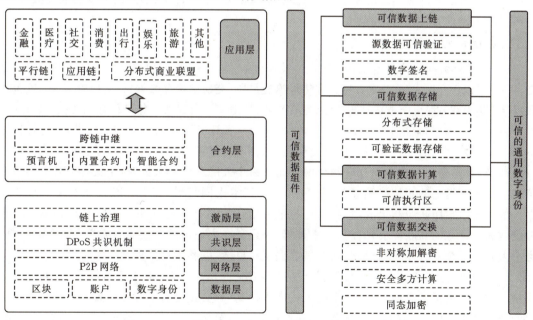

图14-6 GXChain 技术架构

GXChain 的网络是一个由全节点组成的分布式的拓扑网络,网络上的每个节点以点对点的方式相互连接,节点之间彼此对等,每一个节点都可以独立自主地验证所有的区块和交易,不存在特殊节点。P2P 网络是区块链数据层上的重要基础设施;网络层实现了节点在网络中相互发现、相互连接、相互通信的底层机制,支撑着 GXChain 区块链系统高效稳定的运转。

GXChain 使用 DPoS 共识机制来实现区块链记账和数据交换。DPoS(delegated proof of

stake)机制的中文名叫作股份授权证明机制（又称受托人机制），它的原理是让全网代币持有人进行投票，由此产生至少 21 位代表作为系统的区块生产者，我们可以将其理解为 21 个（可无限扩展）超级节点或者矿池，而这 21 个超级节点彼此的权利是完全相等的。从某种角度来看，DPoS 有点像是议会制度或人民代表大会制度。GXChain 任一出块时间仅有一个代表有权生产区块，如果代表不能履行他们的职责（在预定一段时间内未能生成区块），他们会被除名，网络会选出新的公信节点来取代他们。

激励层是公链生态非常重要的一个设定，主要负责激励发行制度和分配制度。相比于全民挖矿，DPoS 共识机制更注重的是出块节点之间的相互协作和相互监督，这样的机制使得激励层能更高效地发挥作用。

GXChain 的合约层由 70 多个内置合约、智能合约和预言机构成，并在此基础上实现跨链中继，从而使得 GXChain 能够和同构和异构链之间实现可信的跨链交互。

和传统 OSI 模型中的应用层一样，GXChain 的应用层提供了为应用软件而设的接口，同时提供多种语言的客户端封装，简化调用过程。通过应用层提供的简化跨链交互组件，可以实现 GXChain 和平行链、应用链以及分布式商业联盟链之间的链间通信。

可信的通用数字身份将是区块链世界的通行证，打通所有区块链的应用，让用户在区块链的世界畅通无阻。去中心化不可篡改的区块链是强化身份之间信任的最好解决方案。数字身份的影响力是巨大的，它不仅能波及货币所能覆盖的人口范畴，还能涉及全球每一个人的协作共识。数字身份的背后锚定的是资产所有权、个人信息、个人背景、信用记录以及社会关系等，它和货币一样是需要强信任的。

3. 公信宝优势

（1）不缓存数据。公信宝采用了区块链技术和非对称加密技术来解决数据缓存问题。过往的交易所往往以中介形式存在，卖方将数据传输给交易所，交易所缓存数据后，出售给买方。交易的数据除了买卖双方还可能被交易所获取，更有甚者，数据交易所直接出售已缓存的数据，破坏了数据源的利益。而公信宝基于去中心化交易技术，为交易者建立了点对点交换的场景，交易过程中不存在第三方。公信宝自身只是提供交易通道，并不接触或缓存数据，保障了数据安全。

（2）不泄露隐私。在涉及互联网金融企业交易个人隐私敏感数据时，个人客户本人会收到公信宝交易所发送的短信或消息推送，只有在得到本人同意后，买方才有权购买个人敏感数据。依据公信宝团队所制定的规则，凡是与个人信息、工作、学习等相关的隐私信息都是个人敏感数据。合规的互联网公司往往在审查贷款、评估个人信用的时候才会购买个人隐私数据，当个人有意与企业合作时，自然会同意其数据交易申请，以利于信用评估。

（3）交易各方匿名。对于参与数据交易的各方企业，公信宝采取了审核准入、匿名交易等机制。对于数据买卖方而言，公信宝的审核准入机制，只会接受有实际需求并具有数据生产能力的企业加入，避免了数据来源复杂、准确度低的数据源加入；公信宝交易所的匿名交易机制，隐匿了交易企业的身份，防止企业核心模型被破解。

公信宝数据交易所是在分析现有各区块链优势和长处的基础上，从底层开发的全新区块链，用以解决现实世界中数据交换存在的数据造假、交换中间商数据截留、信用数据孤岛、体量悬殊企业不交换、数据新鲜度差、用户隐私不保护等一系列问题。GXChain 定位于可信数据的价值网络，服务于全球的数据经济市场。GXChain 的高性能、丰富的链上配套功能以及海量的链上数据都为其大规模商用打下了扎实的基础。GXChain 为数据经济搭建了一系列完善的基础设施,使得很多商业应用都能基于 GXChain 为用户提供优质的产品和服务。GXChain 提供的区块链技术解决方案能在各个领域解决数据所有权、支配权、收益权归属问题,数据泄露问题,数据真实性问题以及数据上链的激励问题等。在不久的未来,数据经济大生态将在 GXChain 的基础上拔地而起,涵盖但不限于个人数据权益管理、金融服务、移动社交、娱乐游戏、医疗健康、衣食住行等。GXChain 的应用领域如图 14-7 所示。

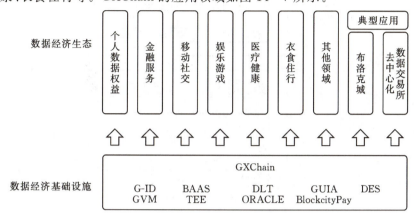

图 14-7 GXChain 应用领域

14.3.2 企业征信信息共享平台——信链

企业征信数据往往相互割据导致无法共享信息,同时很多企业征信数据的来源无法追溯。种种问题间接推高了成本,阻碍了征信服务实体经济、防范金融风险的功能发挥。但区块链技术的诞生,为此提供了很好的解决方案,如信链平台的建立弥补了传统企业征信系统的空白并力求打造企业信息互享互信的征信系统。

1. 信链简介

信链平台于 2017 年 9 月进入实质性开发阶段。团队由早期区块链技术开发者组成,专注于区块链技术研发和项目孵化,旨在打造数字经济时代的信任基石。信链涵盖数据采集、清洗、整合、应用这一业务价值链,专注区块链可信数据连接、第三方数据融合与治理、数据应用公开市场开发,通过建立标准、提供通道、确保安全,建立以价值为纽带的数据利益良性交互网络、以区块链为基石的"数据信任体系",构建大数据合作伙伴关系。

目前,该平台通过整合法院、工商部门、行政部门、监管机构、行业协会等拥有的企业信用信息,帮助企业征信机构构建企业征信联盟链。同时,信链帮助政府部门、金融机构、行业协会等实现失信信息安全共享机制,覆盖金融信贷逾期行为、支付欺诈行为、法院老赖名单、行政处罚名单、互联网团伙欺诈等,实现一处失信,处处受限,为加快社会信用体系建设、大数据融合发展提供技术解决方案。

2. 信链技术架构

信链的技术架构如图 14-8 所示,信链使用区块链技术支撑数据应用生命周期管理。其中,合约层封装脚本、算法、智能合约和区块链底层技术。该层前期以以太坊作为支持智能合约的平台,后期不排除增加 HPB(high performance blockchain,一种动态共识算法)等其他开发技术。服务层负责区块链数据存储和处理。应用层则封装了区块链的各种应用场景和案例,在应用层可以实现任何数据的引入、治理、加工、使用以及与之相关产生的奖励、支付等存证的流通。

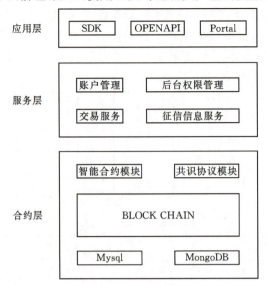

图 14-8　信链的技术架构

在具体应用场景上，信链针对小微企业征信贷款难的问题提出解决方案，通过建立弥补征信市场空白的互建互享的征信系统，对数据进行整合，有效促进数据的共享，助力企业完成小微借贷快速审批工作。如图 14-9 所示，征信企业、小微企业、金融机构这些信链参与者在提供征信数据、申请金融服务、提供金融服务环节中都使用存证来支付费用或赢得回报，最后利用智能合约来自动执行交易，直到合约完成。为缩短借贷流程和减少成本，2018 年 6 月，基于信链而产生的一个分布式借贷生态系统——借币宝落地，用户可以通过申请、身份识别和信用评估、通知和确认随时随地获得贷款服务。

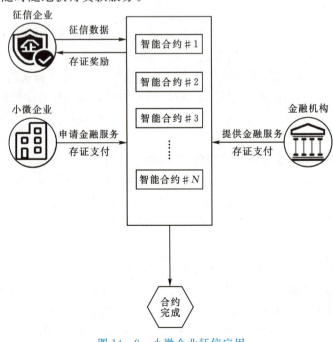

图 14-9　小微企业征信应用

14.3.3　区块链征信联盟 LinkEye

LinkEye 是一套自主研发的征信共享联盟链解决方案,通过区块链技术和经济模型的深度整合,在全球各个联盟成员间共享失信人名单,将全球各个征信数据孤岛串联起来,形成真实可靠、覆盖面广的全球性的征信数据库,有效维护全球信用体系,最终实现信用面前人人平等,在用技术手段促进信用社会的发展方面具有划时代的意义。

1. LinkEye 创立背景及简介

LinkEye 是基于信用的数字资产金融服务平台。其创始人 2016 年进入区块链领域,创立 LinkEye,他认为征信联盟能够将区块链技术和消费金融相结合。早期该创始人团队从事消费信贷,而整个信贷的基础就是信用数据。但是当时中国的信用体系有待完善,很多数据并不能共享,尤其是黑名单、坏账的数据是没有共享的,如此便使得失信人的成本由信用优良的人来承担,形成了典型的恶性循环。基于此,创始人团队建立了中国首家区块链征信联盟——LinkEye。

LinkEye 是一套基于区块链技术的自主研发的征信共享联盟链解决方案。LinkEye 立足中国市场,通过区块链技术和信贷经济模型的深度整合,在联盟成员间共享失信人名单,将各个征信数据孤岛串联起来,形成真实可靠、覆盖面广的全社会征信数据库,有效促进和完善了社会信用体系建设。LinkEye 团队找到征信联盟的核心切入点,设计并开发了区块链征信数据共享平台。同时,LinkEye 已经有众多合作方,合作方有专注于大数据技术的互联网金融科技公司快惠金服和量化派,也有虚拟货币交易所 BitNoah(比特诺亚)等,同时也有为客户提供专业、安全、快捷的智能出借及支付的平台掌众金服和果仁宝。除此之外,LinkEye 还与多个媒体合作,开放及共享核心失信人名单。

2. LinkEye 运行机制

LinkEye 团队创造性地构建了基于区块链技术的征信联盟,并主导联盟的早期发展。平台通过八大核心机制(黑名单机制、联盟成员入驻机制、成员信用机制、仲裁机制、信息共享机制、智能定价机制、数据安全防火墙机制、开放全网查询接口)确保平台的高效有序运转。Linkeye 将真正意义上实现区块链技术在征信领域的实质性应用。

黑名单机制由 LinkEye 在第一阶段建立,并用于全链公开失信人信息。为考虑个人隐私问题,其采用脱敏数据,使用带掩码的形式来全链发布,具体格式为:标识符＋带掩码的用户 ID(如 220403198011＊＊＊＊＊)＋信用评价＋发布人(可匿名)＋签名。签名机制有效实现了数据的不可篡改,签名信息会与该条失信数据的详细报告同时生成,当该条数据的详细报告被查询时,数据查询方可以获得与该数据上传发生时完全一致的详细报告。

联盟成员入驻机制是为保障平台的有序运行和数据的真实性,LinkEye 会对联盟成员的入驻进行审核。

成员信用机制是为规范联盟成员行为,避免人为数据造假行为,公开每一个联盟成员的信用情况的机制。每一个成员在初次入驻后有初始信用值 100 分,信用值只减不加。如果有不诚信行为则扣 5 分,并向全链通知,该信用值底线为 0,降为 0 后该联盟成员会被 LinkEye 清退。

仲裁机制是指数据查询方对联盟成员上传的任意一条数据有异议,可以向 LinkEye 发起仲裁，由数据上传方举证，联盟成员共同投票，最终的仲裁结果会及时在链上公布。

信息共享机制是指联盟成员有权支付一定的 LET（LinkEye 代币命名为 LET，LinkEye 平台通过 LET，可以实现高速、零成本、实时的数据库记账）再通过用户 ID 查得数据，并完成交易。

智能定价机制实时使联盟成员发布的个人征信报告数据价值等于或低于市场价值，从而避免由 LET 交易价格波动导致的数据交换失败。

数据安全防火墙机制的设立是为确保平台数据安全，防止数据被窃取。它结合实际场景设立查询触发条件，针对不正常查询设立预警机制，情节严重的会被清退。

开放全网查询接口，即设立微信、App、网站等对全社会开放，任何用户可以通过输入用户 ID 查询 LinkEye 失信人数据。该机制增加对失信人惩罚的同时，加大了平台的宣传及 LET 的流动性。

LinkEye 非常精准地找到征信联盟的核心切入点，设计并开发了高效的区块链征信数据共享平台，通过八大核心运行机制确保联盟平台高效有序发展。同时，LinkEye 与众多中国信贷平台达成战略合作，开放及共享失信人名单，也将陆续与东南亚、欧洲等地区其他的金融机构展开深度合作，形成真实可靠、覆盖面广的征信数据库，有效促进和完善社会信用体系。

本章小结

区块链技术的天然特性可以很好地解决现有征信业务的一些痛点，实现业务模式的创新。例如，链上所有参与人均可实时、无差别地获取市场中所有交易信息和资产记录，有效解决了信息不对称问题，而且智能合约简化了支付结算流程并提高了效率。同时，各参与方之间基于透明的信息和全新的信任机制无须再耗费人力、物力、财力等。但区块链技术尚不成熟，在征信领域的应用场景尚不完善，也缺乏相应的行业标准。所以，我国应积极推进区块链技术的研究建设，积极推进相关的法律法规建设，积极探索并改进其信用信息等方面的潜在问题，积极建立规范统一的行为规则，大规模推进其与征信领域的应用场景结合，早日实现区块链技术的效用最大化。

思考与练习

1. 什么是征信，其工作范式包括哪些环节？
2. 国际传统征信模式主要有哪三种？简述这三种模式的特征。
3. 国内传统征信模式主要包括哪三种？简述这三种模式的特征。
4. 传统征信体系存在的问题有哪些？
5. 区块链在征信行业的应用优势有哪些？
6. 简述区块链在征信业中的应用场景。

参考文献

[1] 清华 AI 研究院. 区块链发展研究报告[R]. 北京:清华 AI 研究院,2020.
[2] 刘艺华,陈康. 区块链共识机制新进展[J]. 计算机应用研究,2020,37(S2):6-11.
[3] BECK R,MÜLLER B C,KING J K. Governance in the blockchain economy:a framework and research agenda[J]. Journal of the Association for Information Systems,2018(19):1-41.
[4] 中华人民共和国工业和信息化部. 中国区块链技术和应用发展白皮书(2016)[S]. 北京:中华人民共和国工业和信息化部,2016.
[5] 董宁,朱轩彤. 区块链技术演进及产业应用展望[J]. 信息安全研究,2017,3(3):200-210.
[6] 赛迪顾问数字经济产业研究中心. 2019—2020 年中国区块链产业发展研究年度报告[R]. 北京:赛迪顾问数字经济产业研究中心,2020.
[7] 张军. 区块链超入门[M]. 北京:机械工业出版社,2018.
[8] 腾讯研究院. 2019 腾讯区块链白皮书[R]. 深圳:腾讯研究院,2020.
[9] 斯万. 区块链:新经济蓝图及导读[M]. 北京:新星出版社,2016.
[10] 张健. 区块链:定义未来金融与经济新格局[M]. 北京:机械工业出版社,2016.
[11] 巴曙松,朱元倩,乔若羽. 区块链新时代:赋能金融场景[M]. 北京:科学出版社,2019.
[12] 京东金融研究院,工信部信通院. 区块链金融应用白皮书[N]. 经济参考报,2018-04-02.
[13] 吴桐,李家骐. 区块链和金融的融合发展研究[J]. 金融监管研究,2018(12):98-108.
[14] TOBIN J. Keynesian models of recession and depression[J]. The American Economic Review,1975,65(2):195-202.
[15] MINSKY H. Debt-defation processes in today's institutional environment[J]. PSL Quarterly Review,1982,35(143):375-393.
[16] MINSKY H P. The financial instability hypothesis[J]. The Jerome Levy Economics Institute Working Paper,1992(74):20.
[17] BERNANKE B,GERTLER M. Agency costs,net worth,and business fluctuations [J]. American Economic Review,1989(79):14-31.
[18] GALBRAITH J. Inequality and instability:a study of the world economy just before the great crisis[M]. Oxford:Oxford University Press,2012.
[19] GEANAKOPLOS J. The leverage cycle [M]. Chicago:University of Chicago Press,2010.
[20] BORIO C. The financial cycle and macroeconomics:what have we learn? [J]. Journal of Banking and Finance,2014(45):182-198.
[21] RAJAN R,LINES F. How hidden fractures still threaten the world economy[M]. Princeton:Princeton University Press,2010.

[22] 巴曙松,乔若羽,郑嘉伟. 区块链技术如何渗透到不同金融场景:现状与趋势[J]. 新金融评论,2018(2):119-136.

[23] 邹均,张海宁,唐屹,等. 区块链技术指南[M]. 北京:机械工业出版社,2016.

[24] 邵奇峰,金澈清,张召,等.区块链技术:架构及进展[J].计算机学报,2018,41(05):969-988.

[25] NARAYANAN A,BONNEAU J,FELTEN E,et al. Bitcoin and cryptocurrency technologies[J]. Princeton:Princeton University Press,2016.

[26] STINSON D R.密码学原理与实践[M]. 3版.北京:电子工业出版社,2009.

[27] 刘重相. 区块链共识机制研究与分析[J]. 信息通信技术与政策,2018(7):26-33.

[28] LAMPORT L,SHOSTAK R,PEASE M. The byzantine generals problem[J]. ACM Trans. on Programming Languages and Systems,1982,4(3):382-401.

[29] FISCHER M J,LYNCH N A,PATERSON M. Impossibility of distributed consensus with one faulty process[J]. Journal of the ACM ,1985,32(2):374-382.

[30] CASTRO M,LISKOV B. Practical byzantine fault tolerance and proactive recovery[J]. ACM Trans. on Computer Systems,2002,20(4):398-461.

[31] 范捷,易乐天,舒继武. 拜占庭系统技术研究综述[J]. 软件学报,2013,24(6):1346-1360.

[32] 欧阳丽炜,王帅,袁勇,等.区块链智能合约的发展现状:架构、应用与发展趋势[J].自动化学报,2019(1):1-13.

[33] 耿绮灵. P2P网络数据存储与恢复可靠性研究[D].成都:西南交通大学,2018.

[34] 张小莉,信息加密技术在计算机网络安全中的作用[J/OL]. 电子技术与软件工程,2019(2):178.

[35] TAPSCOTT D,TAPSCOTT A. The blockchain revolution:how the technology behind bitcoin is changing money[J]. Business,and the World,2016,72(83):101,127.

[36] 高旸. 数字货币发展动态及监管政策选择[J]. 征信,2019,37(02):89-92.

[37] 郝毅.法定数字货币发展的国别经验及中国商业银行应对之策[J].国际金融,2019(2):73-80.

[38] ADRIAN M T, GRIFFOLI M. The rise of digital money[R]. Washington:International Monetary Fund,2019.

[39] 何德旭,姚博. 人民币数字货币法定化的实践、影响及对策建议[J]. 金融评论,2019,11(05):38-50,116-117.

[40] 孙国峰. 货币创造的逻辑形成和历史演进:对传统货币理论的批判[J]. 经济研究,2019,54(04):182-198.

[41] 蒋鸥翔,张磊磊,刘德政.比特币、Libra、央行数字货币综述[J].金融科技时代,2020(2):57-68.

[42] 穆杰. 央行推行法定数字货币DCEP的机遇、挑战及展望[J]. 经济学家,2020(3):95-105.

[43] 姚前.法定数字货币的经济效应分析:理论与实证[J].国际金融研究,2019(1):16-27.

[44] 吕江林,郭珺莹,张斓弘.央行数字货币的宏观经济与金融效应研究[J].金融经济学研究,2020,35(1):3-19.

[45] 庄雷,郭宗薇,郭嘉仁.数字货币的发行模式与风险控制研究[J].武汉金融,2019(3):57-63.

[46] 李礼辉,肖翔,刘绪光,等.区块链技术在金融领域应用调查研究[J].清华金融评论,2019(11):95-99.

[47] 管弋铭,伍旭川.数字货币发展:典型特征、演化路径与监管导向[J].金融经济学研究,2020,35(03):130-145.

[48] 张利原,李宝庆,王晓军,等.Libra币对中国法定数字货币DC/EP发展模式的启示[J].西部金融,2019(9):4-10.

[49] 蒋鸥翔,张磊磊,刘德政.比特币、Libra、央行数字货币综述[J].金融科技时代,2020(02):57-68.

[50] 巴洁如.区块链技术在跨境支付领域的应用前景突破[R].深圳:腾讯研究院报告,2016.

[51] 彭博.区块链技术在跨境支付中的优势、应用及启示[J].对外经贸实务,2019(11):57-60.

[52] 卢志强,葛新锋.区块链在跨境支付中的应用研究[J].西南金融,2018(2):23-28.

[53] 丁雪艳.区块链技术在跨境支付清算中的应用[J].财会通讯,2020(06):113-117.

[54] 王祥峰,周猛.区块链技术在跨境支付领域的应用研究[J].金融发展评论,2020(03):40-53.

[55] 许嘉扬.基于区块链技术的跨境支付系统创新研究[J].金融教育研究,2017,30(06):9-14,25.

[56] 庞佳璇,郝惠泽.基于区块链技术跨境支付模式分析及监管探析[J].经济师,2020(06):56-57.

[57] 维京研究院,节点研究院.区块链+支付行业专题报告[R].北京:维京研究院,2018.

[58] 电子商务研究中心.2017年度中国出口跨境电商发展报告[R].北京:电子商务研究中心,2018.

[59] 姚翔,朱涛.区块链打造跨境支付新生态[J].金融博览(财富),2017(5):46-48.

[60] 中国人民银行上海总部课题组,季家友,等.区块链技术对支付清算系统发展的影响及应用前景研究[J].上海金融,2018(4):37-41,78.

[61] 许嘉扬.基于区块链技术的跨境支付系统创新研究[J].金融教育研究,2017,30(6):9-14,25.

[62] 刘泽晶,徐文杰,黄斐玉."区块链+金融":互联网金融的双子座[R].深圳:招商证券,2016.

[63] 冉叶兰."Ripple"区块链移动支付先驱[J].大数据时代,2017(1):62-64.

[64] 刘晓明.基于Ripple的区块链技术在支付领域的应用[J].金融科技时代,2016(9):38-40.

[65] 蔡兴国,王娟.区块链技术在票据业务应用中的优势及影响[J].网络空间安全,2019,10(04):106-110.

[66] 狄刚.区块链技术在数字票据场景的创新应用[J].中国金融家,2018(5):69-71.

[67] 上海票据交易所.2017年票据市场运行分析报告[R].上海:上海票据交易所,2018.

[68] 肖小和.新时代中国票据业务发展创新的探索与展望[J].金融与经济,2017(12):4-13.

[69] 万雅桢.基于区块链技术应用的中国票据市场风险管理研究[D].南昌:江西财经大学,2018.

[70] 王丽丽,骆乐. 运用数字票据发展我国票据市场的思考[J]. 新西部,2018(20):56-57.

[71] 张巍. 利用区块链技术防范票据业务风险的研究[J]. 管理观察,2017(3):164-165.

[72] 张荣康. 基于区块链构建的数字票据法律问题研究[D]. 北京:中央民族大学,2017.

[73] 宋汉光. 区块链在数字票据中的应用[J]. 中国金融,2018(10):42-43.

[74] 陆岷峰. 供应链经济背景下供应链金融发展现状、问题与策略研究:基于构建经济发展新格局的视角[J]. 金融理论与实践,2021(01):19-26.

[75] 马小峰,杜明晓,余文兵,等. 基于区块链的供应链金融服务平台[J]. 大数据,2018,4(01):13-21.

[76] 蔺文虎. 区块链在供应链金融应用中的问题及改进措施[J]. 企业改革与管理,2019(21):9,11.

[77] 王影,丁利杰. 基于区块链技术的供应链金融发展研究[J]. 全国流通经济,2019(29):162-163.

[78] 张功臣,赵克强,侯武彬. 基于区块链技术的供应链融资创新研究[J]. 信息技术与网络安全,2019,38(10):14-17.

[79] 赛迪(青岛)区块链研究院. 区块链+供应链金融白皮书[N]. 中国计算机报,2019-04-22.

[80] 胡跃飞,黄少卿. 供应链金融:背景、创新与概念界定[J]. 金融研究,2009(8):194-206.

[81] 许获迪. 区块链技术在"供应链"金融中的应用研究[J]. 西南金融,2019(2):74-82.

[82] 巴曙松,杨倞,等. 2018年中国资产管理行业发展报告[M]. 成都:四川人民出版社,2018.

[83] 巴曙松,江雅好,朱虹. 银行设立资管子公司的趋势与挑战分析[J]. 当代金融研究,2018(6):95-104.

[84] 巴曙松,黄泽娟. 券商资管应主动转型[N]. 经济日报,201-10-19(09).

[85] 李中,周思宇,李杨. 审慎变革:区块链与证券市场的未来之路[M]. 北京:清华大学出版社,2018.

[86] 龚鸣. 从证券的角度开始讲,区块链为什么能成为一种颠覆性的技术[J]. 新经济,2016(19):84-86.

[87] 刘瑜恒,周沙骑. 证券区块链的应用探索、问题挑战与监管对策[J]. 金融监管研究,2017(4):89-109.

[88] 魏桦. 我国证券结算风险控制与管理[D]. 武汉:武汉大学,2005.

[89] 曹锋,宋天玮. 区块链技术在证券市场中的应用探索[J]. 清华金融评论,2017(4):42-45.

[90] 李振国. 关于我国资产证券化业务的若干思考[J]. 现代商业,2019(5):1-2.

[91] 杨望,周钰筠. 区块链在资产证券化中的应用[J]. 中国金融,2018(21):67-69.

[92] 翟晨曦,徐伟,徐坤,等. 区块链在我国证券市场的应用与监管研究[J]. 金融监管研究,2018(7):33-54.

[93] 王劲松,韩彩珍,韩克勇. 区块链技术在我国股权交易中的应用[J]. 中国流通经济,2018,32(2):83-90.

[94] 牛壮. 区块链技术对境内证券业影响展望[J]. 公司金融研究,2017(Z1):120-127.

[95] 王玉华,戴泽曦. 区块链技术在保险行业的应用场景研究[J]. 吉林金融研究,2019(06):16-20,24.

[96] 保险区块链项目组. 保险区块链研究[M]. 北京:中国金融出版社,2017.
[97] 周雷,邱勋,王艳梅,等. 新时代保险科技赋能保险业高质量发展研究[J]. 西南金融,2020(2):57-67.
[98] 张城城. 区块链技术在保险中的应用研究:以 B3i 再保险平台为例[D]. 贵阳:贵州财经大学,2019.
[99] 王舒畅. 区块链在保险行业的应用现状与展望[J]. 时代金融,2018(27):2.
[100] 龚鸣. 区块链社会:解码区块链全球应用与投资案例[M]. 北京:中信出版社,2016.
[101] 杜均. 区块链:从全球 50 个案例看区块链的应用与未来[M]. 北京:机械工业出版社,2018.
[102] 王硕. 区块链技术在金融领域的研究现状及创新趋势分析[J]. 上海金融,2016(2):26-29.
[103] 寒迪智库区块链产业形势分析课题组. 区块链:应用将在更多行业场景落地[N]. 中国电子报,2019-03-06(006).
[104] 赵大伟. 区块链技术在互联网保险行业的应用探讨[J]. 金融发展研究,2016(2):35-38.
[105] 王海巍,周霖. 区块链技术视角下的保险运营模式研究[J]. 保险研究. 2017(11):92-102.
[106] 孙志伟. 不同征信模式的比较与分析[J]. 中国流通经济,2013,27(03):51-57.
[107] 丁昱. 基于区块链技术的社会信用体系构建研究[J]. 海南金融,2018(08):33-40.
[108] 张艺. 区块链技术在征信业的应用研究[D]. 天津:天津财经大学,2018.
[109] 王强,卿苏德,巴洁如. 区块链在征信业应用的探讨[J]. 电信网技术,2017(06):37-41.
[110] 张忠滨,刘岩松. 区块链技术在征信业的应用实践及展望[J]. 征信,2017(7):47-49.
[111] LI J. Data transmission scheme considering node failure for blockchain[J]. Wireless Personal Communications,2018(103):179-194.